PENSE COMO UM FREAK

STEVEN D. LEVITT e STEPHEN J. DUBNER

PENSE COMO UM FREAK

COMO PENSAR DE MANEIRA MAIS INTELIGENTE SOBRE QUASE TUDO

Tradução de
CLÓVIS MARQUES

Revisão técnica de
RICARDO DONINELLI

1ª edição

EDITORA RECORD
RIO DE JANEIRO • SÃO PAULO
2014

CIP-BRASIL. CATALOGAÇÃO NA PUBLICAÇÃO
SINDICATO NACIONAL DOS EDITORES DE LIVROS, RJ

Levitt, Steven, 1967
L647p   Pense como um Freak / Steven D. Levitt, Stephen J. Dubner;
tradução Clóvis Marques. – 1ª ed. – Rio de Janeiro: Record, 2014.
il.

Tradução de: Think like a Freak
ISBN 978-85-01-06731-9

1. Economia – Aspectos psicológicos. 2. Economia – Aspectos sociológicos. I. Dubner, Stephen J. II. Título.

14-14952

CDD: 330
CDU: 330

Título original em inglês:
THINK LIKE A FREAK

Copyright © Steven D. Levitt e Stephen J. Dubner, 2014

Texto revisado segundo o novo Acordo Ortográfico da Língua Portuguesa.

Todos os direitos reservados. Proibida a reprodução, armazenamento ou transmissão de partes deste livro através de quaisquer meios, sem prévia autorização por escrito.
Proibida a venda desta edição em Portugal e resto da Europa.

Direitos exclusivos de publicação em língua portuguesa para o Brasil adquiridos pela
EDITORA RECORD LTDA.
Rua Argentina, 171 – 20921-380 – Rio de Janeiro, RJ – Tel.: 2585-2000,
que se reserva a propriedade literária desta tradução.

Impresso no Brasil

ISBN 978-85-01-06731-9

Seja um leitor preferencial Record.
Cadastre-se e receba informações sobre nossos lançamentos e nossas promoções.

EDITORA AFILIADA

Atendimento direto ao leitor:
mdireto@record.com.br ou (21) 2585-2002.

Para ELLEN,
sempre presente,
inclusive nos livros.

— SJD

Para minha irmã LINDA LEVITT JINES,
cuja inspiração criadora me espantou,
divertiu e inspirou.

— SDL

Sumário

1. Que significa pensar como um Freak? 11

Uma infinita variedade de questões fascinantes • Prós e contras da amamentação, do fraturamento hidráulico e das moedas virtuais • Não existe uma ferramenta mágica de Freakonomics • Os problemas fáceis evaporam; os difíceis é que persistem • Como vencer a Copa do Mundo • Lucros privados x bem geral • Pensar com outros músculos • As pessoas casadas são felizes? Ou as felizes é que se casam? • Fique famoso pensando uma ou duas vezes por semana • Nosso lamentável encontro com o futuro primeiro-ministro.

2. As três palavras mais difíceis da língua inglesa 27

Por que é tão difícil dizer "Não sei"? • Sabemos que as crianças inventam respostas. Mas por que também fazemos isso? • Quem acredita no demônio? • E quem acredita que o 11 de Setembro foi uma conspiração interna? • "Empreendedores do erro" • Por que é tão difícil medir causas e efeitos • A insensatez das previsões • Suas previsões são melhores que um chimpanzé atirador de dardos? • O impacto econômico da internet "não será maior que o da máquina de fax" • "Ultracrepidanismo" • O preço de fingir saber mais do que se sabe • Como punir as previsões erradas? • Caça às bruxas romena • Primeiro passo na solução de problemas: esquecer sua bússola moral • Por que as taxas de suicídio aumentam com a qualidade de vida — e o pouco que sabemos do suicídio • O feedback é a chave do aprendizado • Os primeiros pães de forma eram muito ruins? • Não deixe a experimentação para os cientistas • Vinhos mais caros são melhores?

3. Qual é o seu problema? 55

Se fizer a pergunta errada, você terá a resposta errada • Que significa realmente "reforma do ensino"? • Por que as crianças americanas sabem menos que as da Estônia? • Talvez seja culpa dos pais! • A incrível história real de Takeru Kobayashi, campeão dos cachorros-quentes • Cinquenta cachorros-quentes em doze minutos! • Como é que ele fazia? • E por que estava tão à frente dos outros? • "Comer depressa é feio" • O Método Salomão • Interminável experimentação na busca da excelência • Algemado e detido! • Como redefinir o problema que você tenta resolver • O cérebro é o órgão crítico • Como ignorar as barreiras artificiais • Você é capaz de fazer vinte flexões?

4. Como na pintura dos cabelos, a verdade está na raiz 71

Um balde de dinheiro não acaba com a pobreza e um avião de comida não acaba com a fome • Como descobrir a causa fundamental de um problema • Revisitando a criminalização do aborto • O que Martinho Lutero tem a ver com a economia alemã? • Como a "Conquista da África" gerou uma permanente situação de conflito • Por que os traficantes de escravos os lambiam? • Medicina x folclore • O caso da úlcera • Os primeiros medicamentos arrasa-quarteirão • Por que o jovem médico ingeriu bactérias perigosas? • Isto sim é ter problemas gástricos! • O universo que vive nas nossas tripas • A importância do cocô.

5. Pensar como uma criança 91

Como ter boas ideias • A importância de pensar pequeno • Crianças mais inteligentes a 15 dólares por cabeça • Não tenha medo do óbvio • 1,6 milhão de qualquer coisa é muita coisa • Não se deixe seduzir pela complexidade • O que procurar em um depósito de lixo • O corpo humano é uma máquina • Os Freaks só querem se divertir • É difícil tornar-se bom em algo de que você não gosta • A resposta para as taxas baixas de poupança seria uma "loteria sem perda"? • Quando as apostas encontram a caridade • Por que

SUMÁRIO

as crianças inventam truques de mágica melhor que os adultos • "A gente acha que seria difícil enganar cientistas" • Como contrabandear instintos infantis para o mundo adulto.

6. Dando doces a um bebê 107

São os incentivos, estúpido! • Uma garota, um saco de balas e um vaso sanitário • Do que os incentivos financeiros são capazes ou não • O enorme colar de leite • Trocar notas escolares por dinheiro • Com os incentivos financeiros, tamanho é documento • Como definir os verdadeiros incentivos de alguém • Na onda da mentalidade de rebanho • Por que os incentivos morais são tão impotentes? • Vamos roubar um pouco de madeira petrificada! • Uma das ideias mais radicais da história da filantropia • "A mais disfuncional indústria de 300 bilhões de dólares do mundo" • Transa de uma noite só para doadores de obras de caridade • Como mudar a estrutura de uma relação • Diplomacia do pingue-pongue e comércio de sapatos • "Vocês são mesmo os melhores!" • O cliente é uma carteira de dinheiro humana • Quando os incentivos não funcionam • O "efeito cobra" • Por que é uma boa ideia lidar honestamente com as pessoas.

7. O que têm em comum o rei Salomão e David Lee Roth? 135

Dois adoráveis garotos judeus adeptos da teoria dos jogos • "Quero uma espada!" • Para que serviam realmente os M&Ms marrons • Ensine seu jardim a capinar • Os suplícios medievais na água fervente realmente funcionavam? • Você também pode bancar Deus de vez em quando • Por que as candidaturas ao ensino superior são muito mais demoradas que as candidaturas de emprego? • Zappos e "A Oferta" • O alarme de cerveja quente da fábrica clandestina de projéteis • Por que os vigaristas nigerianos dizem que são da Nigéria? • O preço dos alarmes falsos e outros falsos positivos • Os otários podem fazer o favor de se identificar? • Como levar um terrorista a pensar que você é um terrorista.

8. Como convencer pessoas que não querem ser convencidas 161

Primeiro, trate de entender como será difícil • Por que as pessoas mais educadas são mais radicais? • A lógica e os fatos não podem competir com a ideologia • O único voto que interessa é o do consumidor • Não ache que seu argumento é perfeito • Quantas vidas seriam salvas por um carro sem motorista? • Guarde os insultos para si mesmo • Por que você precisa contar histórias • Comer gordura é realmente tão ruim assim? • A Enciclopédia do fracasso ético • Do que "trata" a Bíblia? • Os Dez Mandamentos x A Família Sol-Lá-Si-Dó.

9. O lado bom de desistir 181

Winston Churchill estava certo — e errado • A falácia dos custos irrecuperáveis e o custo de oportunidade • Não dá para resolver o problema de amanhã sem deixar para trás a furada de hoje • Comemorando o fracasso com festa e bolo • Por que a principal loja chinesa não abriu na hora • O anel em O do Challenger tinha mesmo de falhar? • Saiba como fracassar sem chegar a tanto • A pergunta de 1 milhão de dólares: "Quando persistir e quando deixar para lá" • Você decidiria seu futuro jogando uma moeda? • "Devo largar a religião mórmon?" • Deixar crescer a barba não o fará feliz • Mas largar a namorada, talvez sim • Por que Dubner e Levitt gostam tanto de deixar para lá • Este livro inteiro tratou de "deixar para lá" • E agora é a sua vez.

Agradecimentos	201
Notas	203
Índice	239

CAPÍTULO 1

Que significa pensar como um Freak?

Depois que escrevemos *Freakonomics* e *SuperFreakonomics*, os leitores começaram a nos procurar com todo tipo de perguntas. *Ainda "vale a pena" ter diploma universitário?* (Resposta curta: sim; resposta longa: sim, também.) *É uma boa ideia legar um negócio de família à geração seguinte?* (Claro, se o seu objetivo for acabar com o negócio — a experiência mostra que normalmente é melhor arranjar um gerente de fora.*) *Por que não se ouviu mais falar da epidemia de síndrome do túnel do carpo?* (Quando os jornalistas pararam de sofrer do problema, pararam de escrever a respeito — mas o problema persiste, especialmente em trabalhadores braçais.)

Certas perguntas eram de caráter existencial: *O que torna as pessoas realmente felizes? As desigualdades de renda são de fato perigosas como parecem? Uma dieta com alto teor de ômega 3 traria a paz mundial?*

As pessoas queriam saber os prós e os contras de: carros sem motorista, amamentação, quimioterapia, impostos sucessórios, fraturamento hidráulico, loterias, "cura pela oração", namoro on-line, reforma do regime de patentes, caça clandestina de rinocerontes, uso de tacos de golfe estreitos e moedas virtuais.

---

*No Japão, as empresas familiares têm uma tradicional solução para esse problema: encontram um novo CEO fora da família e o adotam legalmente. Por isto é que quase 100% dos adotados no país são homens adultos.

Podíamos receber um e-mail pedindo que resolvêssemos "a epidemia de obesidade" e, cinco minutos depois, um outro exortando-nos a "varrer a fome da face da Terra!".

Os leitores aparentemente achavam que nenhuma charada era tão complicada, nenhum problema tão difícil que não pudesse ser resolvido. Era como se tivéssemos um software único e exclusivo — um fórceps *Freakonomics*, talvez — a ser aplicado ao organismo político para extrair alguma sabedoria esquecida.

Não seria nada mau se fosse verdade!

O fato é que resolver problemas é difícil. Se determinado problema subsiste, podemos estar certos de que muita gente já o enfrentou sem êxito. Os problemas fáceis evaporam; os difíceis é que persistem. Além disso, leva muito tempo para identificar, organizar e analisar os dados para responder bem a uma única pequena questão.

Assim, em vez de tentar responder à maioria das perguntas que nos eram endereçadas, provavelmente fracassando nessa tentativa, imaginamos se não seria melhor escrever um livro para ensinar qualquer pessoa a pensar como um Freak.*

Como seria isso?

Imagine que você é um jogador de futebol dos melhores, tendo conduzido a seleção nacional do seu país às portas da vitória final da Copa do Mundo. Só precisa, agora, cobrar um pênalti. As chances estão do seu lado: no nível dos jogadores de elite, cerca de 75% das cobranças de pênalti são bem-sucedidas.

A multidão urra quando você posiciona a bola para chutar. O gol está a apenas 10 metros; tem 7,5 metros de largura por 2,5 de altura.

---

*Ver na página 203 as notas referentes a pesquisas utilizadas e outras informações de fundo.

QUE SIGNIFICA PENSAR COMO UM FREAK?

O goleiro olha fixamente para você. Uma vez chutada, a bola voa a 120 quilômetros por hora. Nessa velocidade, ele não pode se dar ao luxo de esperar para ver em que direção você vai chutar; precisa adivinhar e se jogar na mesma direção. Se o goleiro calcular mal, suas chances sobem para cerca de 90%.

O melhor a fazer é chutar na direção de um dos cantos do gol, com força suficiente para que o goleiro não consiga pegar a bola, ainda que acerte o lado. Mas um chute assim deixa alguma margem de erro: um leve desvio, e a bola vai para fora. De modo que pode ser do seu interesse afrouxar um pouco ou visar não muito no canto — o que no entanto aumentará as chances do goleiro, se ele adivinhar corretamente a direção da bola.

Você também terá de escolher entre o canto esquerdo e o direito. Se for destro, como a maioria dos jogadores, poderá valer-se do seu lado "forte" se chutar para a esquerda. O que significa mais força e precisão — mas é claro que o goleiro também sabe disso. É por este motivo que os goleiros pulam para o canto à esquerda do batedor do pênalti 57% das vezes, e apenas 41% para a direita.

E assim lá está você, com o coração hiperacelerado, enquanto a multidão ulula sem parar, preparando-se para dar o chute da sua vida. O mundo inteiro olha para você, objeto das orações dos seus compatriotas. Se a bola entrar, seu nome será para sempre pronunciado na entonação reservada aos santos mais adorados. Mas se você fracassar — bem, melhor não pensar nessa hipótese.

As possibilidades rodam na sua cabeça. Lado forte ou fraco? Mandar ver no canto ou optar por um pouco de segurança? Você já cobrou pênaltis contra esse goleiro? Caso sim, que lado escolheu? E para onde ele se jogou? Enquanto tudo isso passa pela sua cabeça você também está pensando no que o goleiro pensa, e pode até pensar no que o goleiro está pensando que você pensa.

Você sabe que as chances de se transformar em um herói são de aproximadamente 75%, o que não é nada mau. Mas não seria bom elevar esse número? Haveria um jeito melhor de equacionar esse problema? E se você pudesse enganar o adversário, indo além do óbvio? Você sabe que o goleiro hesita entre pular para a direita e a esquerda. Mas e se... e se... e se você não chutar para a direita nem para a esquerda? E se fizer a coisa mais absurda imaginável, chutando bem no centro do gol?

Sim, é exatamente onde o goleiro está, mas você está convencido de que ele vai se deslocar assim que você der o chute. Lembre-se do que dizem as estatísticas: os goleiros pulam 57% das vezes para a esquerda e 41% para a direita — o que significa que só ficam no centro 2% das vezes. Claro que um goleiro ágil também pode agarrar uma bola chutada para o centro, mas com que frequência isso pode acontecer? Se pelo menos você pudesse consultar as estatísticas sobre as cobranças de pênalti chutadas no centro do gol!

Tudo bem, elas existem e estão disponíveis: por mais arriscado que pareça, um chute no centro tem probabilidades 7% *maiores* de ser bem-sucedido do que um chute para o canto.

Você se arrisca?

Digamos que sim. Dá uma corridinha até a bola, finca o pé esquerdo no gramado, prepara o direito e chuta. Imediatamente é sacudido por um rugido ensurdecedor — *Gooooooooooool!* A multidão delira e você afunda em uma montanha de companheiros de time. Um momento perene; o resto da sua vida será uma festa; seus filhos serão fortes, prósperos e bons. Parabéns!

Embora uma cobrança de pênalti chutada para o centro do gol tenha probabilidade consideravelmente maior de ser bem-sucedida, apenas 17% dos chutes são disparados nessa direção. Por que tão poucos?

Um dos motivos é que, à primeira vista, visar no centro parece uma péssima ideia. Chutar bem na direção do goleiro? Não parece natural, uma evidente violação do bom senso... Mas o mesmo ocorria com a ideia de prevenir doenças injetando nas pessoas exatamente os micróbios que as causam.

Além disso, uma das vantagens ao alcance do jogador em uma cobrança de pênalti é o mistério: o goleiro não sabe para onde ele vai mirar. Se os jogadores fizessem a mesma coisa todas as vezes, seu índice de êxito despencaria; se começassem a visar o centro com mais frequência, os goleiros acabariam se adaptando.

Existe um terceiro e importante motivo para não ser maior o número de jogadores que visam o centro, especialmente em uma situação importante como a Copa do Mundo. Só que nenhum jogador de futebol na plena posse do seu juízo o admitiria: o medo de passar vergonha.

Imagine de novo que você é o jogador que vai cobrar o pênalti. Num momento tão turbulento, qual é o seu verdadeiro incentivo? A resposta pode parecer óbvia: você quer fazer o gol para vencer a partida para o seu time. Nesse caso, as estatísticas mostram claramente que você deve chutar a bola bem no centro. Mas será que vencer o jogo é realmente o seu maior incentivo?

Imagine-se com o pé pousado sobre a bola. Você acaba de tomar mentalmente a decisão de acertar no centro. Mas espere um pouco... E se o goleiro *não* pular? E se ele ficar onde está, por algum motivo, e você acertar a bola bem na sua barriga, e ele salvar a honra *do país dele* sem sequer precisar se mexer? Você vai ficar com cara de quê? O goleiro virou herói e você terá de se mudar para o exterior com a família inteira, para não ser assassinado.

Convém, então, pensar melhor.

Pense na alternativa tradicional, mirando no canto do gol. Se o goleiro adivinhar e agarrar a bola, você terá feito uma tentativa valorosa, ainda que superada por uma outra ainda mais valorosa. Não se transformará em herói, mas também não terá de fugir do país.

Se obedecer a esse incentivo egoísta — para preservar sua reputação, deixando de fazer algo que pode revelar-se imprudente —, terá maior probabilidade de chutar em um dos cantos.

Se atender ao incentivo comunitário — tentar vencer o jogo para seu país, mesmo correndo o risco de parecer imprudente —, vai chutar no centro.

Às vezes, na vida, seguir direto para o meio é a decisão mais audaciosa.

Se nos perguntassem como nos comportaríamos em uma situação opondo uma vantagem pessoal ao bem geral, a maioria de nós não seria capaz de admitir a opção pela vantagem pessoal. A história mostra claramente, contudo, que a maioria das pessoas coloca os próprios interesses à frente dos interesses alheios, seja por temperamento ou formação. O que não faz delas pessoas ruins, apenas humanas.

Mas toda essa defesa do interesse próprio pode ser frustrante para quem tem ambições maiores que simplesmente garantir alguma pequena vitória pessoal. Talvez você queira aliviar a pobreza, permitir que o governo funcione melhor ou convencer sua empresa a poluir menos, ou simplesmente fazer com que seus filhos parem de brigar. Como vai conseguir que todo mundo puxe na mesma direção, se cada um está basicamente puxando na sua própria?

Foi para responder a esse tipo de pergunta que escrevemos este livro. Chamou-nos a atenção o fato de ter surgido nos últimos anos a ideia de que existe uma maneira "certa" de equacionar a solução de determinado problema e também, é claro, uma maneira "errada". O que inevitavelmente leva a muito bate-boca — e, infelizmente, a uma enorme quantidade de problemas sem solução. Será possível melhorar essa situação? Esperamos que sim. Gostaríamos de enterrar a ideia de que existe uma maneira certa e outra errada, um jeito inteligente

QUE SIGNIFICA PENSAR COMO UM FREAK?

e outro absurdo, uma tarja azul e uma vermelha. No mundo moderno, precisamos todos pensar de maneira um pouco mais produtiva, criàtiva e racional; pensar sob um ângulo diferente, com outros músculos, outras expectativas; e não com medo nem favoritismo, nem otimismo cego nem ceticismo amargo. Precisamos pensar... bem, como um Freak.

Nossos dois primeiros livros baseavam-se em um conjunto relativamente simples de ideias:

Os incentivos são a pedra angular da vida moderna. Entendê-los — e muitas vezes decifrá-los — é a chave para compreender um problema, assim como sua possível solução.

Saber o que medir e como fazê-lo pode tornar o mundo menos complicado. Só mesmo a força incontornável dos números para remover camadas e camadas de confusão e contradição, especialmente em questões emocionais capazes de tirar do sério.

O senso comum muitas vezes está errado. E sua irrefletida aceitação pode levar a resultados medíocres, esbanjadores e até perigosos.

Correlação não é o mesmo que causalidade. Quando duas coisas caminham juntas, sentimo-nos tentados a deduzir que uma causa a outra. Parece evidente, por exemplo, que as pessoas casadas são mais felizes que as solteiras; significaria isso que o casamento causa felicidade? Não necessariamente. As estatísticas parecem demonstrar que, para começo de conversa, pessoas felizes têm maior probabilidade de se casar. Como bem lembrou um pesquisador, "Se você vive de mau humor, quem vai querer casar com você?".

Este livro baseia-se nessas mesmas ideias, mas com uma diferença. Os dois primeiros livros raramente faziam recomendações. Quase sempre, simplesmente nos valíamos dos dados disponíveis para contar histórias que achávamos interessantes, lançando luz sobre partes da sociedade muitas vezes relegadas à sombra. Este livro sai da penumbra, tentando fazer recomendações que podem eventualmente revelar-se úteis, quer esteja você interessado em pequenas dicas de bem viver ou nas grandes reformas globais.

Não se trata, contudo, de um livro de autoajuda no sentido tradicional. Provavelmente não somos o tipo de gente que você procuraria em busca de ajuda; e em certos casos nossos conselhos tendem mais a gerar problemas para as pessoas que a ajudá-las.

Nossas ideias são inspiradas na chamada abordagem econômica. O que não significa voltar a atenção para "a economia" — longe disso. A abordagem econômica é ao mesmo tempo mais ampla e mais simples. Baseia-se antes em dados concretos que em intuições ou ideologias, para entender como o mundo funciona, aprender de que maneira os incentivos dão certo (ou não), como os recursos são distribuídos e que tipos de obstáculos impedem que as pessoas lancem mão desses recursos, sejam eles concretos (como os alimentos e os transportes) ou mais ligados à esfera das aspirações (como a educação e o amor).

Não há nada mágico nessa maneira de pensar. Ela costuma circular pelos caminhos do óbvio, dando grande valor ao senso comum. Aqui vai então a má notícia: se estiver lendo este livro na expectativa de algo parecido com a revelação dos segredos de um mágico, você ficará desapontado. Mas também temos uma boa notícia: pensar como um Freak é tão simples que está ao alcance de qualquer um. O que causa espanto é que tão poucos o façam.

Por que será?

Um dos motivos é que é fácil permitir que sua visão do mundo seja influenciada por seus preconceitos — políticos, intelectuais ou de qualquer outra ordem. Um número cada vez maior de pesquisas vem demonstrando que até as pessoas mais inteligentes tendem a buscar comprovação daquilo que já pensam, em vez de novas informações capazes de lhes configurar uma visão mais robusta da realidade.

QUE SIGNIFICA PENSAR COMO UM FREAK?

Também é tentador seguir o rebanho. Até nas questões mais importantes do momento, muitas vezes adotamos os pontos de vista dos amigos, da família e dos colegas (voltaremos ao assunto no capítulo 6). Num certo nível, faz sentido: é mais fácil se ajustar ao que a família e os amigos pensam do que encontrar uma nova família e novos amigos! Mas seguir o rebanho significa que nos apressamos a aceitar o status quo, demoramos a mudar de ideia e gostamos de delegar quando se trata de pensar.

Outra barreira para o hábito de pensar como um Freak é que a maioria das pessoas está ocupada demais para reformular sua maneira de pensar — ou apenas passar muito tempo pensando. Quando foi a última vez que você sentou para passar uma hora pura e simplesmente pensando? Se for como a maioria, já faz um bom tempo. Seria apenas uma decorrência da era de alta velocidade em que vivemos? Talvez não. O incrivelmente talentoso George Bernard Shaw — escritor de primeira linha *e* um dos fundadores da London School of Economics — constatou esse déficit de pensamento muitos anos atrás. "Poucas pessoas pensam mais de duas ou três vezes por ano", teria dito. "E eu ganhei fama internacional pensando uma ou duas vezes por semana."

Nós também tentamos pensar uma ou duas vezes por semana (não, certamente, com a perspicácia de Shaw), e o incentivamos a fazer o mesmo.

Isso não quer dizer que você deva necessariamente *querer* pensar como um Freak. Pode haver desvantagens. Você talvez se veja muito, mas muito distanciado das correntes predominantes. Pode eventualmente dizer coisas que deixem os outros constrangidos. Por exemplo, ao encontrar um adorável e dedicado casal com três filhos, pode deixar escapar que o assento para bebê no carro é uma perda de tempo e dinheiro (pelo menos é o que dizem os resultados dos testes de colisão). Ou então, em um jantar com a família da sua nova namorada, pode começar a falar sobre a real possibilidade de o movimento de consumo

PENSE COMO UM FREAK

de alimentos produzidos localmente prejudicar o meio ambiente — para descobrir logo depois que o pai dela é um ativista radical desse movimento, e que tudo que está servido à mesa foi plantado em um raio de 30 quilômetros.

Você terá de se acostumar a ser chamado de excêntrico, ver as pessoas esbravejarem indignadas e talvez até saírem da sala. Tivemos algumas experiências pessoais nesse sentido.

Pouco depois da publicação de *SuperFreakonomics*, estávamos em turnê de lançamento pela Inglaterra quando fomos convidados a encontrar David Cameron, que logo depois seria eleito primeiro-ministro do Reino Unido.

Embora não seja nada extraordinário que pessoas como ele procurem conhecer as ideias de pessoas como nós, o convite nos surpreendeu. Nas páginas iniciais de *SuperFreakonomics*, declaramos que não sabíamos quase nada sobre as forças macroeconômicas — inflação, desemprego e afins — que os políticos tentam controlar acionando alavancas nesta ou naquela direção.

Além disso, os políticos tentam evitar polêmicas, e o nosso livro já havia causado celeuma no Reino Unido. Tínhamos sido questionados em cadeia nacional de televisão a respeito de um capítulo sobre um algoritmo que criamos, em colaboração com um banco britânico, para identificar suspeitos de terrorismo. Por que diabos, perguntavam os entrevistadores, havíamos revelado segredos que poderiam ajudar os terroristas a escapulir das forças da lei? (Não podíamos responder na ocasião, mas é o que fazemos no capítulo 7 deste livro. Uma dica: a revelação não foi acidental.)

Também levamos chumbo grosso por considerar que o habitual manual estratégico para enfrentar o aquecimento global não vai funcionar. Na verdade, o assessor de Cameron que nos recebeu na cabine de segurança — um jovem afiado chamado Rohan Silva — disse-nos que a livraria do seu bairro não vendia

QUE SIGNIFICA PENSAR COMO UM FREAK?

SuperFreakonomics pois o dono detestava nosso capítulo sobre o aquecimento global.

Silva levou-nos a um salão de conferência onde se encontravam cerca de duas dezenas de outros assessores de Cameron. O chefe ainda não tinha chegado. A maioria estava na casa dos vinte ou dos trinta. Um dos presentes, um cavalheiro que já fora ministro e voltaria a sê-lo, era consideravelmente mais velho. Ele tomou a palavra, dizendo que, depois de eleito, Cameron e seu governo combateriam o aquecimento global com unhas e dentes. Se dependesse dele, acrescentou, a Grã-Bretanha seria transformada da noite para o dia em uma sociedade carbono zero. Era, disse ele, "uma questão do mais alto dever moral".

Nossos ouvidos se aguçaram. Uma coisa que já sabemos é que quando alguém, especialmente um político, começa a tomar decisões com base em preceitos morais, a realidade pura e simples tende a estar entre as primeiras baixas. Perguntamos ao ministro o que ele queria dizer com "dever moral".

"Se não fosse a Inglaterra", prosseguiu, "o mundo não estaria aonde chegou. Nada *disto* teria acontecido." Ele fez um gesto para cima e para fora. "Isto", segundo ele, era aquele salão, o prédio, a cidade de Londres e toda a civilização.

Provavelmente fizemos uma expressão de estarrecimento, pois ele aprofundou a explicação. A Inglaterra, disse, tendo dado início à Revolução Industrial, tomou a frente do resto do mundo no caminho da poluição, da degradação ambiental e do aquecimento global. Portanto, tinha o dever de dar o exemplo na retificação dos danos.

Foi quando o sr. Cameron entrou. "Muito bem, onde estão nossos sabichões?", foi perguntando.

Vestia camisa social impecavelmente branca, a habitual gravata vermelho-escura e tinha um ar de irrefreável otimismo. À medida que conversávamos, ficou claro por que ele estava destinado a se tornar o próximo primeiro-ministro. Tudo nele exalava competência e confiança. Parecia exatamente o tipo de homem que os reitores de Eton e Oxford visualizam quando aceitam um novo aluno.

Cameron disse que o maior problema que herdaria como primeiro-ministro seria uma economia gravemente doente. Tal como o resto do mundo, o Reino Unido ainda estava às voltas com uma cruel recessão. O clima era de desânimo, fosse entre pensionistas, estudantes ou capitães da indústria; a dívida nacional era enorme, e não parava de aumentar. Imediatamente depois de assumir o cargo, disse-nos Cameron, muitos e profundos cortes teriam de ser feitos.

Havia, contudo, alguns poucos e inalienáveis direitos que teriam de ser protegidos a qualquer custo.

Por exemplo?, perguntamos.

"Bem, o Serviço Nacional de Saúde", disse ele, com um brilho de orgulho nos olhos. Fazia sentido. O National Health Service, ou NHS, proporciona assistência a cada cidadão britânico, do berço ao túmulo, quase sempre gratuitamente no ponto de atendimento. Sendo o mais antigo e amplo sistema dessa natureza em todo o mundo, pode ser tão prontamente associado à identidade nacional quanto os clubes de futebol e o bolo de frutas com creme de ovos. Um ex-ministro das Finanças considerava o NHS "o que os ingleses têm de mais parecido com uma religião" — o que não deixa de ser duplamente interessante, já que a Inglaterra de fato tem uma religião oficial.

Havia apenas um problema: os custos de manutenção do sistema de assistência à saúde no Reino Unido haviam mais que duplicado nos dez anos anteriores, e deveriam continuar aumentando.

Embora não soubéssemos na época, o especial interesse de Cameron pelo NHS decorria em certa medida de uma forte experiência pessoal. Seu filho mais velho, Ivan, nasceu com um raro distúrbio neurológico conhecido como síndrome de Ohtahara, caracterizado por violentas e frequentes convulsões. Em consequência, a família Cameron estava mais que acostuma-

QUE SIGNIFICA PENSAR COMO UM FREAK?

da com enfermeiras, médicos, ambulâncias e hospitais do NHS. "Quando a nossa família precisa recorrer ao NHS o tempo todo, dia após dia, noite após noite, aprendemos realmente a lhe dar valor", declarou ele certa vez na conferência anual do Partido Conservador. Ivan morreu no início de 2009, meses antes de completar sete anos.

Não seria portanto motivo de surpresa que Cameron, mesmo à frente de um partido comprometido com a austeridade fiscal, considerasse o NHS intocável. Brincar com o sistema, mesmo em uma crise econômica, faria tanto sentido, do ponto de vista político, quanto dar um pontapé nos cães da rainha.

O que não quer dizer, no entanto, que fizesse sentido do ponto de vista *prático*. Embora o objetivo de um sistema de saúde gratuito e ilimitado ao longo de toda a vida seja louvável, a questão econômica é complicada. Foi o que apontamos, com o devido respeito, ao candidato a primeiro-ministro.

Em virtude do aspecto emocional envolvido no atendimento à saúde, pode ser difícil dar-se conta de que, globalmente, ele constitui uma parte como outra qualquer da economia. Numa estrutura como a do Reino Unido, contudo, o sistema de saúde é praticamente a única parte da economia em que os indivíduos podem pagar quase nada por qualquer serviço de que precisem, seja o efetivo custo do procedimento 100 ou 100 mil dólares.

O que há de errado nisso? Quando as pessoas não pagam o verdadeiro custo de uma coisa, tendem a consumi-la de maneira ineficaz.

Tente se lembrar da última vez que foi a um restaurante de bufê para se servir à vontade a preço fixo. Qual a probabilidade de que acabasse comendo um pouco mais que o habitual? O mesmo acontece com o atendimento à saúde fornecido de modo semelhante: as pessoas consomem mais do que se lhes fosse cobrado o preço de tabela. Isso significa que os "preocupados com a saúde" tomam o lugar de pessoas realmente doentes, as filas de espera aumentam para todos e uma enorme parte dos custos recai nos meses finais de vida dos pacientes idosos, não raro sem grande vantagem real.

Esse tipo de sobreconsumo pode ser mais facilmente tolerado quando o atendimento à saúde representa uma pequena parte da economia. Entretanto, com os custos de saúde aproximando-se dos 10% do PIB no Reino Unido — e quase o *dobro* nos Estados Unidos —, é preciso repensar seriamente como são proporcionados e financiados.

Tentamos demonstrar nossa tese com um exercício de raciocínio. Propusemos ao sr. Cameron que considerasse uma política pública semelhante em terreno diferente. Como seria, por exemplo, se cada cidadão britânico tivesse direito a transporte gratuito ilimitado por toda a vida? Ou seja, se todo mundo pudesse ir a uma concessionária quando bem entendesse para escolher um novo modelo de carro e voltar para casa ao volante, sem qualquer custo?

Esperávamos que ele reagisse dizendo: "Ora, é claro que seria um absurdo. Ninguém teria motivo para manter o carro velho, e seria uma generalizada distorção dos incentivos de cada um. Entendi o que estão querendo dizer sobre todo esse atendimento à saúde que oferecemos gratuitamente!"

Mas não foi o que ele disse. Na verdade, ele não disse nada. O sorriso não saiu de seu rosto, mas abandonou seus olhos. Talvez nossa história não tivesse saído como desejávamos. Ou talvez tivesse, e aí é que estava o problema. De qualquer maneira, ele apertou rapidamente nossas mãos e saiu em busca de gente menos ridícula com quem se reunir.

Mas não podemos culpá-lo. Resolver um problema gigantesco como o dos custos descontrolados do sistema de saúde é mil vezes mais difícil, por exemplo, do que decidir como cobrar um pênalti (por isso é que você deve focalizar pequenos problemas sempre que possível, como argumentaremos no capítulo 5). Também poderíamos ter-nos saído melhor se soubéssemos então

QUE SIGNIFICA PENSAR COMO UM FREAK?

o que hoje sabemos sobre a arte de convencer pessoas que não querem ser convencidas (tema tratado no capítulo 8).

Dito isso, acreditamos fervorosamente que são enormes as vantagens de reciclar nosso cérebro para pensar de maneira diferente problemas pequenos ou grandes. Neste livro, compartilhamos tudo que aprendemos nos últimos anos, em alguns casos com melhores resultados que os do nosso breve encontro com o primeiro-ministro.

Está disposto a tentar? Ótimo! O primeiro passo é não ficar constrangido com tudo que ainda não sabe...

CAPÍTULO 2

As três palavras mais difíceis da língua inglesa

Imagine que você fosse convidado a ouvir uma história simples para em seguida responder a algumas perguntas. Eis a história:

Uma garotinha chamada Mary vai à praia com a mãe e o irmão em um carro vermelho. Na praia, nadam, tomam sorvete, brincam na areia e almoçam sanduíches.

Agora, as perguntas:

1. De que cor era o carro?
2. Eles comeram peixe e fritas no almoço?
3. Ouviram música no carro?
4. Tomaram limonada no almoço?

Muito bem, como se saiu? Vamos comparar suas respostas com as de um grupo de estudantes britânicos com idades de cinco a nove anos, convidados a responder ao questionário por pesquisadores acadêmicos. Quase todas as crianças responderam certo às duas primeiras perguntas ("vermelho" e "não"). Mas em geral se saíram muito pior com as perguntas 3 e 4. Por quê? Essas perguntas não podiam ser respondidas: simplesmente não havia informação suficiente na história. E no entanto chegou a 76% o número de crianças que responderam a elas dizendo sim ou não.

Crianças que tentam trapacear em um questionário simples assim estão a caminho de carreiras nos negócios e na política, onde ninguém jamais admite que não saiba alguma coisa. Há muito se diz que as três palavras mais difíceis de se dizer em inglês são *eu te amo*. Mas discordamos radicalmente! Para a maioria das pessoas, é muito mais difícil dizer *eu não sei*. O que é uma pena, pois enquanto você não admitir aquilo que ainda não sabe, é praticamente impossível aprender o que precisa aprender.

Antes de entrar nos motivos de todo esse fingimento — e também nos custos e nas soluções —, vamos esclarecer o que queremos dizer quando nos referimos ao que "sabemos".

Claro que existem diferentes níveis e categorias de conhecimento. No alto dessa hierarquia estão os chamados "fatos conhecidos", coisas que podem ser cientificamente comprovadas. (No famoso comentário de Daniel Patrick Moynihan: "Todo mundo tem direito a suas próprias opiniões, mas não a seus próprios fatos".) Se você insistir em dizer que a composição química da água é HO_2 em vez de H_2O, estará sujeito a ser desmentido a qualquer momento.

E existem também as "crenças", coisas que consideramos verdadeiras mas que podem não ser facilmente comprovadas. Nessas questões, é maior a margem de discordância. Por exemplo: O diabo realmente existe?

Essa pergunta foi feita em uma pesquisa internacional. Dentre os países participantes, eis os cinco mais convictos da existência do demônio, pelo percentual de crentes:

AS TRÊS PALAVRAS MAIS DIFÍCEIS DA LÍNGUA INGLESA

1. Malta (84,5%)
2. Irlanda do Norte (75,6%)
3. Estados Unidos (69,1%)
4. Irlanda (55,3%)
5. Canadá (42,9%)

E aqui vão os cinco países onde é menor o número dos que acreditam no diabo:

1. Letônia (9,1%)
2. Bulgária (9,6%)
3. Dinamarca (10,4%)
4. Suécia (12,0%)
5. República Tcheca (12,8%)

Como é possível uma disparidade tão profunda em uma pergunta tão simples? Ou os letões ou os malteses simplesmente não sabem o que acham que sabem.

Tudo bem, talvez a existência do diabo seja uma questão sobrenatural demais para ser considerada factual. Vamos então examinar um tipo diferente de questão, a meio caminho entre a crença e o fato:

De acordo com o noticiário, foram grupos de árabes que cometeram os atentados de 11 de setembro de 2001 nos EUA. Você acredita que isso é verdade?

Para a maioria de nós, a própria pergunta é absurda: *claro* que é verdade! Feita em países de maioria muçulmana, todavia, a pergunta teve respostas diferentes. Apenas 20% dos indonésios acreditam que os atentados de 2001 foram cometidos por árabes, assim como 11% dos kuwaitianos e 4% dos paquistaneses. (Perguntados sobre quem seriam então os responsáveis, os entrevistados geralmente botavam a culpa no governo de Israel ou no dos EUA, ou então em "terroristas não muçulmanos".)

Certo, quer dizer então que aquilo que "sabemos" pode ser francamente modelado por pontos de vista políticos ou religiosos. O mundo também está cheio de "empreendedores do erro", na expressão do economista Edward Glaeser: líderes políticos, religiosos e empresariais que "fornecem crenças capazes de aumentar seus lucros financeiros ou políticos".

Por si só, isso já é um belo problema. Mas a coisa se agrava quando rotineiramente fingimos saber mais do que sabemos.

Vejamos algumas das questões mais difíceis enfrentadas todos os dias por dirigentes políticos e empresariais. *Qual a melhor maneira de acabar com tiroteios que resultam em assassinatos em massa? As vantagens do fraturamento hidráulico compensam o custo ambiental? Que pode acontecer se permitirmos que aquele ditador do Oriente Médio que nos odeia permaneça no poder?*

Perguntas assim não podem ser respondidas pela mera coleta de conjuntos de fatos; exigem discernimento, intuição e uma espécie de antecipação da maneira como as coisas acabarão evoluindo. Além disso, são questões multidimensionais que envolvem causa e efeito, o que significa que seus resultados estão ao mesmo tempo distantes e sujeitos a nuances. Tratando-se de questões complexas, pode ser ridiculamente difícil pinçar uma causa específica ou determinado efeito. *A proibição das chamadas armas de assalto em determinado período ou determinados estados nos EUA reduziu a criminalidade ou este foi apenas um dentre vários outros fatores? A economia estagnou porque os impostos estavam altos demais ou os verdadeiros vilões foram a maré de exportações chinesas e a elevação dos preços do petróleo?*

Em outras palavras, pode ser difícil *jamais* chegar de fato a "saber" o que causou ou resolveu determinado problema, e isto no caso de acontecimentos já ocorridos. Pois imagine como será

AS TRÊS PALAVRAS MAIS DIFÍCEIS DA LÍNGUA INGLESA

mais difícil prever o que vai funcionar no futuro. "Previsão", gostava de dizer Niels Bohr, "é muito difícil, especialmente tratando-se do futuro."

E no entanto quantas vezes não ouvimos especialistas — não apenas políticos e empresários, mas também conhecedores dos esportes, gurus do mercado de ações e, naturalmente, meteorologistas — dizendo que têm uma ideia bem clara de como haverá de se desdobrar o futuro. Será que de fato sabem do que estão falando ou simplesmente blefam, como os estudantes britânicos?

Nos últimos anos, previsões de diferentes especialistas passaram a ser sistematicamente checadas por estudiosos e acadêmicos. Um dos estudos de mais repercussão foi conduzido por Philip Tetlock, professor de psicologia na Universidade da Pensilvânia. Tetlock convidou cerca de trezentos especialistas — funcionários governamentais, cientistas políticos, especialistas em segurança nacional e economistas — para fazer milhares de previsões acompanhadas por ele ao longo de vinte anos. Por exemplo: na Democracia X — digamos que seja o Brasil —, o atual partido majoritário vai manter, perder ou fortalecer sua posição na próxima eleição? Ou então, no País Não Democrático Y — a Síria, talvez —, o caráter essencial do regime político vai mudar nos próximos cinco anos? Nos próximos dez anos? Caso sim, em que direção?

Os resultados do estudo de Tetlock dão o que pensar. Essa elite de especialistas — 96% tinham pós-graduação — "achava que sabia mais do que sabia", afirma ele. Qual o grau de precisão das suas previsões? Eles não se saíram muito melhor que os "chimpanzés atiradores de dardos", como gosta de troçar o próprio Tetlock.

"Oh, a comparação do macaco com um dardo e um alvo está sempre voltando à minha lembrança", diz. "Mas em comparação, por exemplo, com um grupo de formandos de Berkeley

PENSE COMO UM FREAK

fazendo previsões, de fato eles conseguiram se sair um pouco melhor. E se saíram melhor do que um algoritmo de extrapolação? Não, não mesmo."

O "algoritmo de extrapolação" citado por Tetlock é simplesmente um computador programado para prever "nenhuma mudança na atual situação". O que, se pensarmos bem, é o jeito que um computador tem de dizer "Não sei".

Um estudo semelhante promovido por uma empresa chamada CXO Advisory Group abrangeu mais de 6 mil previsões de especialistas do mercado de ações ao longo de vários anos. A taxa média de precisão chegou a 47,4%. Mais uma vez, o macaco atirador de dardos provavelmente teria tido desempenho equivalente — e a um custo muito menor, considerando-se a remuneração envolvida.

Convidado a enumerar as qualidades de alguém que se mostre particularmente incapaz na arte da previsão, Tetlock usou apenas uma palavra: "Dogmatismo". Ou seja, uma crença inabalável de saber que algo é verdadeiro quando na verdade não se sabe. Tetlock e outros estudiosos que avaliaram o desempenho de notórios especialistas e autoridades em determinado assunto constataram que estes tendem a se mostrar "excessivamente confiantes", nas palavras de Tetlock, mesmo quando suas previsões se revelam redondamente erradas. Trata-se de uma combinação letal — vaidade e erro —, especialmente quando existe uma alternativa mais prudente: simplesmente reconhecer que o futuro é muito menos passível de ser conhecido do que imaginamos.

Infelizmente, isso raras vezes acontece. Pessoas inteligentes gostam de fazer previsões que soem inteligentes, mesmo que possam estar erradas. O fenômeno foi belamente descrito em um artigo publicado em 1998 na revista *Red Herring*, sob o título "Por que a maioria das previsões de economistas está errada". Ele foi escrito por Paul Krugman, ele próprio economista, que

AS TRÊS PALAVRAS MAIS DIFÍCEIS DA LÍNGUA INGLESA

viria a ganhar o Prêmio Nobel.* Krugman observa que muitas previsões de economistas revelam-se infundadas porque eles superestimam o impacto de futuras tecnologias, e então faz ele próprio algumas previsões. Eis aqui uma delas: "O crescimento da internet diminuirá drasticamente, à medida que a falha da 'lei de Metcalfe' — segundo a qual o número de possíveis conexões em uma rede é proporcional ao quadrado do número de participantes — ficar evidente: a maioria das pessoas nada tem a dizer às outras! Por volta de 2005, ficará claro que o impacto da internet na economia não terá sido maior que o da máquina de fax".

No momento em que escrevemos, a capitalização somada de Google, Amazon e Facebook é de mais de 700 bilhões de dólares, valor superior ao PIB de qualquer país do mundo, à exceção de dezoito. Se acrescentarmos a Apple, que não é uma empresa de internet mas não poderia existir sem ela, esse valor de mercado sobe para 1,2 *trilhão* de dólares. Daria para comprar um bocado de máquinas de fax.

Talvez estejamos precisando de mais economistas como Thomas Sargent. Ele também ganhou um Nobel, por seu trabalho sobre a medição de causas e efeitos macroeconômicos. Sargent provavelmente esqueceu mais dados sobre inflação e taxas de juros do que qualquer um de nós jamais saberá. Anos atrás, quando o Ally Bank quis produzir um anúncio de televisão apregoando as virtudes de um certificado de depósito com rentabilidade pós-fixada, Sargent foi convidado a aparecer como a estrela.

---

*O Prêmio Nobel de Economia, criado em 1969, não é uma das edições originais e portanto oficiais do Prêmio Nobel, que desde 1906 é concedido nos terrenos da física, da química, da medicina, da literatura e da paz. Na verdade, o prêmio de economia chama-se oficialmente Prêmio de Ciências Econômicas Sveriges Riksbank em Memória de Alfred Nobel. São constantes os debates sobre a conveniência de chamá-lo de fato de "Prêmio Nobel". Embora simpatizemos com os historiadores e linguistas que são contrários, não vemos problemas em aceitar o uso consagrado.

O cenário é um auditório cujo palco reproduz um clube universitário: candelabros, prateleiras de livros bem alinhados, retratos de cavalheiros distintos nas paredes. Pomposamente sentado em uma poltrona de couro, Sargent espera o momento de intervir. Um entrevistador começa:

ENTREVISTADOR: Nosso convidado desta noite é Thomas Sargent, Prêmio Nobel de Economia e um dos economistas mais citados do mundo. Professor Sargent, poderia me dizer quais serão as taxas dos certificados de depósito daqui a dois anos?

SARGENT: Não.

Só isso. Como afirma a publicidade do Ally, "Se ele não pode dizer, ninguém pode" — donde a necessidade de um certificado de depósito com taxas ajustáveis. O anúncio é uma peça de genial comicidade. Por quê? Porque Sargent, ao dar a única resposta correta a uma pergunta praticamente irrespondível, mostra como é absurdo que tantos de nós corriqueiramente não sejamos capazes do mesmo.

Não é apenas que saibamos menos do que afirmamos sobre o mundo exterior; sequer nos conhecemos assim tão bem. A maioria das pessoas revela-se muito mal dotada na tarefa aparentemente simples de avaliar seus próprios talentos. Nesse sentido, dois psicólogos comentavam recentemente em um jornal acadêmico: "Apesar de passarem mais tempo consigo mesmas que ninguém, as pessoas muitas vezes têm uma percepção surpreendentemente pobre das suas habilidades e capacidades." Um exemplo clássico: convidados a avaliar sua habilidade ao volante, cerca de 80% dos entrevistados se consideraram melhores que a média dos motoristas.

Mas digamos que você *de fato* seja excelente em algo, um autêntico mestre no seu terreno de atividade, como Thomas

AS TRÊS PALAVRAS MAIS DIFÍCEIS DA LÍNGUA INGLESA

Sargent. Isso significa que também tenha maior probabilidade de se destacar em outra atividade?

É considerável o número de pesquisas que responde que não. O ponto a ser lembrado aqui é simples, mas forte: não é porque você é muito bom em alguma coisa que será bom em tudo. Infelizmente, esse fato é ignorado o tempo todo por aqueles que cultivam — respire fundo — o *ultracrepidanismo*, o "hábito de dar opiniões e conselhos em questões alheias ao seu conhecimento ou competência".

Ter em elevada conta suas próprias capacidades e deixar de reconhecer o que você não sabe pode levar, como se poderia esperar, ao desastre. Quando estudantes blefam em suas respostas sobre um passeio à beira-mar, não há consequências; sua relutância em dizer "Não sei" não gera qualquer custo para ninguém. Mas no mundo real os custos sociais do blefe podem ser enormes.

Vejamos o caso da Guerra do Iraque. Ela foi empreendida basicamente com base nas alegações norte-americanas de que Saddam Hussein dispunha de armas de destruição em massa e estava acumpliciado com a Al-Qaeda. Na verdade, havia mais por trás de tudo — política, petróleo e talvez vingança —, mas foi a alegação envolvendo a Al-Qaeda e as armas que levou os envolvidos a entrar em ação. Oito anos, 800 bilhões de dólares e quase 4.500 americanos mortos depois — além de pelo menos 100 mil baixas entre os iraquianos —, parecia tentador examinar o que teria acontecido se os responsáveis por essas alegações reconhecessem que na verdade não "sabiam" se eram justificadas.

Assim como um ambiente quente e úmido é propício à disseminação de bactérias mortais, os mundos da política e dos negócios — com suas perspectivas de longo prazo, seus resultados complexos e a dificuldade de identificar causas e efeitos — são especialmente propícios à disseminação de palpites improvisados querendo aparecer como fatos. E eis por quê: as pessoas responsáveis por esses palpites irrefletidos geralmente seguem em frente sem pagar nada por isso! Quando afinal os fatos se desenrolam e todo mundo se dá conta de que elas não sabiam do que estavam falando, elas já estão muito longe.

Se as consequências de fingir saber alguma coisa são tão prejudiciais, por que as pessoas insistem em fazê-lo?

Fácil: na maioria dos casos, o preço de dizer "Não sei" é mais alto que o de estar errado — pelo menos para o indivíduo.

Lembre-se do jogador de futebol que ia cobrar o pênalti da sua vida. Chutar no centro oferece mais chances de sucesso, mas chutar em um dos cantos é menos arriscado para sua reputação. E é portanto o que ele faz. Toda vez que fingimos saber algo, estamos fazendo a mesma coisa: protegendo nossa reputação, em vez de promover o bem coletivo. Ninguém quer parecer burro, ou pelo menos ficar para trás, reconhecendo que não tem uma resposta. Os incentivos para fingir são simplesmente fortes demais.

Os incentivos também explicam por que tantas pessoas se dispõem a prever o futuro. Uma enorme recompensa estará à espera de quem fizer uma grande e audaciosa previsão que se confirme. Se você disser que o mercado de ações vai triplicar em doze meses e isto de fato acontecer, você será festejado durante anos (e muito bem remunerado por futuras previsões). Mas o que acontece se o mercado, pelo contrário, despencar? Nenhum problema. Sua previsão já terá sido esquecida. Como quase ninguém tem incentivos fortes para controlar as previsões furadas dos outros, não custa quase nada fingir que você sabe o que acontecerá no futuro.

Em 2011, um velho pregador radiofônico cristão chamado Harold Camping mereceu manchetes no mundo todo ao prever que o Arrebatamento ocorreria no sábado, 21 de maio daquele ano. O mundo acabaria, advertiu, e 7 bilhões de pessoas —

AS TRÊS PALAVRAS MAIS DIFÍCEIS DA LÍNGUA INGLESA

toda a população do planeta, menos os crentes de carteirinha — morreriam.

Um de nós tem um filho pequeno que viu essas manchetes e ficou assustado. O pai garantiu-lhe que a previsão de Camping não tinha fundamento, mas o menino estava confuso. Nas noites que antecederam o dia 21 de maio, ele só dormia depois de cansado de tanto chorar; foi uma experiência horrível para todos. Até que o dia alvoreceu belo e luminoso no sábado, com o mundo ainda perfeitamente no lugar. Cheio de bravata, o menino, de dez anos, afirmou que não tinha ficado assustado realmente.

— Ainda assim — perguntou seu pai —, o que você acha que deveria acontecer com Harold Camping?

— Ah, essa é fácil — respondeu o menino. — Ele deveria ser fuzilado.

O castigo pode parecer radical, mas o sentimento é compreensível. Quando as más previsões não são punidas, que incentivo haveria para parar de fazê-las? Uma solução foi proposta recentemente na Romênia. Existe no país uma considerável população de "bruxas", mulheres que ganham a vida prevendo o futuro. Os parlamentares decidiram que a atividade das bruxas deveria ser regulamentada, que elas teriam de pagar impostos e — mais importante — uma multa, ou mesmo ir para a prisão caso suas previsões não se cumprissem. As bruxas ficaram compreensivelmente indignadas. Uma delas reagiu com as armas ao seu alcance, ameaçando lançar uma praga contra os políticos, com fezes de gato e o cadáver de um cão.

Há uma outra explicação para o fato de tantos de nós acharmos que sabemos mais do que de fato sabemos. Ela tem a ver com algo que todos carregamos conosco aonde quer que vamos, ainda que não pensemos conscientemente a respeito: a bússola dos preceitos morais.

Cada um de nós vai-se munindo de sua própria bússola de preceitos morais (alguns mais fortes que outros, com toda certeza) ao abrir caminho pelo mundo. O que é eminentemente algo muito bom. Quem gostaria de viver em um mundo em que as pessoas não dessem a mínima para a diferença entre certo e errado?

Mas na hora de resolver problemas, uma das melhores maneiras de começar é deixando de lado os preceitos morais.

Por quê?

Quando estamos muito compenetrados no que é certo ou errado em determinada questão — quer seja fraturamento hidráulico, controle de armas ou alimentos geneticamente modificados —, é fácil perder de vista *qual é* de fato a questão. Os preceitos morais podem nos convencer de que todas as respostas são óbvias (mesmo quando não são); de que existe uma linha divisória bem demarcada entre o certo e o errado (quando, muitas vezes, não existe); e, pior de tudo, de que estamos convencidos de que já sabemos tudo que precisamos saber sobre determinado assunto, e então paramos de buscar aprender mais.

Em séculos passados, os marinheiros que se pautavam pela bússola a bordo constatavam que às vezes ela podia dar indicações desnorteadas que os tiravam do caminho. Por quê? O uso cada vez mais frequente de metais nos navios — pregos e artigos de ferro, ferramentas dos marinheiros e até suas fivelas e botões — interferiam no campo magnético da bússola. Com o tempo, os marinheiros passaram a tomar todo cuidado para impedir que os metais interferissem na bússola. Com esse subterfúgio, não estamos propondo que você jogue no lixo sua bússola moral — em absoluto —, mas apenas que a deixe temporariamente de lado, para impedir que tolde sua visão.

Vejamos por exemplo um problema como o suicídio. Ele traz uma tal carga moral que raramente o discutimos em público; é como se tivéssemos jogado uma cortina negra sobre o assunto.

AS TRÊS PALAVRAS MAIS DIFÍCEIS DA LÍNGUA INGLESA

Mas não parece que está dando muito certo. Anualmente ocorrem nos Estados Unidos cerca de 38 mil suicídios, mais que o dobro do número de homicídios. O suicídio é uma das dez maiores causas de morte em praticamente todas as faixas etárias. Mas esses fatos não são muito conhecidos, em virtude do tabu que recai sobre qualquer referência ao suicídio.

No momento em que escrevemos, a taxa de homicídios nos EUA é a mais baixa em cinquenta anos. A taxa de mortes no trânsito desceu a níveis historicamente baixos, tendo caído dois terços desde a década de 1970. Enquanto isso, a taxa geral de suicídios praticamente não se alterou — e, o que é pior, o suicídio de pessoas entre 15 e 24 anos *triplicou* nas últimas décadas.

Caberia supor, então, que a sociedade, analisando a preponderância de casos, aprendeu tudo que poderia aprender sobre o que leva as pessoas a cometerem suicídio.

David Lester, professor de psicologia no Richard Stockton College em Nova Jersey, provavelmente pensou mais tempo, com maior profundidade e dos mais diferentes ângulos sobre o suicídio que qualquer outro ser humano. Em mais de 2.500 publicações acadêmicas, ele explorou a relação entre suicídio e, entre outras coisas, álcool, raiva, antidepressivos, signos astrológicos, bioquímica, tipos sanguíneos, tipos físicos, depressão, abuso de drogas, controle de armas, felicidade, férias, uso da internet, QI, doenças mentais, enxaquecas, a Lua, música, letras de hinos nacionais, tipos de personalidade, sexualidade, tabagismo, espiritualidade, hábito de ver televisão e espaços ao ar livre.

Será que toda essa especialização levou Lester a uma grande e unificada teoria sobre o suicídio? Nem de longe. Até o momento, ele tem uma convicção principal, uma teoria do suicídio que poderia ser chamada de "não posso botar a culpa em ninguém". Embora possamos estar propensos a pensar que o suicídio seja mais comum entre pessoas de vida mais difícil, as pesquisas de Lester e outros estudiosos parecem indicar o contrário: o suicídio é mais comum entre pessoas com mais alta qualidade de vida.

"Quando uma pessoa está infeliz e pode culpar alguém ou alguma coisa — o governo, a economia ou algo mais —, fica mais ou menos imunizada contra o suicídio", diz ele. "É quando a pessoa não tem *nenhuma* causa externa para culpar pela própria infelicidade que o suicídio se torna mais provável. Tenho usado essa ideia para explicar por que as taxas de suicídio entre os afro-americanos são mais baixas, por que os cegos que recuperam a visão muitas vezes se tornam suicidas e por que as taxas de suicídio de adolescentes com frequência aumentam à medida que sua qualidade de vida melhora."

Dito isso, Lester reconhece que o que ele e outros especialistas sabem a respeito do suicídio é muito pouco diante do que continua desconhecido. Não sabemos muito, por exemplo, sobre o percentual de pessoas que buscam ou conseguem ajuda antes de contemplar o suicídio. Não sabemos muito sobre o "impulso suicida": o tempo que decorre entre a decisão de uma pessoa e o ato. Sequer sabemos que percentual de vítimas de suicídio é de doentes mentais. É tão pronunciada a discordância a esse respeito, diz Lester, que as estimativas variam de *5% a 94%*.

"Já esperam que eu tenha respostas para perguntas como por que as pessoas se matam", diz Lester. "Mas eu e meus amigos muitas vezes — quando estamos relaxando — admitimos que realmente não sabemos muito bem por que as pessoas se matam."

Se alguém como David Lester, uma das maiores autoridades mundiais nesse terreno, dispõe-se a reconhecer o quanto ainda precisa aprender, não seria mais fácil para todos nós fazer o mesmo?

A chave do aprendizado é o feedback. É quase impossível aprender alguma coisa sem ele.

AS TRÊS PALAVRAS MAIS DIFÍCEIS DA LÍNGUA INGLESA

Imagine que você é o primeiro ser humano da história que está tentando fazer pão, só que sem a possibilidade de assá-lo e ver o resultado da receita. Claro que você pode ajustar o quanto quiser os ingredientes e outras variáveis. Mas se não chegar a assar e comer o produto final, como vai saber o que funciona e o que não funciona? A proporção da farinha em relação à água deve ser de 3 para 1 ou 2 para 1? Que acontece com o acréscimo de sal, óleo ou fermento — ou até adubo animal? A massa deve descansar antes de assar? Em caso positivo, durante quanto tempo, e em que condições? Por quanto tempo deverá ser levada a assar? Qual a intensidade do fogo?

Mesmo com um bom feedback, pode levar algum tempo para aprender. (Imagine só como deviam ser ruins os primeiros pães!) Mas, sem ele, você não tem a menor chance; continuará cometendo sempre os mesmos erros.

Felizmente, nossos antepassados descobriram como assar o pão, e desde então aprendemos a fazer todo tipo de coisas: construir casas, dirigir carros, criar códigos para computadores e até descobrir que tipos de políticas sociais e econômicas são apreciados pelos eleitores. As eleições podem ser um dos piores ciclos de feedback que existem, mas ainda assim representam um feedback.

Numa situação mais simples, é fácil conseguir feedback. Quando alguém está aprendendo a dirigir um carro, é perfeitamente óbvio o que acontece ao fazer uma curva acentuada na montanha a 100 quilômetros por hora. (Alô, precipício!) Quanto mais complexo for um problema, contudo, mais difícil será conseguir um bom feedback. Podemos reunir muitos fatos, o que será de grande ajuda, mas para avaliar de maneira confiável causas e efeitos, precisamos enxergar além dos fatos. Talvez precisemos criar feedback deliberadamente através de uma experiência.

Não faz muito tempo, conversamos com executivos de uma grande empresa multinacional do setor varejista. Eles gastavam centenas de milhões de dólares por ano em publicidade nos EUA — basicamente comerciais de TV e encartes em edições dominicais dos jornais —, mas não estavam seguros quanto à eficácia do processo. Tinham chegado apenas a uma conclusão concreta: os comerciais de televisão eram aproximadamente quatro vezes mais eficazes, dólar por dólar, que os anúncios impressos.

Perguntamos como é que sabiam disso. Eles sacaram belos gráficos multicoloridos de PowerPoint estabelecendo a relação entre anúncios de televisão e vendas dos produtos. Com certeza as vendas disparavam toda vez que ia ao ar um anúncio de TV. Excelente feedback, certo? Hmm... vamos dar uma olhada.

Perguntamos com que frequência esses anúncios iam ao ar. Os executivos explicaram que, uma vez que era muito mais caro anunciar na TV que na imprensa, os anúncios concentravam-se em apenas três dias: Black Friday, Natal e Dia dos Pais. Em outras palavras, a empresa gastava milhões de dólares para tentar induzir as pessoas a fazer compras justamente nos períodos em que milhões de pessoas já iam fazer compras de qualquer maneira.

Como então eles podiam saber que os anúncios de televisão *causavam* o aumento de vendas? Não podiam! A relação causal podia perfeitamente estar funcionando na direção oposta, com o esperado aumento de vendas levando a empresa a comprar mais anúncios de televisão. É possível que a empresa tivesse vendido a mesma quantidade de mercadorias sem gastar um único dólar em comerciais de TV. Nesse caso, o feedback praticamente não tinha valor nenhum.

Perguntamos então sobre os anúncios impressos. Com que frequência eram publicados? Com evidente orgulho, um dos executivos disse-nos que a empresa tinha comprado encartes de jornal todo santo domingo, nos últimos vinte anos, em 250 mercados de todo o país.

AS TRÊS PALAVRAS MAIS DIFÍCEIS DA LÍNGUA INGLESA

Como então podiam saber se *esses* anúncios de fato eram eficientes? Não podiam. Sem qualquer variação em momento algum, era impossível saber.

E se a empresa fizesse uma experiência para descobrir? Em ciência, o teste randomizado e controlado constitui há séculos o padrão ouro da investigação. Mas por que deixar a brincadeira exclusivamente para os cientistas? Expusemos uma experiência que a empresa poderia fazer. Eles poderiam selecionar quarenta mercados importantes em todo o país e dividi-los aleatoriamente em dois grupos. No primeiro grupo, a companhia continuaria comprando publicidade em jornais todo domingo. No segundo, passaria totalmente despercebida: nem um único anúncio. Passados três meses, seria fácil comparar as vendas nos dois grupos, para ver qual a importância dos anúncios impressos.

— Vocês enlouqueceram? — perguntou um dos executivos de marketing. — Não podemos de modo algum ser ignorados em vinte mercados. Nosso CEO nos mataria.

— Claro — acrescentou alguém. — Seria como aquele garoto em Pittsburgh.

Que garoto?

Eles nos contaram sobre o estagiário encarregado de dar os telefonemas e contratar os anúncios dominicais nos jornais de Pittsburgh. Por algum motivo, ele deixou de fazer isso. E assim, durante todo o verão, a empresa não publicou anúncios de jornal em grande parte de Pittsburgh.

— É verdade, quase fomos demitidos — disse um dos executivos.

Perguntamos então o que aconteceu com as vendas da empresa em Pittsburgh naquele verão.

Eles nos olharam, depois se entreolharam — e reconheceram, encabulados, que nunca lhes ocorrera conferir os dados. Quando finalmente examinaram os números, eles constataram algo chocante: a suspensão dos anúncios não tinha afetado em nada as vendas em Pittsburgh!

Isto sim é um feedback valioso, dissemos. A empresa pode estar jogando fora centenas de milhões de dólares em anúncios. De que maneira os executivos poderiam ter certeza disso? A experiência dos quarenta mercados em muito contribuiria para responder a essa pergunta. Perguntamos então se estavam dispostos a fazê-la agora.

— Vocês enlouqueceram? — repetiu o executivo de marketing.

— Seremos demitidos se fizermos isso!

Até hoje, essa empresa continua comprando publicidade em jornais todo santo domingo em todos os mercados em que atua, muito embora o único verdadeiro feedback que algum dia teve é que esses anúncios *não* funcionam.

A experiência que propusemos, apesar de herética para os executivos da empresa, não podia ser mais simples. Teria permitido colher tranquilamente o feedback de que precisavam. Não há garantias de que eles teriam ficado satisfeitos com o resultado — talvez tivessem de gastar *mais* dinheiro em publicidade, ou quem sabe os anúncios só fossem eficazes em certos mercados —, mas pelo menos teriam obtido algumas pistas sobre o que funciona ou não. O milagre de uma boa experiência é que, com uma única ação, podemos eliminar toda a complexidade que tanto dificulta estabelecer as causas e os efeitos.

Mas infelizmente esse tipo de experiência é muito raro nos mundos corporativo, das organizações sem fins lucrativos, dos governos e em outros terrenos. Por quê?

Um dos motivos é a tradição. Na nossa experiência, muitas instituições estão acostumadas a tomar decisões com base em uma vaga mistura de instintos, preceitos morais e decisões tomadas pelo dirigente anterior.

AS TRÊS PALAVRAS MAIS DIFÍCEIS DA LÍNGUA INGLESA

Um segundo motivo é a falta da necessária capacitação técnica, ou *expertise*: embora não seja difícil efetuar uma experiência simples, a maioria das pessoas nunca aprendeu a fazê-lo e pode sentir-se intimidada.

Mas há uma terceira razão, menos confessável, para essa generalizada relutância em relação à experimentação: ela requer que alguém diga "Não sei". Por que se arriscar em uma experiência quando você acha que já tem a resposta? Em vez de perder tempo, pode simplesmente sair em busca de financiamento para o projeto ou promulgar a lei sem se preocupar com detalhes bobos como saber se vai funcionar ou não.

Mas se você estiver disposto a pensar como um Freak e reconhecer o que não sabe, verá que praticamente não há limites para a força de um experimento randomizado.

Claro que nem toda situação se presta a experimentações, especialmente em se tratando de questões sociais. Na maioria dos países — pelo menos nas democracias —, não se pode sair por aí selecionando aleatoriamente partes da população e instruindo-as, por exemplo, a ter dez filhos em vez de dois ou três; a comer exclusivamente lentilha durante vinte anos; ou a começar a frequentar a igreja diariamente. Por isto é que vale a pena ficar atento à possibilidade de uma "experiência natural", um choque no sistema capaz de gerar o tipo de feedback que seria obtido se você de fato *pudesse* ordenar randomicamente às pessoas que mudassem seu comportamento.

Muitas situações que abordamos em nossos livros anteriores exploravam experiências naturais. Para tentar avaliar os efeitos indiretos do encarceramento de milhões de pessoas, valemo-nos de processos judiciais que, baseados nas leis de direitos civis, obrigavam prisões de determinados estados com superpopulação carcerária a libertar milhares de presidiários — algo que nenhum governador ou prefeito faria voluntariamente. Ao analisar a relação entre aborto e criminalidade,

PENSE COMO UM FREAK

capitalizamos o fato de que a legalização do aborto foi escalonada no tempo em diferentes estados, o que nos permitiu isolar melhor seus efeitos do que se tivesse sido legalizada ao mesmo tempo em todos eles.

Infelizmente, não são comuns experiências naturais com essa solidez. Uma alternativa possível é montar uma experiência de laboratório. Cientistas sociais de todo o mundo vêm fazendo isso em massa ultimamente. Eles recrutam legiões de estudantes universitários para experimentar diferentes hipóteses, na expectativa de aprender sobre os mais diversos assuntos, do altruísmo à cobiça, passando pela criminalidade. As experiências de laboratório podem ser incrivelmente úteis na investigação de comportamentos nem tão fáceis de capturar no mundo real. Os resultados muitas vezes são fascinantes, mas não necessariamente tão informativos.

Por que não? Na maioria dos casos, essas experiências simplesmente não têm suficiente semelhança com as condições do mundo real que tentam reproduzir. São o equivalente, no mundo acadêmico, de um grupo focalizado em marketing — um pequeno grupo de voluntários escolhidos a dedo em um ambiente artificial para desempenhar tarefas solicitadas pela pessoa encarregada do projeto. As experiências de laboratório têm valor inestimável nas ciências exatas, em parte porque neutrinos e mônadas não mudam de comportamento quando estão sendo observados. O que não acontece com seres humanos.

Um jeito melhor de obter um bom feedback é fazer uma experiência de campo, ou seja, em vez de tentar reproduzir o mundo real em um laboratório, levar o espírito do laboratório para o mundo real. Você ainda vai estar fazendo uma experiência, mas os participantes não necessariamente saberão disso, o que significa que o feedback a ser colhido será puro.

No caso de uma experiência de campo, é possível jogar com a aleatoriedade a seu bel-prazer, incluir mais pessoas do que seria

AS TRÊS PALAVRAS MAIS DIFÍCEIS DA LÍNGUA INGLESA

possível em um laboratório e observá-las reagindo a incentivos do mundo real, e não a estímulos de um professor que as observa. Quando bem feitas, as experiências de campo podem melhorar radicalmente a maneira de resolver os problemas.

O que já vem acontecendo. No capítulo 6, examinaremos uma inteligente experiência de campo na qual moradores da Califórnia foram levados a usar menos eletricidade, e uma outra que ajudou uma organização de caridade a levantar milhões de dólares para transformar a vida de crianças pobres. No capítulo 9, vamos nos deter na mais audaciosa experiência que fizemos, na qual recrutamos pessoas que enfrentavam decisões difíceis — fosse entrar para o exército, deixar o emprego ou terminar um relacionamento amoroso — e, jogando uma moeda para o alto, tomamos aleatoriamente a decisão por elas.

Por mais úteis que as experiências possam ser, um Freak teria um motivo extra para fazê-las: é divertido! Uma vez que você tenha entrado no espírito da experimentação, o mundo se transforma em uma caixa de areia na qual é possível experimentar novas ideias, fazer novas perguntas e desafiar as ortodoxias do momento.

Talvez tenha chamado sua atenção, por exemplo, o fato de certos vinhos serem muito mais caros que outros. Os vinhos caros realmente são melhores? Anos atrás, um de nós fez uma experiência para descobrir.

O cenário foi a Society of Fellows, uma dependência da Universidade de Harvard na qual os alunos de pós-doutorado fazem suas pesquisas e, uma vez por semana, participam de um jantar formal com seus estimados *fellows* mais velhos. O vinho sempre era um elemento importante desses jantares, e a sociedade se orgulhava de uma esplêndida adega. Não era raro que uma garrafa custasse 100 dólares. O nosso jovem *fellow* se perguntava se o gasto era justificado. Vários *fellows* mais velhos, conhecedores de vinho, garantiam que sim: uma garrafa cara geralmente era muito superior a qualquer versão mais barata.

O jovem *fellow* decidiu fazer um teste cego para verificar a veracidade da afirmativa. Pediu ao *sommelier* da sociedade que escolhesse dois bons vinhos na adega. Foi então a uma loja de bebidas e comprou a garrafa mais barata contendo vinho da mesma uva. Pagou 8 dólares. Verteu os três vinhos em quatro decantadores, repetindo um dos vinhos da adega. Ficou assim a disposição:

DECANTADOR	VINHO
1	VINHO CARO A
2	VINHO CARO B
3	VINHO BARATO
4	VINHO CARO A

Na hora de provar os vinhos, os *fellows* mais velhos não poderiam ter-se mostrado mais cooperativos. Giravam as taças, cheiravam, bebericavam; preenchiam cartões com anotações sobre cada um dos vinhos. Mas não sabiam que um deles custava cerca de um décimo do preço dos outros.

Os resultados? Na média, os quatro decantadores receberam notas quase idênticas — ou seja, o vinho barato foi considerado tão bom quanto os caros. Mas esta nem foi a constatação mais surpreendente. O jovem *fellow* também comparou a maneira como cada participante qualificava cada vinho em comparação com os demais. Você seria capaz de adivinhar quais foram os dois decantadores que eles consideraram mais diferentes um do outro? Os decantadores 1 e 4, justamente os que tinham vinho da mesma garrafa!

Essas constatações não foram unanimemente bem recebidas. Um dos *fellows* e conhecedores declarou em voz alta que estava

AS TRÊS PALAVRAS MAIS DIFÍCEIS DA LÍNGUA INGLESA

com congestão nasal, o que supostamente comprometia seu paladar, e saiu porta afora.

Tudo bem, talvez não fosse uma experiência muito elegante — ou científica. Não seria interessante ver os resultados de uma experiência semelhante em bases mais sólidas?

Robin Goldstein, crítico gastronômico e de vinhos que estudou neurociência, direito e culinária francesa, decidiu fazer uma experiência dessa natureza. Ao longo de vários meses promoveu em vários pontos dos Estados Unidos dezessete testes cegos envolvendo mais de quinhentas pessoas, entre iniciantes, *sommeliers* e vinicultores.

Goldstein utilizou 523 vinhos diferentes, com preços variando de 1,65 a 150 dólares a garrafa. As provas foram feitas pelo método duplo-cego, o que significava que nem aquele que bebia nem a pessoa que servia o vinho sabia sua marca ou preço. Depois de cada vinho, o provador respondia à seguinte pergunta: "De maneira geral, que achou do vinho?" As respostas eram "ruim" (1 ponto), "razoável" (2 pontos), "bom" (3 pontos) e "muito bom" (4 pontos).

A nota média para todos os vinhos, de todos os provadores, foi de 2,2, ou pouco acima de "razoável". Mas os vinhos mais caros obtiveram mais pontos? Em uma palavra: não. Goldstein constatou que, em média, os participantes da sua experiência "apreciam os vinhos mais caros ligeiramente *menos*" que os mais baratos. Ele tomou o cuidado de registrar que os especialistas da sua amostragem — cerca de 12% dos participantes tinham algum conhecimento especializado de vinhos — não preferiam os vinhos mais baratos, mas tampouco ficou claro que preferiam os mais caros.

Ao comprar uma garrafa de vinho, você algumas vezes baseia sua decisão na beleza do rótulo? Segundo os resultados obtidos por Robin Goldstein, não parece uma estratégia ruim: pelo menos é fácil distinguir os rótulos, ao contrário do que está dentro da garrafa.

PENSE COMO UM FREAK

Já considerado um herético na indústria do vinho, Goldstein quis fazer mais uma experiência. Se os vinhos mais caros não são melhores que os baratos, imaginou, que dizer das cotações e prêmios concedidos pelos críticos? Qual seu grau de legitimidade? A publicação mais influente nesse campo é a revista *Wine Spectator*, que resenha milhares de vinhos e confere seu Prêmio de Excelência aos restaurantes que servem "uma seleção de produtores de qualidade, paralelamente a uma combinação temática com o cardápio, tanto no preço quanto no estilo". São apenas alguns milhares em todo o mundo os restaurantes contemplados com a distinção.

Goldstein perguntava-se se o prêmio é assim tão importante quanto parece. Criou um restaurante fictício em Milão, com falso site e falso cardápio, "uma divertida mistura de receitas *nouvelle Italian* um tanto espalhafatosas", segundo explicou. Deu-lhe o nome de Osteria L'Intrepido, inspirado no título de seu próprio guia de restaurantes, o *Fearless Critic*. "Havia duas perguntas a testar", diz ele. Uma delas: Será preciso apresentar uma boa carta de vinhos para ganhar o Prêmio de Excelência da *Wine Spectator*? E a segunda: Será preciso *existir* para ganhar o Prêmio de Excelência da *Wine Spectator*?

Goldstein esmerou-se na criação da carta fictícia de vinhos do L'Intrepido, mas não no sentido que você poderia imaginar. Para a carta dos reservados — em geral os melhores e mais caros de um restaurante —, escolheu vinhos particularmente ruins. Da lista faziam parte quinze vinhos que a própria *Wine Spectator* tinha resenhado, utilizando sua escala de 100 pontos. Nessa escala, qualquer coisa acima de 90 é pelo menos "excelente"; acima de 80, pelo menos "bom". Quando um vinho recebe entre 75 de 79 pontos, a *Wine Spectator* o considera "medíocre". Qualquer coisa abaixo de 74, "não é recomendado".

E como é que a revista tinha cotado os quinze vinhos escolhidos por Goldstein para sua carta de reservados? A cotação

AS TRÊS PALAVRAS MAIS DIFÍCEIS DA LÍNGUA INGLESA

média deles na *Wine Spectator* era de meros 71. Um dos vinhos, segundo a *Wine Spectator*, "cheira a curral e tem paladar deteriorado". Outro "tem caráter muito próximo do solvente de tinta e do esmalte de unha". Um Cabernet Sauvignon "I Fossaretti" de 1995, que obteve apenas 58 pontos, mereceu a seguinte opinião da revista: "Algo errado aqui... sabor metálico e estranho". Na carta de reservados de Goldstein, essa garrafa custava 120 euros; o preço médio das quinze garrafas ficava em torno de 180 euros.

Como poderia Goldstein esperar que um restaurante inexistente cujos vinhos mais caros tinham merecido resenhas terríveis na *Wine Spectator* fossem contemplados com o Prêmio de Excelência da *Wine Spectator*?

"Minha hipótese", diz ele, "era que a taxa de 250 dólares era na verdade a parte que importava na inscrição."

Assim foi que ele enviou o cheque, a inscrição e sua carta de vinhos. Não demorou muito e a secretária eletrônica do seu restaurante falso em Milão recebeu um telefonema verdadeiro da *Wine Spectator* de Nova York. Ele tinha ganhado um Prêmio de Excelência! A revista também perguntava se ele "estaria interessado em dar publicidade ao prêmio com um anúncio na próxima edição". O que levou Goldstein a concluir que "o sistema de premiação na verdade não passava de um esquema publicitário".

Perguntamos-lhe então se isso significava que nós dois — que não entendemos patavina de restaurantes — poderemos um dia ganhar um Prêmio de Excelência da *Wine Spectator*.

— Mas é claro — respondeu ele. — Se os vinhos forem ruins o bastante.

Você pode estar pensando que talvez seja óbvio que "prêmios" como esse em certa medida sempre são apenas jogadas de marketing. Talvez também fosse óbvio para você que vinhos mais

PENSE COMO UM FREAK

caros não são necessariamente melhores ou que muito dinheiro é jogado fora com publicidade.

Mas muitas ideias óbvias só são óbvias *a posteriori*, depois que alguém se deu ao trabalho de investigá-las, para demonstrar que estavam certas (ou erradas). O impulso de investigação só pode ser acionado se você parar de fingir que sabe respostas que na verdade ignora. Como os incentivos para continuar fingindo são muito fortes, isso pode exigir uma certa coragem da sua parte.

Lembra-se daqueles estudantes britânicos que inventaram respostas sobre o passeio de Mary à beira-mar? Os pesquisadores responsáveis por essa experiência promoveram um estudo de continuação, intitulado "Ajudar as crianças a dizer corretamente 'Não sei' diante de perguntas impossíveis de responder". Mais uma vez, uma série de perguntas foi apresentada às crianças; mas, neste caso, elas foram explicitamente instruídas a dizer "Não sei" se fosse impossível responder a uma pergunta. A boa notícia é que as crianças se saíram muitíssimo bem na hora de dizer "não sei" quando apropriado, ao mesmo tempo que continuavam respondendo corretamente às outras perguntas.

Vamos então sentir-nos estimulados com o progresso da garotada. Da próxima vez que você se deparar com uma pergunta cuja resposta possa apenas fingir saber, vá em frente e diga "Não sei" — logo acrescentando, claro, "mas talvez possa descobrir". E empenhe-se o quanto puder nesse sentido. Talvez se surpreenda com a receptividade das pessoas a sua confissão, especialmente quando aparecer com a boa resposta um dia ou uma semana depois.

Mas ainda que as coisas não funcionem muito bem — se por exemplo o seu patrão torcer o nariz para a sua ignorância ou você não conseguir realmente encontrar a resposta, por mais que se esforce —, pode ter certeza de que a coragem de eventualmente dizer "Não sei" tem um outro benefício, de caráter mais estratégico. Digamos que você já tenha procedido dessa

AS TRÊS PALAVRAS MAIS DIFÍCEIS DA LÍNGUA INGLESA

maneira em algumas ocasiões. Da próxima vez que estiver em um aperto daqueles, frente a uma pergunta importante que simplesmente não consegue responder, vá em frente e invente algo — e todo mundo vai acreditar em você, pois você é o sujeito que em todas aquelas outras vezes cometeu a loucura de reconhecer que não sabia a resposta.

Afinal, não é pelo fato de estar no escritório que você precisa parar de pensar.

CAPÍTULO 3

Qual é o seu problema?

Se é preciso muita coragem para reconhecer que você não tem todas as respostas, imagine como não será difícil admitir que sequer sabe qual é a boa pergunta. Mas o fato é que, se fizer a pergunta errada, com quase toda certeza receberá a resposta errada.

Pense no problema que você realmente gostaria de ver resolvido. A epidemia de obesidade, talvez, ou as mudanças climáticas, ou quem sabe a decadência do sistema público de ensino nos Estados Unidos. E agora pergunte a si mesmo como foi que chegou à sua atual visão do problema. Muito provavelmente, essa visão foi fortemente influenciada pela imprensa popular.

A maioria das pessoas não tem tempo nem propensão para pensar muito em grandes problemas como esses. Nossa tendência é dar atenção ao que as outras pessoas dizem, e se tais pontos de vista encontram ressonância em nós, encaixamos nossa percepção por cima dessas outras. Além disso, tendemos a focalizar a atenção na parte do problema que nos *incomoda*. Talvez você fique revoltado com a má qualidade do ensino porque sua avó era professora e parecia muito mais dedicada à educação que os professores de hoje. Para você, é evidente que as escolas não estão cumprindo sua função, por haver tantos maus professores.

Vamos examinar essa questão um pouco mais de perto. Em meio às pressões pela reforma educacional nos EUA, não faltam

PENSE COMO UM FREAK

teorias a respeito dos principais fatores em jogo: o tamanho das escolas, o tamanho das turmas, a estabilidade administrativa, o dinheiro necessário para as inovações tecnológicas e, claro, a capacitação dos professores. Pode-se facilmente demonstrar que um bom professor é melhor que um mau professor, e também é verdade que de modo geral a qualidade do ensino, no que depende deles, caiu desde a época da sua avó, em parte porque as mulheres inteligentes e preparadas hoje em dia têm muito mais opções de emprego. Por outro lado, em certos países — por exemplo, a Finlândia, Cingapura e a Coreia do Sul —, os futuros professores são recrutados entre os melhores estudantes universitários, ao passo que, nos Estados Unidos, é mais provável que uma professora venha da metade inferior da sua turma. De modo que talvez faça mesmo sentido que praticamente toda conversa sobre a reforma escolar esteja centrada na questão da capacitação dos professores.

Mas já há uma montanha de indícios recentes no sentido de que a capacitação dos profissionais tem menos influência no desempenho de um aluno do que toda uma série de fatores completamente diferentes: a saber, o quanto as crianças aprenderam com os pais, a intensidade do trabalho que efetuam em casa e se os pais lhes incutiram o gosto pela educação. Na falta desses estímulos domésticos, não há muita coisa que a escola possa fazer. Seu filho fica na escola apenas sete horas por dia, 180 dias por ano ou cerca de 22% do seu tempo, à parte as horas de sono. E nem todo esse tempo é dedicado ao aprendizado, se levarmos em conta a socialização, as refeições e os deslocamentos para a escola e de volta para casa. Para muitas crianças, além do mais, os três ou quatro primeiros anos de vida são de convívio exclusivo com os pais, sem frequentar escola.

Quando as pessoas sérias discutem reforma educacional, contudo, raramente falam do papel da família na preparação das crianças para o êxito. Isso ocorre em parte porque a pró-

QUAL É O SEU PROBLEMA?

pria expressão "reforma educacional" já indica que a questão é "O que está errado com nossas escolas?", quando, na realidade, a questão seria mais bem formulada da seguinte maneira: "Por que as crianças americanas sabem menos que as da Estônia ou da Polônia?". Ao formular a pergunta de maneira diferente, vamos buscar respostas em lugares diferentes.

De modo que é possível que, discutindo os motivos pelos quais as crianças americanas não estão se saindo tão bem, devêssemos falar menos das escolas e mais dos pais.

Na nossa sociedade, se alguém quiser ser cabeleireiro, lutador de kickboxing ou guia de caça — ou professor —, terá de ser formado e habilitado por um organismo de Estado. Mas não há exigências dessa natureza para ser pai ou mãe. Qualquer pessoa dotada de órgãos reprodutivos em perfeito funcionamento pode gerar um filho sem dar satisfação a ninguém e criá-lo como bem entender, desde que não haja contusões e escoriações visíveis — para em seguida entregar essa criança ao sistema escolar, de modo que os professores façam sua mágica. Talvez estejamos exigindo muito das escolas e muito pouco dos pais e das crianças.

Aqui vai, então, o ponto central: qualquer que seja o problema que esteja tentando resolver, certifique-se de que não está atacando apenas sua parte mais flagrante, que por acaso merece a sua atenção. Antes de empatar todo o seu tempo e seus recursos, é incrivelmente importante definir adequadamente o problema — ou, melhor ainda, redefini-lo.

Foi o que fez sem maiores pretensões um estudante universitário japonês ao aceitar o tipo de desafio com que a maioria de nós nem sonharia — ou nem desejaria.

No outono de 2000, um jovem que ficaria conhecido como Kobi estudava economia na Universidade Yokkaichi, na província japonesa de Mie. Ele morava com a namorada, Kumi. Como

PENSE COMO UM FREAK

não podiam mais pagar a conta de energia elétrica, iluminavam o apartamento com velas. Nenhum dos dois vinha de família de recursos — o pai de Kobi era discípulo em um templo budista, trabalhando como guia da construção histórica para visitantes —, e eles também estavam atrasados com o aluguel.

Kumi ouviu falar de um concurso que daria um prêmio de 5 mil dólares ao vencedor. Sem dizer nada a Kobi, mandou um cartão-postal para inscrevê-lo. Era uma competição para ver quem comia mais em um programa de televisão.

Não era nem de longe uma ideia muito boa. Kobi não tinha nada de um glutão; de compleição frágil, mal chegava a 1,72m de altura. Mas de fato tinha um estômago forte e um bom apetite. Na infância, sempre deixava o prato limpo, e às vezes também os das irmãs. Também considerava que tamanho não era documento. Um dos heróis da sua infância era o grande campeão de sumô Chiyonofuji, também conhecido como O Lobo, que pesava relativamente pouco mas compensava este fato com uma técnica rematada.

Foi com relutância que Kobi concordou em participar do concurso. Sua única chance era pensar à frente dos adversários. Na universidade, ele estava aprendendo teoria dos jogos, que agora vinha perfeitamente a calhar. O concurso avançaria em quatro etapas: batatas cozidas seguidas de uma tigela de frutos do mar, churrasco de carneiro e macarrão. Só passariam à etapa seguinte os que se saíssem melhor em cada uma delas. Kobi pesquisou concursos anteriores do mesmo tipo e percebeu que a maioria dos concorrentes se esforçava tanto nas primeiras etapas que, mesmo avançando, ficava cansada (e empanzinada) demais para se sair bem nas últimas. Sua estratégia consistiu em guardar energia e espaço no estômago, comendo em cada etapa apenas o suficiente para se classificar para a seguinte. Não era bem uma ciência exata, mas o fato é que nenhum dos adversários podia ser considerado um cientista. Na última rodada, Kobi incorporou o espírito do seu herói infantil de sumô

58

QUAL É O SEU PROBLEMA?

e devorou uma quantidade suficiente de macarrão para abiscoitar o prêmio de 5 mil dólares. As luzes voltaram a acender no apartamento de Kobi e Kumi.

Seria possível ganhar mais dinheiro em concursos japoneses de comida, mas Kobi, tendo apreciado o sucesso como amador, estava ansioso por se profissionalizar. Voltou-se então para o campeonato dos campeonatos de competições de comida: o Nathan's Famous Fourth of July International Hot Dog Eating Contest. Há cerca de quatro décadas ele é realizado em Coney Island, Nova York — o *New York Times* e outras publicações já afirmaram que o concurso remonta a 1916, mas os organizadores reconhecem que inventaram essa história —, e costuma ser acompanhado por mais de 1 milhão de espectadores pela ESPN.

As regras eram simples. Os participantes comiam tantos cachorros-quentes quanto aguentassem em doze minutos. Um cachorro-quente ou parte que já estivesse na boca do concorrente ao soar a campainha final seria computado em seu total, desde que ele viesse a engoli-lo. Mas o comilão poderia ser desclassificado se, durante o concurso, uma quantidade significativa de cachorro-quente que já tivesse entrado em sua boca voltasse para fora — o que era conhecido no "esporte" como "mudança de sorte". Era permitido o uso de condimentos, mas nenhum competidor sério se importava com isso. Bebidas também, de qualquer tipo, em qualquer quantidade. Em 2001, quando Kobi resolveu participar do concurso de Coney Island, o recorde era de inacreditáveis 25,125 cachorros-quentes em doze minutos.

No Japão, ele começou a praticar. Teve grande dificuldade para encontrar cachorros-quentes do padrão exigido pelo regulamento, e recorreu a salsichas feitas de peixe moído. No lugar dos pãezinhos macios e levemente adocicados, cortou pães de forma no tamanho regulamentar. Durante meses, treinou na escuridão, e também chegou a Coney Island no escuro. Um ano antes, os três primeiros colocados também tinham sido japoneses — Kazutoyo "Coelho" Arai derrubou o recorde mundial —, mas o novato que agora chegava não era considerado uma ameaça. Havia quem achasse que era apenas um colegial, o que não teria permitido sua participação. Um dos adversários zombou: "Suas pernas são mais finas que os meus braços!".

Como foi que ele se saiu? Em seu primeiro concurso em Coney Island, Kobi passou todos os outros no papo e estabeleceu o novo recorde mundial. Quantos cachorros-quentes você acha que ele comeu? O recorde, como vimos, era de 25,125. Seria razoável arriscar 27 ou até 28 cachorros-quentes. Seria um avanço de mais de 10% sobre o recorde anterior. Se quisesse arriscar uma aposta realmente agressiva, você poderia supor um avanço de 20%, chegando a pouco mais de trinta cachorros-quentes em doze minutos.

Mas ele comeu cinquenta. Cinquenta! São mais de quatro cachorros-quentes por minuto durante doze minutos sem parar. Nos seus 23 anos, o magro Kobi — nome completo, Takeru Kobayashi — tinha praticamente *dobrado* o recorde mundial.

Imagine só uma tal margem de vitória. O concurso de cachorros-quentes de Coney Island não tem a mesma importância histórica, por exemplo, da corrida de 100 metros, mas vamos pôr a proeza de Kobayashi na devida perspectiva. No momento em que escrevemos, o recorde dos 100 metros (9,58 segundos) é de Usain Bolt, a "flecha" jamaicana. Mesmo em uma corrida tão curta, Bolt muitas vezes bate os rivais por ampla margem; é em geral considerado o melhor velocista da história. Antes dele, o recorde era de 9,74 segundos. O que significa que o seu progresso foi de 1,6%. Se tivesse alcançado um feito proporcionalmente comparável ao de Kobayashi, Usain Bolt teria percorrido os 100 metros em cerca de 4,87 segundos, a uma velocidade média de aproximadamente 73 quilômetros por hora. Mais ou menos a meio caminho entre um galgo e um guepardo.

QUAL É O SEU PROBLEMA?

Kobayashi voltou a vencer em Coney Island no ano seguinte, e de novo nos quatro posteriores, levando o recorde a 53,75 cachorros-quentes. Nenhum outro campeão anterior tinha vencido mais de três vezes, muito menos seis, uma atrás da outra. Mas ele não se destacava apenas por vencer sucessivamente ou pela margem de vitória. O típico comilão de competição parecia capaz de engolir o próprio Kobayashi; era sempre o tipo do sujeito conhecido na sua república estudantil por comer duas pizzas inteiras de uma só vez, acompanhadas de seis latinhas de refrigerante. Já Kobayashi era um sujeito discreto, brincalhão e crítico.

Ele se transformou em uma estrela internacional. No Japão, o entusiasmo pelos concursos de comida diminuiu depois que um estudante morreu sufocado tentando imitar seus heróis. Mas Kobayashi encontrou muitas competições em outros países, estabelecendo recordes em hambúrgueres, salsichões, bolinhos Ana Maria, sanduíches de lagosta, *tacos* de peixe e outros mais. Uma rara derrota ocorreu em um evento televisivo em que enfrentava um único adversário. Em aproximadamente dois minutos e meio, Kobayashi comeu 31 cachorros-quentes, mas o adversário chegou a cinquenta. O adversário era um urso de meia tonelada.

Inicialmente, as vitórias arrasadoras de Kobayashi em Coney Island causaram perplexidade. Alguns rivais chegaram a pensar que ele estava trapaceando. Talvez tivesse tomado algum relaxante muscular ou qualquer outra substância para conter o reflexo de vômito. Dizia-se que havia engolido pedras para expandir o estômago. Correu até o boato de que Kobayashi estava à frente de uma trama do governo japonês para humilhar os americanos — em um concurso realizado simplesmente no Dia da Independência! —, e que passara por uma cirurgia no Japão para implante de um segundo esôfago ou estômago.

Mas o fato é que nenhuma dessas acusações parece justificada. Por que então Takeru Kobayashi era tão mais capaz que todos os outros?

Encontramos Kobayashi várias vezes para tentar responder a essa pergunta. O primeiro encontro aconteceu em uma tarde de verão em Nova York, em um jantar no Café Luxembourg, restaurante tranquilo e chique do Upper West Side. Kobayashi comeu educadamente: salada verde, chá inglês, um pedaço de peito de pato sem molho. Era difícil imaginar que se tratava da mesma pessoa que tinha tantos cachorros-quentes enfiados na boca quando a campainha tocava; era como ver um campeão de luta livre fazendo bordado. "Em comparação com os comilões americanos", diz ele, "eu em geral não como muito. Comer depressa é falta de educação. Tudo que eu faço vai de encontro aos costumes e à moral do povo japonês."

Sua mãe não apreciava a profissão que ele havia escolhido. "Eu nunca falo com ela sobre meus concursos nem do treinamento." Mas em 2006, quando estava morrendo de câncer, ela se inspirou no que o filho fazia. "Ela estava fazendo quimioterapia, e muitas vezes tinha vontade de vomitar. E dizia: 'Você também se esforça para não vomitar depois de comer muito, e então me dá vontade de fazer força para aguentar firme'."

Ele tem traços delicados: um olhar suave e maçãs do rosto pronunciadas, que lhe dão um ar alegre. Os cabelos, em corte estiloso, são tingidos de vermelho de um lado e amarelo do outro, representando ketchup e mostarda. Ele começa a falar suave mas intensamente sobre o treinamento para o primeiro concurso em Coney Island. E o que se revela é que aqueles meses todos de isolamento foram uma longa incursão pela experimentação e o feedback.

Kobayashi tinha notado que a maioria dos comilões de Coney Island usava uma estratégia semelhante, que no fim das contas

QUAL É O SEU PROBLEMA?

não redundava exatamente em uma estratégia. Tratava-se basicamente de uma versão mais veloz da maneira como qualquer pessoa come um cachorro-quente em um churrasco de quintal: pegar, apertar na mão, enfiar na boca, mastigar até o fim e jogar por cima algum líquido para lavar tudo. Kobayashi ficou se perguntando se não haveria um jeito melhor.

Não estava escrito em lugar nenhum, por exemplo, que o sanduíche tinha de ser comido de ponta a ponta. Sua primeira experiência foi simples: Que aconteceria se ele partisse o cachorro-quente ao meio e enfiasse metade na boca antes de comer o resto? Kobayashi constatou que isso aumentava as possibilidades em matéria de entrada na boca e mastigação, ao mesmo tempo permitindo que as mãos fizessem parte do trabalho que de outra forma estaria ocupando a boca. Essa manobra ficaria conhecida como Método Salomão, nome do monarca bíblico que resolveu uma disputa entre duas mães ameaçando cortar ao meio um bebê (voltaremos ao assunto no capítulo 7).

Kobayashi veio então a questionar uma outra prática convencionada: comer ao mesmo tempo a salsicha e o pão do cachorro-quente. Não surpreendia que todos fizessem assim. A salsicha se acomoda muito confortavelmente no pãozinho, e em circunstâncias normais de apreciação da comida a maciez da textura do pão é ideal para acompanhar a carne compactada e lisinha com molho. Mas Kobayashi não estava comendo em circunstâncias normais de apreciação. A mastigação simultânea da salsicha e do pão gerava, ele constatou, um conflito de densidade. A salsicha propriamente é um tubo comprimido de carne densa e salgada que praticamente pode descer pela garganta sem qualquer esforço. Já o pão, apesar de leve e pouco substancial, ocupa muito espaço e requer muita mastigação.

Ele começou então por remover a salsicha do pão. Agora podia botar na boca um punhado de salsichas partidas ao meio, seguidas de uma rodada de pães. Parecia uma fábrica ambulante, tentando alcançar o tipo de especialização que faz o coração dos economistas bater mais rápido desde a época de Adam Smith.

Apesar da facilidade com que conseguia engolir as salsichas — como um golfinho treinado deglutindo arenques em um aquário —, o pão continuava sendo um problema. (Se quiser ganhar uma aposta em um bar, desafie alguém a comer dois pães de cachorro-quente em 1 minuto sem beber nada; é quase impossível.) Kobayashi então tentou algo diferente. Enquanto levava as salsichas partidas à boca com uma das mãos, usava a outra para mergulhar o pão no copo d'água. Em seguida, espremia a maior parte do excesso de água e enfiava o pão na boca. Talvez não pareça fazer muito sentido — por que levar líquido extra ao estômago quando é necessário todo o espaço disponível para os pães e as salsichas? —, mas o fato de embeber os pães proporcionava um benefício inesperado. A ingestão dos pães encharcados significava que Kobayashi ficava com menos sede, e portanto que desperdiçava menos tempo bebendo. Ele experimentou diferentes temperaturas e chegou à conclusão de que o melhor era água morna, pois relaxava os músculos da mastigação. Também aspergiu óleo vegetal na água, o que aparentemente contribuía para facilitar a deglutição.

Sua experimentação não tinha fim. Ele registrou as sessões de treinamento em videoteipe e anotou todos os dados em uma planilha, em busca de ineficiências e milissegundos perdidos. Experimentou também com o ritmo: Seria melhor pegar pesado nos quatro primeiros minutos, moderar um pouco nos quatro seguintes e "disparar" ao chegar ao fim? Ou manter um ritmo constante o tempo todo? (Ele acabou descobrindo que o melhor era a máxima rapidez no início.) Kobayashi constatou que era de suma importância dormir muito. E também fazer levantamento de pesos: músculos fortes ajudavam a comer e também a resistir à vontade de vomitar. Descobriu ainda que podia abrir mais espaço no estômago pulando e se sacudindo enquanto comia —

uma dança estranha e animalesca que acabou sendo conhecida como Balanço Kobayashi.

Não menos importantes que as táticas adotadas foram as rejeitadas. Ao contrário de outros comilões de concurso, ele nunca treinava em restaurantes de bufê do tipo coma-o-quanto-quiser. ("Se fizesse isso, não saberia quanto tinha comido de quê.") Não ouvia música enquanto comia. ("Não quero ouvir nenhum outro som.") Descobriu que beber litros de água poderia aumentar seu estômago, mas o resultado final era desastroso. ("Comecei a ter uma espécie de ataque epilético. Vi então que era um grande erro.")

Ao fazer o balanço geral, Kobayashi percebeu que seus preparativos físicos podiam gerar um estado mental privilegiado. "Em circunstâncias normais, comer tanto durante dez minutos... os dois últimos minutos são os mais difíceis, e a gente fica preocupado. Mas se houver grande concentração, pode ser agradável. A gente sente dor e sofre — mas também fica excitado. E é quando vem essa espécie de barato."

Mas espere aí. E se Kobayashi, apesar de toda a inovação metodológica, fosse simplesmente uma aberração anatômica, uma raríssima máquina de comer encontrada apenas uma vez a cada geração?

A prova mais cabal contra esse argumento é que os concorrentes começaram a se aproximar do desempenho dele. Passados seis anos de hegemonia em Coney Island, Kobayashi foi superado pelo comilão americano Joey "Mandíbulas" Chestnut, que no momento em que escrevemos já venceu *sete* concursos em Coney Island.

Muitas vezes, ele bateu Kobayashi por muito pouco. Os dois juntos empurravam o recorde mundial cada vez mais para cima: Chestnut chegou a tragar inacreditáveis 69 cachorros-quentes em apenas dez minutos (a duração das provas foi reduzida em dois minutos em 2008). Enquanto isso, um punhado de rivais — entre eles Patrick "Prato Fundo" Bertoletti e Tim "Comilão X" Janus — frequentemente come mais cachorros-quentes que Kobayashi comia quando dobrou pela primeira vez o antigo recorde. E o mesmo vem fazendo a recordista feminina, Sonya "Viúva Negra" Thomas, com seus 44 quilos, que comeu 45 cachorros-quentes em dez minutos. Alguns dos rivais de Kobayashi copiaram certas estratégias do japonês. Todos eles ganharam ao compreender que quarenta ou cinquenta cachorros-quentes, a certa altura considerados pura fantasia, simplesmente não o são.

Em 2010, Kobayashi entrou em uma disputa contratual com os organizadores do evento de Coney Island — alegava que eles tinham limitado sua capacidade de competir em outros concursos — e não foi inscrito na competição. Mas ainda assim apareceu e, na empolgação do momento, acabou subindo ao palco. Foi imediatamente algemado e detido. Era um ato estranhamente impetuoso para um sujeito tão disciplinado. Na noite que passou na prisão, deram-lhe um sanduíche com um copo de leite. "Estou com muita fome", disse. "Seria bom que houvesse cachorros-quentes na prisão."

Por esplêndido que tenha sido, o sucesso de Takeru Kobayashi poderia ser aplicado a algo mais relevante que o consumo de cachorros-quentes em alta velocidade? Achamos que sim. Para quem é capaz de pensar como um Freak, pelo menos duas lições podem ser extraídas da sua abordagem.

A primeira diz respeito à solução de problemas de maneira geral. Kobayashi redefiniu o problema que tentava resolver. Que pergunta os adversários faziam? Basicamente, a seguinte: *Como comer mais cachorros-quentes?* Kobayashi fez uma pergunta diferente: *Como tornar os cachorros-quentes mais fáceis de comer?* Esta pergunta levou-o a fazer experiências e obter o feedback que mudou o jogo. Somente redefinindo o problema ele foi capaz de descobrir uma nova série de soluções.

QUAL É O SEU PROBLEMA?

Kobayashi passou a ver o ato de comer em concursos como uma atividade fundamentalmente diferente do hábito diário de comer. Via-o como um esporte — talvez um esporte repugnante, pelo menos para a maioria das pessoas —, que, como qualquer esporte, exigia treinamento, estratégias e manobras físicas e mentais específicas. Para ele, encarar um concurso de comida como uma versão ampliada do ato cotidiano de comer era o mesmo que encarar uma maratona como uma versão ampliada do ato de caminhar pela rua. Claro que a maioria de nós caminha perfeitamente bem, e até, se necessário, durante muito tempo. Mas chegar ao fim de uma maratona é um pouco mais complicado.

Naturalmente, é mais fácil redefinir um problema como um concurso de comida do que, por exemplo, um sistema educacional insatisfatório ou a pobreza endêmica — mas, até em questões complexas assim, um bom começo seria avaliar o cerne do problema com a mesma perspicácia aplicada por Kobayashi em seu caso.

A segunda lição a ser extraída do sucesso de Kobayashi tem a ver com os limites que aceitamos ou não.

Naquele encontro do Café Luxembourg, Kobayashi disse que ao começar seu treinamento recusou-se a reconhecer a legitimidade do recorde então vigente em Coney Island, de 25,125 cachorros-quentes. Por quê? Ele argumentava que o recorde não representava grande coisa, pois seus adversários anteriores vinham fazendo a pergunta errada a respeito da ingestão rápida de cachorros-quentes. Na sua visão, o recorde era uma barreira artificial.

Ele então entrou no concurso sem considerar que 25,125 fosse um limite. Instruiu sua mente a não dar qualquer atenção ao número de sanduíches que comia, concentrando-se exclusivamente na maneira como o fazia. Será que teria vencido aquele primeiro concurso se tivesse honrado mentalmente a barreira dos 25,125? Talvez, mas é difícil imaginar que teria *dobrado* o recorde.

Em experiências recentes, cientistas constataram que é possível induzir até atletas de elite a melhor desempenho contando-lhes mentiras. Numa das experiências, um grupo de ciclistas foi instruído a pedalar bicicletas ergométricas na máxima velocidade pelo equivalente a 4 mil metros. Mais tarde, os atletas repetiram o procedimento enquanto viam avatares de si mesmos pedalando na prova anterior. O que não sabiam era que os pesquisadores tinham aumentado a velocidade da reprodução. E no entanto os ciclistas acompanharam a velocidade da reprodução, superando aquela que julgavam ser sua velocidade máxima. "É o cérebro, e não o coração ou os pulmões, que é o órgão decisivo", disse o reputado neurologista Roger Bannister, conhecido por ter sido o primeiro ser humano a correr 1 milha (1,6 quilômetro) em menos de quatro minutos.

Todos nós enfrentamos barreiras — físicas, financeiras, temporais — a cada dia. Algumas são sem dúvida reais. Mas outras são pura e simplesmente artificiais: expectativas sobre a capacidade de determinado sistema de funcionar bem, sobre o ponto a partir do qual a mudança é excessiva, ou ainda os tipos de comportamento considerados aceitáveis. Da próxima vez que se deparar com uma barreira assim, imposta por pessoas sem a sua imaginação, iniciativa ou criatividade, pense seriamente em ignorá-la. Resolver um problema já é bastante difícil; e fica muito mais se você decidir de antemão que não será possível.

Se você duvida da força contrária dos limites artificiais, aqui vai um teste simples. Digamos que você não tem se exercitado e quer entrar na linha de novo. Decide então fazer algumas flexões. Quantas? *Bem, já estou parado há algum tempo*, pensa com seus botões, *vou começar com dez*. E lá vai você. Quando é que começa a se sentir física e mentalmente cansado? Provavelmente por volta da flexão número sete ou oito.

Imagine agora que tivesse decidido fazer vinte flexões, em vez de dez. Desta vez, quando é que vai começar a se sentir can-

QUAL É O SEU PROBLEMA?

sado? Vá em frente, experimente! É provável que passe das dez sem sequer se lembrar de como está fora de forma.

Foi por se ter recusado a aceitar o recorde vigente dos cachorros-quentes que Kobayashi passou direto pelo número 25 naquele primeiro ano. Em Coney Island, a cada comilão era designada uma jovem de belas formas que sustentava no alto um placar dando conta ao público dos progressos do candidato. Naquele ano, os placares não chegavam a uma numeração alta o suficiente para dar conta do recado. A jovem de Kobi teve de segurar no alto folhas de papel amarelo com números riscados à última hora. Quando tudo acabou, um repórter da TV japonesa perguntou como ele se sentia.

"Poderia continuar", respondeu Kobi.

CAPÍTULO 4

Como na pintura dos cabelos, a verdade está na raiz

É preciso que alguém seja realmente capaz de pensar com originalidade para examinar um problema que todo mundo já examinou e encontrar uma nova forma de abordagem.

Por que isso é tão raro? Talvez porque a maioria de nós, quando tenta equacionar um problema, acaba se voltando para a causa mais próxima e óbvia. É difícil dizer se se trata de um hábito cultural adquirido ou se remonta ao nosso passado distante.

Na era das cavernas, era uma questão de vida ou morte saber se os frutos de determinado arbusto eram comestíveis. A causa mais próxima geralmente era a que importava. Ainda hoje, a causa mais próxima muitas vezes é a que faz sentido. Se o seu filho de três anos estiver choramingando e o mais velho, de cinco, estiver de pé ao lado com um sorriso diabólico e um martelo de plástico na mão, você estará bem perto da verdade se concluir que o martelo teve alguma coisa a ver com a choradeira.

Mas os grandes problemas enfrentados pela sociedade — criminalidade, doenças e corrupção política, por exemplo — são mais complicados. Suas causas fundamentais muitas vezes não são tão próximas, óbvias ou palatáveis. Assim, em vez de atacar as causas essenciais, muitas vezes gastamos bilhões de dólares cuidando dos sintomas, para depois reclamar da persistência do problema. Pensar como um Freak significa que você vai traba-

PENSE COMO UM FREAK

lhar com afinco para identificar e atacar a causa fundamental dos problemas.

Claro que é muito mais fácil falar que fazer. Vejamos por exemplo a questão da pobreza e da fome: Quais são as causas? Uma resposta pronta e fácil é a falta de dinheiro e alimentos. Teoricamente, portanto, é possível combater a pobreza e a fome transportando grandes quantidades de dinheiro e comida para lugares pobres onde há fome.

É exatamente o que os governos e as organizações humanitárias vêm fazendo há muitos anos. Por que então persistem os mesmos problemas nos mesmos lugares?

Porque a pobreza é um sintoma — da ausência de uma economia funcional erigida sobre instituições políticas, sociais e jurídicas de real credibilidade. É difícil resolver isso até mesmo com aviões inteiros carregados de dinheiro. Da mesma forma, a falta de alimentos em geral não é a causa essencial da fome. "A fome é o que caracteriza as pessoas que não *têm* alimentos suficientes para comer", escreveu o economista Amartya Sen em um livro que marcou época, *Pobreza e fome*. "Não é o que caracteriza o fato de não *haver* alimentos suficientes." Nos países cujas instituições políticas e econômicas servem para atender aos apetites de uma minoria corrupta, e não à grande massa, os alimentos habitualmente não chegam àqueles que mais precisam. Enquanto isso, nos Estados Unidos, jogamos fora nada menos que 40% dos alimentos que compramos, o que pode parecer incrível.

Infelizmente, combater a corrupção é muito mais difícil que transportar alimentos. Assim, mesmo *descobrindo de fato* a causa fundamental de um problema, talvez você ainda não consiga avançar. Entretanto, como veremos no próximo capítulo, eventualmente as estrelas podem entrar em alinhamento, e a recompensa será enorme.

*

COMO NA PINTURA DOS CABELOS, A VERDADE ESTÁ NA RAIZ

Em *Freakonomics*, examinamos as causas do aumento e da diminuição da criminalidade nos Estados Unidos. Em 1960, a criminalidade começou subitamente a aumentar. Pela altura de 1980, a taxa de homicídios tinha duplicado, chegando a um recorde histórico. Durante vários anos, a criminalidade manteve-se em uma taxa perigosamente alta, mas no início da década de 1990 começou a cair, e assim continuou.

Que aconteceu?

Muitas explicações foram propostas, e no nosso livro submetemos algumas delas a análise empírica. Apresentamos abaixo duas séries de possíveis explicações. Uma delas teve forte impacto no recuo da criminalidade, e a outra, não. Você saberia dizer qual é qual?

A	B
Legislação de armas mais rigorosa	Maior número de policiais
Uma economia pujante	Mais pessoas encarceradas
Mais sentenças de morte	Declínio do mercado de crack

Ambas as séries são perfeitamente plausíveis, não? Na verdade, se você não arregaçar as mangas e examinar a fundo certos dados, será praticamente impossível saber a resposta certa.

Que dizem, então, os dados?

Os fatores A, por mais lógicos que pareçam, não contribuíram para a queda da criminalidade. Você poderá ficar surpreso. Os homicídios com arma de fogo diminuíram? *Bem*, você pensa, *deve ter a ver com todas essas leis de controle de armas* — até que examina melhor os dados e se dá conta de que a maioria das pessoas que cometem crimes com armas de fogo praticamente não é afetada pelas atuais leis de controle.

Você também pode imaginar que a economia bombada da década de 1990 terá ajudado, mas os dados históricos mostram que é surpreendentemente frágil a relação entre ciclos econômicos e criminalidade. Na verdade, com a chegada da Grande Recessão de 2007, um coro de especialistas e sabichões advertiu que estava acabando nosso longo e delicioso período de alívio do crime violento. Mas não foi assim. Entre 2007 e 2010, os piores anos da recessão, os homicídios caíram mais 16%. Incrivelmente, as taxas de homicídio são hoje mais baixas que em 1960.

Os fatores B, enquanto isso — mais policiais, mais gente nas prisões e um mercado de crack em decadência —, *de fato contribuíram* para a queda da criminalidade. Uma vez apurado o impacto cumulativo desses fatores, entretanto, ainda não dava para explicar completamente a queda da violência criminosa. Tinha de haver algo mais.

Vamos examinar mais de perto os fatores B. Será que dizem respeito às verdadeiras raízes da criminalidade? Na verdade, não. Poderiam ser mais plausivelmente qualificados como fatores "presente do indicativo". Claro que a contratação de mais policiais e o encarceramento de mais pessoas podem diminuir a curto prazo a presença de criminosos, mas e a longo prazo?

Em *Freakonomics*, identificamos um fator que estava faltando: a legalização do aborto no início da década de 1970. A teoria era chocante, mas simples. O aumento do número de abortos significava que estavam nascendo menos bebês não desejados, o que por sua vez indicava a existência de menos crianças sendo criadas nas circunstâncias difíceis que levam à probabilidade de criminalidade.

Considerando-se a história do aborto nos Estados Unidos — poucas questões têm uma carga moral e política tão forte —, era uma teoria fadada a desagradar tanto aos adversários quanto aos adeptos do aborto. Preparamo-nos então para uma bela polêmica.

Curiosamente, nosso argumento não gerou muita contestação. Por quê? Nossa suposição é que os leitores foram capazes de entender que tínhamos identificado no aborto um mecanismo da queda das taxas de criminalidade, mas não sua causa fundamental. Qual será, então, essa causa? Simplesmente a seguinte:

COMO NA PINTURA DOS CABELOS, A VERDADE ESTÁ NA RAIZ

era grande demais o número de crianças sendo criadas em um ambiente negativo, propício a conduzi-las à criminalidade. Quando chegou à idade adulta, a primeira geração pós-aborto contava menor número de crianças criadas nessas condições.

Pode ser perturbador, e mesmo assustador, olhar uma causa fundamental bem nos olhos. Talvez seja por isso que tantas vezes o evitamos. É muito mais fácil argumentar com temas como policiais, prisões e leis de controle de armas do que abordar a espinhosa questão de saber quando é que um pai ou mãe está realmente preparado para criar um filho. Mas para uma conversa sobre criminalidade que realmente valha a pena, faz mais sentido começar falando das vantagens de pais preparados e amorosos que deem aos filhos a oportunidade de ter uma vida segura e produtiva.

Talvez não seja uma conversa fácil. Mas, ao lidar com causas essenciais, pelo menos você sabe que está enfrentando o problema real, em vez de boxear com sombras.

Pode ser desencorajador viajar uma geração ou duas para trás a fim de entender a causa fundamental de um problema. Mas, em certos casos, uma geração é apenas um piscar de olhos.

Vamos imaginar que você seja um operário de fábrica alemão. Está em uma cervejaria com os amigos depois de uma troca de turno, inconformado com sua situação financeira. A economia nacional vai de vento em popa, mas parece que você e todo mundo na sua cidade não saem do lugar. A população de algumas cidades mais adiante, contudo, está se saindo consideravelmente melhor. Por quê?

Para descobrir os motivos, teremos de remontar ao século XVI. Em 1517, um atormentado padre alemão chamado Martinho Lutero fez uma lista de 95 queixas contra a Igreja Católica. Uma prática que ele considerava particularmente condenável era a venda de indulgências: o hábito da Igreja de arrecadar dinheiro perdoando os pecados de doadores abonados. (Hoje em dia Lutero provavelmente investiria contra os privilégios fiscais dos fundos de *hedge* e das empresas de *private equity*.)

A ousada iniciativa de Lutero deu início à Reforma Protestante. Na época, a Alemanha era formada por mais de mil territórios independentes, cada um governado por seu respectivo príncipe ou duque. Alguns deles seguiram Lutero, abraçando o protestantismo; outros mantiveram-se fiéis à Igreja. Esse cisma se prolongaria por várias décadas em toda a Europa, não raro com muito derramamento de sangue. Em 1555, chegou-se a um acordo temporário, a Paz de Augsburgo, que permitia a cada príncipe alemão escolher livremente a religião a ser praticada em seu território. Além disso, se determinada família católica vivesse em um território cujo príncipe tivesse optado pelo protestantismo, o acordo a autorizava a migrar para uma área católica, e vice-versa.

E foi assim que a Alemanha se transformou em uma colcha de retalhos religiosa. O catolicismo continuou muito praticado no sudeste e no noroeste, enquanto o protestantismo se espalhou nas regiões central e nordeste; outras áreas eram mistas.

Vamos agora dar um salto de 460 anos até hoje. Um jovem economista chamado Jörg Spenkuch descobriu que sobrepondo o mapa da moderna Alemanha a um mapa da Alemanha quinhentista a colcha de retalhos religiosa permanecia quase intacta. As antigas áreas protestantes ainda são em grande medida protestantes, enquanto as velhas áreas católicas continuam eminentemente católicas (exceto no caso da antiga Alemanha Oriental, onde o ateísmo se espraiou muito durante o período comunista). As escolhas feitas pelos príncipes séculos atrás continuam vigorando.

Talvez não seja tão surpreendente assim. Afinal, a Alemanha é um país de tradições. Mas Spenkuch, jogando com esses mapas, constatou algo que de fato o surpreendeu. A colcha de retalhos religiosa da moderna Alemanha também se sobrepunha a uma

COMO NA PINTURA DOS CABELOS, A VERDADE ESTÁ NA RAIZ

interessante colcha de retalhos econômica: os habitantes das áreas protestantes ganhavam mais dinheiro que os das áreas católicas. Não muito mais — cerca de 1% —, mas a diferença era clara. Se o príncipe da sua área tivesse se aliado aos católicos, era provável que você fosse mais pobre hoje do que se ele tivesse seguido Martinho Lutero.

Como explicar a colcha de retalhos da renda? Claro que poderia haver motivos do presente do indicativo. Talvez os mais bem remunerados tivessem recebido melhor educação, feito melhores casamentos, ou quem sabe vivessem mais perto dos empregos de salários altos encontrados nas grandes cidades.

Mas Spenkuch analisou os dados envolvidos e constatou que nenhum desses fatores explicava a defasagem de renda. Só um fator poderia explicá-la: a própria religião. Ele concluiu que os habitantes das áreas protestantes ganhavam mais dinheiro que os das áreas católicas simplesmente por serem protestantes!

Por quê? Haveria algum favoritismo religioso pelo qual os patrões protestantes davam os melhores empregos aos trabalhadores protestantes? Aparentemente, não. Na verdade, as estatísticas demonstravam que os protestantes não ganham salários mais altos que os católicos — e ainda assim conseguem ter rendas globais mais elevadas. Como é então que Spenkuch explica a defasagem de renda entre protestantes e católicos? Ele identificou três fatores:

1. Os protestantes tendem a trabalhar algumas horas a mais que os católicos por semana.
2. A probabilidade de os protestantes serem autônomos é maior que a dos católicos.
3. A probabilidade de as mulheres protestantes trabalharem em tempo integral é maior que a das católicas.

Tudo indica que Jörg Spenkuch encontrou provas concretas da ética protestante do trabalho. Foi a teoria postulada no início da década de 1900 pelo sociólogo alemão Max Weber, segundo

PENSE COMO UM FREAK

o qual uma das explicações para a ascensão do capitalismo na Europa foi o fato de os protestantes terem abraçado o conceito de trabalho árduo como parte de suas obrigações espirituais.

E que significa tudo isso para o insatisfeito operário que tenta afogar as mágoas financeiras na cervejaria? Infelizmente, não muita coisa. Para ele, provavelmente já é tarde demais, a menos que queira sacudir seus hábitos e começar a trabalhar mais. Mas pelo menos ele pode estimular os filhos a seguirem o exemplo dos esforçados protestantes das cidades próximas.*

Se começarmos a contemplar o mundo por uma teleobjetiva, encontraremos muitos exemplos de comportamentos contemporâneos decorrentes de causas fundamentais de séculos passados.

Por que, por exemplo, certas cidades italianas têm maior probabilidade que outras de participar de programas cívicos e filantrópicos? Porque, na avaliação de certos pesquisadores, na Idade Média essas cidades eram cidades-Estado livres, e não áreas dominadas por soberanos normandos. Ao que tudo indica, essa história de independência favorece a confiança nas instituições cívicas.

Na África, certos países que reconquistaram a independência em relação aos governantes coloniais passaram por amargas experiências de guerra e corrupção; outros, não. Por quê? Uma dupla de estudiosos encontrou uma resposta que remonta a muitos anos atrás. Quando as potências europeias começaram sua desenfreada "Corrida à África" no século XIX, retalharam os territórios existentes com base em mapas. No estabelecimento das novas fronteiras, levavam em conta dois critérios básicos: as extensões de terras e as águas. Os africanos que viviam nesses

---

*Em defesa do catolicismo germânico, contudo, cabe lembrar que um novo projeto de pesquisa de Spenkuch sustenta que era mais ou menos duas vezes maior nos protestantes que entre os católicos a probabilidade de votar nos nazistas.

COMO NA PINTURA DOS CABELOS, A VERDADE ESTÁ NA RAIZ

territórios não representavam um grande motivo de preocupação para os colonizadores, para os quais qualquer africano era praticamente igual a outro.

Um método desse tipo pode fazer sentido se estivermos cortando uma torta de morango. Mas um continente é mais problemático. Essas novas fronteiras coloniais muitas vezes separaram grandes grupos étnicos que viviam harmoniosamente. De uma hora para outra, certos integrantes do grupo tornaram-se residentes de um novo país; outros, de um segundo país — não raro, juntamente com membros de um grupo étnico diferente, com o qual o primeiro não vivia em grande harmonia. A violência étnica era em geral reprimida pelos governos coloniais, mas quando os europeus finalmente voltaram para a Europa, os países africanos nos quais grupos étnicos que não se entendiam haviam sido artificialmente misturados tornaram-se muito mais propensos a descambar para a guerra.

As feridas do colonialismo também continuam assombrando a América do Sul. Os conquistadores espanhóis que encontraram prata ou ouro no Peru, na Bolívia e na Colômbia escravizavam a população local para o trabalho nas minas. Que efeitos de longo prazo pode ter tido isso? Como puderam constatar vários economistas, até hoje as populações dessas áreas de mineração são mais pobres que as populações vizinhas, tendo seus filhos menor probabilidade de ser vacinados ou receber uma educação adequada.

Existe um outro caso — esse dos mais peculiares — em que o longo braço da escravidão atravessa períodos da história. Roland Fryer, um economista de Harvard, empenha-se intensamente em compensar a defasagem entre negros e brancos em matéria de educação, renda e saúde. Não faz muito tempo, decidiu entender por que os brancos têm uma expectativa de vida vários anos superior à dos negros. Uma coisa ficou clara: as doenças cardíacas, historicamente as maiores responsáveis pelas mortes tanto de brancos quanto de negros, são muito mais comuns entre os negros. Mas por quê?

PENSE COMO UM FREAK

Fryer vasculhou todo tipo de números. Mas se deu conta de que nenhum dos fatores óbvios de estresse — dieta, tabagismo ou sequer pobreza — poderia explicar inteiramente essa defasagem.

Até que encontrou algo que poderia. Fryer deu com uma velha ilustração intitulada "Um inglês prova o suor de um africano". Nela, um traficante aparentemente lambia o rosto de um escravo na África Ocidental. Por que ele faria isso?

Uma possibilidade é que ele estivesse de alguma forma examinando uma eventual doença no escravo, de modo a impedi-lo de contaminar os demais. Fryer perguntava-se se o comerciante não estaria testando o grau de "salinidade" do escravo. Afinal, é este mesmo o sabor do suor. Nesse caso, por quê? E esta resposta seria instrutiva da orientação geral que Fryer queria imprimir a sua investigação?

A travessia oceânica de um escravo da África para a América era longa e terrível; muitos escravos morriam no caminho. Uma das principais causas era a desidratação. Quem estaria menos sujeito à desidratação?, perguntava-se Fryer. Uma pessoa com alto grau de sensibilidade ao sal. Ou seja, se alguém é capaz de reter mais sal, também deve ser capaz de reter mais água — estando portanto menos sujeito a morrer na travessia. De modo que talvez o traficante de escravos da ilustração quisesse encontrar os escravos mais salgados para garantir seu investimento.

Fryer, que é negro, mencionou essa teoria a um colega de Harvard, David Cutler, eminente economista da saúde que é branco. Inicialmente, Cutler considerou-a "absolutamente sem pé nem cabeça", mas o fato é que, a um exame mais atento, ela fazia sentido. Na verdade, certas pesquisas médicas anteriores sustentavam uma tese semelhante, embora muito contestada.

Fryer começou a juntar as peças. "Caberia imaginar que qualquer pessoa capaz de sobreviver a uma viagem dessa natureza estivesse em excelente forma, tendo portanto maior expectativa de vida", diz. "Mas na verdade esse peculiar mecanismo de seleção significa que é possível sobreviver a uma provação

COMO NA PINTURA DOS CABELOS, A VERDADE ESTÁ NA RAIZ

como essa, mas que ela é terrível para a hipertensão e doenças correlatas. E a sensibilidade ao sal é uma característica eminentemente transmissível, o que significa que os descendentes da pessoa, vale dizer, os americanos negros, têm muita chance de ser hipertensos ou sofrer de doenças cardiovasculares."

Fryer saiu em busca de mais provas para sua teoria. Os negros americanos têm probabilidade cerca de 50% maior que os brancos americanos de sofrer de hipertensão. Mais uma vez, isto poderia dever-se a diferenças como dieta e renda. Que diziam, então, as taxas de hipertensão de outras populações negras? Fryer constatou que entre os negros caribenhos — outra população africana escravizada — as taxas de hipertensão também eram elevadas. Mas notou que negros que ainda vivem na África não se diferenciam estatisticamente dos norte-americanos brancos. Os dados não eram propriamente concludentes, mas Fryer estava convencido de que o mecanismo de seleção do comércio escravagista podia ser uma causa essencial, historicamente enraizada, das taxas de mortalidade mais altas dos afro-americanos.

Como se poderia imaginar, a teoria de Fryer não é universalmente aceita. Muitas pessoas sequer se sentem à vontade em falar de diferenças genéticas entre raças. "As pessoas me mandam e-mails perguntando: 'Não vê que entrou em um terreno escorregadio!? Não está vendo os riscos dessa tese?'."

Pesquisas médicas recentes podem acabar provando que a teoria da sensibilidade ao sal sequer está correta. Mas, se estiver, mesmo em um pequeno grau, os possíveis benefícios são enormes. "Alguma coisa poderá ser feita", diz Fryer. "Um diurético que ajude o corpo a se liberar do sal. Uma pílula como outra qualquer."

Você poderia achar que a medicina, com doses tão fortes de ciência e lógica, seria um campo no qual as causas fundamentais são sempre bem claras e entendidas.

Mas infelizmente estaria equivocado. O corpo humano é um sistema complexo e dinâmico sobre o qual muito ainda se desconhece. Em um texto de 1997, o historiador da medicina Roy Porter resume assim a questão: "Vivemos em uma época científica, mas a ciência não eliminou as fantasias a respeito da morte; os estigmas da doença, os significados morais da medicina persistem". Em consequência, solenes palpites muitas vezes se transformam em dogma, e o senso comum impera, mesmo sem a comprovação de dados concretos.

Vejamos o caso da úlcera. Trata-se basicamente de um buraco no estômago ou no intestino delgado, o que provoca ondas de dor abrasadora. No início da década de 1980, considerava-se que as causas da úlcera estavam definitivamente conhecidas: ela era herdada ou provocada por estresse psicológico ou comida muito condimentada, e em ambos os casos poderia haver excessiva produção de suco gástrico. O que parece plausível para qualquer um que tenha comido bastante pimenta. E, como poderia atestar qualquer médico, um paciente com úlcera perfurada tem toda probabilidade de estar estressado. (O médico também poderia notar facilmente que as vítimas de um tiroteio tendem a sangrar muito, o que no entanto não significa que o sangue provocou o tiro.)

Como as causas da úlcera eram conhecidas, o mesmo acontecia com o tratamento. Recomendava-se aos pacientes que repousassem (para diminuir o estresse), bebessem leite (para aliviar o estômago) e tomassem pílulas de Zantac ou Tagamet (para bloquear a produção de suco gástrico).

Como isso funcionava?

Para responder caridosamente: mais ou menos. O tratamento de fato permitia administrar a dor do paciente, mas a doença não era curada. E uma úlcera não é apenas uma moléstia dolorosa. Pode facilmente tornar-se fatal em virtude de peritonite (causada pela abertura de um buraco na parede estomacal) ou

COMO NA PINTURA DOS CABELOS, A VERDADE ESTA NA RAIZ

complicações decorrentes do sangramento. Certas úlceras exigiam cirurgia, com todas as complicações decorrentes.

Embora os pacientes de úlcera não se saíssem tão bem com o tratamento-padrão, a comunidade médica ia muito bem, obrigado. Milhões de pacientes demandavam constante atendimento de gastrenterologistas e cirurgiões, enquanto os laboratórios farmacêuticos enriqueciam: os antiácidos Tagamet e Zantac foram os primeiros autênticos medicamentos arrasa-quarteirão, rendendo mais de 1 bilhão de dólares por ano. Em 1994, o mercado internacional da úlcera valia mais de 8 bilhões de dólares.

No passado, algum pesquisador médico podia sustentar que as úlceras e outras doenças estomacais, entre elas o câncer, tinham causas fundamentais diferentes — talvez até bacterianas. Mas o *establishment* médico logo tratava de apontar a flagrante falha de semelhante teoria: como poderiam as bactérias sobreviver no caldeirão ácido do estômago?

E assim o rolo compressor do tratamento da úlcera seguia em frente. Não havia grande incentivo para encontrar uma cura — não, pelo menos, da parte daqueles cujas carreiras dependiam do tratamento de úlcera então prevalecente.

Felizmente o mundo é diverso. Em 1981, um jovem residente médico australiano chamado Barry Marshall estava em busca de um projeto de pesquisa. Acabara de passar um período na unidade de gastrenterologia do Royal Perth Hospital, onde um veterano patologista havia se deparado com um mistério. Escreveria Marshall mais tarde: "Estamos com vinte pacientes com bactérias no estômago, onde não deveria haver bactérias vivas, por causa da grande presença de ácido." O médico veterano, Robin Warren, estava em busca de um jovem pesquisador para ajudá-lo a "descobrir o que há de errado com essas pessoas".

A bactéria retorcida assemelhava-se às do gênero *Campylobacter*, que podem causar infecções em pessoas em contato com

PENSE COMO UM FREAK

galinhas. Aquelas bactérias humanas de fato seriam *Campylobacter*? A que doenças poderiam levar? E por que se concentravam tanto em pacientes com distúrbios gástricos?

Revelou-se que Barry Marshall já estava familiarizado com as *Campylobacter*, pois seu pai trabalhara como engenheiro de refrigeração em uma fábrica de empacotamento de frango. A mãe de Marshall, por sua vez, era enfermeira. "Nós discutíamos muito sobre o que seria verdade na medicina", disse ele a um entrevistador, o prestigiado jornalista Norman Swan, especializado em medicina. "Ela 'sabia' certas coisas porque eram da sabedoria popular, e eu dizia: 'Isto está superado. Não tem qualquer fundamento nos fatos'. 'Sim, mas as pessoas fazem assim há centenas de anos, Barry.'"

Marshall ficou empolgado com aquele mistério. Usando amostras dos pacientes do dr. Warren, tentou cultivar a bactéria em laboratório. Durante meses, não conseguiu. Mas depois de um acidente — a cultura foi deixada no incubador três dias mais que o pretendido — ela finalmente cresceu. E não era uma *Campylobacter*, mas uma bactéria até então desconhecida, que passou a ser chamada de *Helicobacter pylori*.

"Depois disso, passamos a cultivá-la a partir de um grande número de pessoas", lembra-se Marshall. "E então pudemos dizer: 'Sabemos que antibiótico é capaz de matar essa bactéria'. Descobrimos como elas sobreviviam no estômago, e pudemos fazer todo tipo de experiências no tubo de ensaios. (...) Não estávamos procurando a causa das úlceras. Queríamos descobrir o que eram aquelas bactérias, e achamos que seria interessante chegar a uma pequena publicação."

Marshall e Warren continuaram buscando essa bactéria em pacientes que os procuravam com distúrbios gástricos. E logo fariam uma espantosa descoberta: em um grupo de treze pacientes com úlcera, todos tinham a bactéria retorcida! Seria possível que a *H. pylori*, em vez de simplesmente se manifestar nesses pacientes, estivesse de fato *causando* as úlceras?

COMO NA PINTURA DOS CABELOS, A VERDADE ESTÁ NA RAIZ

No laboratório, Marshall tentou infectar ratos e porcos com a *H. pylori* para ver se os animais desenvolviam úlceras. Mas isso não aconteceu. "Então pensei: 'Preciso testá-la em um ser humano'."

Marshall decidiu que o ser humano seria ele mesmo. Também decidiu não contar nada a ninguém, nem mesmo a sua mulher ou a Robin Warren. Primeiro, mandou fazer uma biópsia do seu estômago, para se certificar de que já não tinha a *H. pylori*. Estava limpo. Em seguida, engoliu uma quantidade da bactéria, cultivada a partir de um paciente. Para Marshall, havia duas possibilidades prováveis:

1. Ele desenvolveria uma úlcera. "E então, aleluia! Estaria provado."
2. Ele não desenvolveria uma úlcera. "Se nada acontecesse, meus dois anos de pesquisa até então teriam sido desperdiçados."

Barry Marshall foi provavelmente a única pessoa na história que se empenhou em contrair uma úlcera. Se conseguisse fazer isso, imaginava que seriam necessários alguns anos para que os sintomas se manifestassem.

Mas apenas 5 dias depois de engolir a *H. pylori* ele começou a ter ataques de vômito. Aleluia! Passados 10 dias, mandou fazer uma nova biópsia de material colhido em seu estômago, "e as bactérias estavam em toda parte". Marshall já tinha gastrite e aparentemente estava bem adiantado no caminho para contrair uma úlcera. Tomou um antibiótico para ajudar a combatê-la. Sua investigação conjunta com Warren tinha provado que a *H. pylori* era a verdadeira causa das úlceras — e, como ficaria patenteado em novas pesquisas, do câncer de estômago também. Era um avanço impressionante.

Claro que ainda restava realizar muitos testes — e enfrentar muita oposição da classe médica. Marshall foi ridicularizado, atacado e ignorado. *Vamos agora acreditar que um australiano insano encontrou a causa da úlcera engolindo bactérias que diz ter descoberto?* Nenhuma indústria de 8 bilhões de dólares pode ficar satisfeita quando o motivo de sua existência é posto em dúvida. Isso sim é ter problemas gástricos! Uma úlcera, em vez de exigir uma vida inteira de consultas médicas, Zantac e eventualmente cirurgia, podia agora ser vencida com uma dose barata de antibióticos.

Foram necessários anos para que a prova da úlcera fosse plenamente aceita, pois o senso comum não cede com facilidade. Ainda hoje, muitas pessoas acreditam que as úlceras são causadas pelo estresse ou alimentos condimentados. Felizmente, os médicos já sabem das coisas. A comunidade médica enfim reconheceu que enquanto todo mundo se limitava a simplesmente tratar os sintomas da úlcera, Barry Marshall e Robin Warren tinham revelado sua causa essencial. Em 2005, eles receberam o Prêmio Nobel.

Por mais espantosa que tenha sido, a descoberta sobre a úlcera representa somente um pequeno passo em uma revolução que apenas começa, uma revolução voltada para a identificação das causas essenciais da doença, em vez do mero combate aos sintomas.

Revelou-se que a *H. pylori* não é apenas um terrorista bacteriológico isolado que conseguiu passar despercebido da segurança e invadir o estômago. Nos últimos anos, cientistas empreendedores constataram — com a ajuda de computadores mais poderosos que facilitam o sequenciamento do DNA — que o intestino humano abriga milhares de espécies de micróbios. Alguns são bons, outros são maus, também há aqueles *contextualmente* bons ou maus, e muitos ainda não revelaram sua natureza.

Quantos micróbios cada um de nós abriga? Existe uma estimativa de que o corpo humano contém dez vezes mais células microbianas do que células humanas, o que facilmente representa um número na casa dos trilhões e talvez dos quatrilhões.

COMO NA PINTURA DOS CABELOS, A VERDADE ESTÁ NA RAIZ

Essa "nuvem microbiana", na expressão do biólogo Jonathan Eisen, é tão vasta que certos cientistas a consideram o maior órgão do corpo humano. E nela podem encontrar-se as raízes de boa parte da saúde... e da doença humanas.

Em laboratórios de todo o mundo, pesquisadores começaram a examinar se os ingredientes desse gigantesco cozido microbiano — boa parte do qual é hereditária — seriam responsáveis por doenças como o câncer, a esclerose múltipla e o diabetes, e até mesmo a obesidade e as doenças mentais. Parece absurdo pensar que enfermidades que há milênios perseguem a humanidade podem ser causadas pela disfunção de um micro-organismo que esse tempo todo vem nadando alegremente nos nossos intestinos?

Talvez, exatamente como parecia absurdo para todos aqueles médicos especializados em úlcera e executivos farmacêuticos que Barry Marshall de fato soubesse do que estava falando.

Na verdade, estamos apenas no começo da exploração dos micróbios. O intestino ainda é uma fronteira a ser conquistada — podemos compará-lo ao fundo do oceano ou à superfície de Marte. Mas as pesquisas já estão dando frutos. Um punhado de médicos teve êxito no tratamento de pacientes com doenças do intestino graças à transfusão de bactérias intestinais sadias.

De onde vêm essas bactérias saudáveis? E como são introduzidas no intestino da pessoa doente? Antes de prosseguir, cabem aqui duas advertências:

1. Se estiver comendo agora, talvez seja melhor fazer uma pausa na leitura.
2. Se estiver lendo este livro muitos anos depois de ter sido escrito (presumindo-se que ainda haja seres humanos, e que ainda leiam livros), o método descrito adiante pode parecer primitivo e bárbaro. Na verdade, esperamos que assim seja, pois isso significaria que o tratamento revelou-se valioso, mas que os métodos melhoraram.

PENSE COMO UM FREAK

Muito bem, temos então um doente que precisa de uma transfusão de bactérias intestinais saudáveis. Qual seria uma fonte viável?

Médicos como Thomas Borody, gastrenterologista australiano que se inspirou nas pesquisas de Barry Marshall sobre a úlcera, chegaram a uma resposta: as fezes humanas. Sim, parece que os excrementos ricos em micróbios de uma pessoa saudável podem ser o melhor remédio para um paciente que tem nos intestinos bactérias infectadas, danificadas ou incompletas. A matéria fecal é obtida de um "doador" e amalgamada com uma mistura salina que, segundo um gastrenterologista holandês, parece leite achocolatado. A mistura é então transfundida, muitas vezes por enema, para o intestino do paciente. Nos últimos anos, os médicos constataram a eficácia dos transplantes fecais no tratamento de infecções intestinais em que os antibióticos não davam resultado. Num dos estudos, Borody afirma ter usado transplantes fecais na cura de pessoas acometidas de colite ulcerativa — que, segundo ele, era "até então uma doença incurável".

Mas Borody não se limitou às enfermidades intestinais. Ele declara ter alcançado êxito no uso de transplantes fecais para tratar pacientes com esclerose múltipla e mal de Parkinson. Na verdade, embora Borody ressalve ainda ser necessário pesquisar muito, é quase infinita a relação de doenças que pode ter uma causa fundamental vivendo no intestino humano.

Para Borody e um pequeno grupo de pares que acreditam na importância do cocô, estamos no limiar de uma nova era na medicina. Borody considera os benefícios da terapia fecal "equivalentes à descoberta dos antibióticos". Antes, porém, será necessário superar muito ceticismo.

"Bem, o feedback é muito semelhante ao de Barry Marshall", diz Borody. "No início, eu fui marginalizado. Ainda hoje meus colegas evitam falar a respeito ou me encontrar nas conferências. Mas a coisa está mudando. Acabei de receber vários convites para falar sobre o transplante fecal em conferências

COMO NA PINTURA DOS CABELOS, A VERDADE ESTÁ NA RAIZ

nacionais e internacionais. Mas a aversão continua presente. Seria muito melhor se a gente pudesse apresentar uma terapia que não tivesse a palavra fecal."

Sem dúvida! Dá para imaginar muitos pacientes dissuadidos pela expressão *transplante fecal* ou, segundo os pesquisadores em seus estudos acadêmicos, "transplante de microbiota fecal". A gíria usada por alguns médicos ("troca de merda") não soa melhor. Mas Borody, depois de anos fazendo o procedimento, acredita que finalmente encontrou um nome menos incômodo.

"Sim", diz, "estamos chamando de 'trans*coco*são'."

CAPÍTULO 5

Pensar como uma criança

A esta altura você pode estar se perguntando: *Está falando sério*? A importância do *cocô*? Um sujeito que engole uma proveta cheia de bactérias perigosas? E, antes dele, um outro que engole em doze minutos cachorros-quentes suficientes para um ano inteiro? O negócio aqui está parecendo meio infantil... Será que "pensar como um Freak" não passa de um código para "pensar como uma criança"?

Bem, não totalmente. Mas quando se trata de ter ideias e fazer perguntas, realmente pode ser útil ter a mentalidade de uma criança de oito anos.

Veja as perguntas que as crianças costumam fazer. Claro que podem ser tolas, simplistas ou fora de esquadro. Mas as crianças também são incansavelmente curiosas e relativamente isentas. Por saberem tão pouco, não andam por aí com os preconceitos que muitas vezes nos impedem de ver as coisas como são. Na hora de resolver problemas, é uma grande vantagem. Os preconceitos levam-nos a descartar uma enorme quantidade de possíveis soluções simplesmente por parecerem inviáveis ou repugnantes; por não passarem no teste do cheiro ou nunca terem sido tentadas; por não parecerem sofisticadas.* Mas é bom lembrar que

---

*Nem parece tão claro assim que a sofisticação seja um objetivo relevante. A palavra deriva do grego *sofistas*: "professores itinerantes de filosofia e retórica que não tinham boa reputação", escreve um estudioso; estavam "mais preocupados em vencer a discussão do que em chegar à verdade".

foi uma criança que acabou mostrando que as roupas novas do imperador de fato não existiam, e que ele estava nu.

As crianças não têm medo de falar de suas ideias mais loucas. Enquanto formos capazes de distinguir as boas ideias das más, ter um caminhão de ideias, mesmo as mais excêntricas, só pode ser uma boa coisa. E em se tratando de ter ideias, o conceito econômico de "free disposal" [descarte sem custo] é fundamental. Alguém apareceu com uma ideia terrível? Simples, é só não usá-la.

Claro que não é fácil distinguir as boas ideias das más. (Algo que funciona para nós é dar um tempo para esfriar. As ideias quase sempre parecem brilhantes quando surgem, de modo que nunca utilizamos uma nova ideia por pelo menos 24 horas. É incrível como certas ideias podem ficar malcheirosas depois de apenas um dia à luz do sol.) No fim das contas, você pode constatar que só uma ideia em vinte merece ser posta em prática — mas que talvez nunca tivesse tido exatamente essa ideia se não se dispusesse a botar para fora, como qualquer criança, tudo que lhe passa pela cabeça.

Na hora de resolver problemas, portanto, deixar que baixe o espírito da sua criança interior realmente pode valer a pena. E o negócio é começar pensando pequeno.

Se você encontrar alguém que se considera um intelectual ou mestre espiritual, um dos melhores cumprimentos que lhe pode fazer é chamá-lo de "grande pensador". Vá em frente, experimente, e veja-o inchar de orgulho. Nesse caso, podemos praticamente garantir que ele não está interessado em pensar como um Freak.

Pensar como um Freak significa pensar pequeno, e não grande. Por quê? Para começo de conversa, todo grande problema já foi infinitamente esquadrinhado por pessoas muito mais inteligentes que nós. O fato de continuar sendo um problema significa que é cabeludo demais para ser destrinçado de uma vez. Esses problemas são renitentes, desalentadoramente complexos, cheios de incentivos arraigados e desalinhados. Claro que existem pessoas muito brilhantes que provavelmente *devem* pensar grande. Para o resto de nós, pensar grande significa passar um bocado de tempo investindo contra moinhos de vento.

Embora pensar pequeno certamente não nos permita ganhar pontos com o pessoal que costuma pensar grande, pelo menos existem alguns notáveis adeptos da nossa abordagem. Isaac Newton, por exemplo. "Explicar completamente a natureza é uma tarefa difícil demais para qualquer homem, e mesmo para qualquer época", escreveu ele. "É muito melhor fazer um pouco com cèrteza e deixar o resto para os que vierem depois do que explicar todas as coisas por conjectura sem se certificar de nada."

Talvez nós dois estejamos sendo parciais. Talvez só acreditemos na importância de pensar pequeno por sermos tão ruins quando se trata de pensar grande. Não existe um único grande problema que tenhamos chegado perto de resolver; ficamos apenas mordiscando nas bordas. De qualquer maneira, chegamos à conclusão de que é muito melhor fazer perguntas pequenas do que grandes. Eis alguns motivos:

1. As perguntas pequenas são por natureza menos formuladas e investigadas, quando chegam a sê-lo. Constituem território virgem para o verdadeiro aprendizado.
2. Como os grandes problemas geralmente são uma massa compacta de pequenos problemas entrelaçados, é possível avançar mais abordando uma peça pequena do grande problema do que tentando atacar grandes soluções.
3. Qualquer mudança é difícil, mas são muito maiores as chances de desencadear uma mudança em um problema pequeno.
4. Pensar grande é, por definição, um exercício de imprecisão ou mesmo especulação. Quando pensamos pequeno, as apostas podem ser mais baixas, mas pelo menos podemos estar relativamente certos de que sabemos do que falamos.

Tudo isso pode parecer muito bom em teoria, mas será que funciona na prática?

Gostaríamos de considerar que o nosso próprio histórico responde positivamente. Embora não tenhamos contribuído muito para diminuir o flagelo mundial das mortes no trânsito, de fato chamamos a atenção para um tipo de comportamento de alto risco até então negligenciado: pedestres bêbados. Em vez de atacar o gigantesco problema das fraudes nas empresas, utilizamos dados de uma pequena empresa de entrega de rosquinhas em Washington para descobrir quais fatores levam as pessoas a furtar no trabalho (clima chuvoso e feriados estressantes, por exemplo). Embora nada tenhamos feito para resolver a tragédia da morte de crianças por armas de fogo, chamamos a atenção para um fator muito mais grave de mortalidade na infância: acidentes na piscina de casa.

Esses modestos êxitos parecem ainda mais triviais se comparados aos de outros que, no mesmo espírito, pensam pequeno. Trilhões de dólares foram gastos em projetos de reforma educacional no mundo inteiro, geralmente com ênfase em algum tipo de reformulação do sistema: turmas menores, currículos melhores, mais testes e assim por diante. Como observamos anteriormente, contudo, a matéria-prima do sistema educacional — os próprios alunos — muitas vezes é negligenciada. Haveria alguma forma de intervenção pequena, simples e barata capaz de ajudar milhões de estudantes?

Descobriu-se que um quarto das crianças têm visão abaixo da média, e que nada menos de 60% das que enfrentam "problemas de aprendizado" enxergam mal. Quem mal vê, mal lê, o que torna a escola ainda mais difícil. E no entanto, mesmo em um país rico como os Estados Unidos, os exames de vista muitas vezes são negligentes, e não se tem pesquisado muito sobre a relação entre visão ruim e desempenho escolar.

Três economistas — Paul Glewwe, Albert Park e Meng Zhao — analisaram esse problema na China, realizando uma

PENSAR COMO UMA CRIANÇA

pesquisa de campo na pobre e distante província de Gansu. Dos quase 2.500 estudantes de nove a onze anos que precisavam usar óculos, apenas 59 usavam. Os economistas então fizeram uma experiência. Entregaram gratuitamente óculos a metade dos alunos, sendo o custo, de aproximadamente 15 dólares por par de óculos, coberto por uma verba do Banco Mundial para a pesquisa.

Como se saíram os alunos que receberam óculos? Depois de usá-los durante um ano, as notas mostravam que eles tinham aprendido 25% a 50% mais que os colegas que não usavam. E isso graças a um par de óculos que custava apenas 15 dólares!

Não estamos dizendo que distribuir óculos aos estudantes que deles precisam resolverá todos os problemas educacionais, nem de longe. Mas quando só se quer pensar grande, este é o tipo de solução de curto alcance que você pode facilmente deixar escapar.*

Eis aqui mais uma regra capital para pensar como uma criança: não tenha medo do óbvio.

Nós dois às vezes somos convidados a visitar uma empresa ou instituição que quer ajuda externa em algum problema. Ao chegar, geralmente nada sabemos sobre o funcionamento do negócio. Na maioria dos casos em que acabamos sendo de alguma ajuda, isso é resultado de uma ideia surgida nas primeiras horas — quando, partindo da total ignorância, fazemos uma pergunta que um conhecedor da questão jamais faria. Assim como não se dispõem a dizer "Não sei", muitas pessoas não querem

---

*Curiosamente, cerca de 30% dessas crianças chinesas que receberam óculos de graça não os queriam. Algumas achavam que usar óculos ainda pequenas acabaria debilitando os olhos. Outro grande medo era a zombaria dos colegas. Felizmente, o estigma do "quatro-olhos" já não vigora em outros países, sobretudo os Estados Unidos, onde estrelas pop e atletas famosos usam óculos apenas como acessórios de estilo. Segundo estimativas, milhões de americanos usam óculos com lentes sem grau.

PENSE COMO UM FREAK

parecer carentes de sofisticação fazendo perguntas simples ou observando algo patente mas ignorado.

A ideia do estudo sobre a relação entre aborto e criminalidade antes mencionado surgiu da mera observação de uma simples série de números publicada no *Statistical Abstract of the United States* (o tipo de livro que os economistas folheiam para achar graça).

Que dizem os números? Apenas isto: em um período de dez anos, os Estados Unidos passaram de muito poucos abortos a cerca de 1,6 milhão por ano, em grande parte por causa da decisão da Suprema Corte (*Roe versus Wade*) que tornou o aborto legal nos cinquenta estados.

Diante dessa explosão, uma pessoa medianamente inteligente logo poderia agarrar-se às ramificações morais e políticas aparentemente inevitáveis. Mas se ainda estiver em contato com sua criança interna, a primeira reação pode ser: *Caramba, 1,6 milhão é muita coisa! Então... isso deve ter afetado alguma coisa!*

Se você estiver disposto a enfrentar o óbvio, vai acabar fazendo um monte de perguntas que os outros não fazem. *Por que aquele aluno da quarta série parece muito inteligente em uma conversa, mas não consegue responder a uma única pergunta escrita no quadro-negro? Claro, dirigir bêbado é perigoso, mas o que dizer de andar bêbado? Se uma úlcera é causada por estresse e alimentos picantes, por que algumas pessoas pouco estressadas e fazendo dietas brandas ainda têm úlcera?*

Como gostava de dizer Albert Einstein, é preciso enxergar tudo o mais simplesmente possível, mas não mais que isso. É uma bela maneira de encarar os atritos que atormentam a sociedade moderna: por mais gratos que sejamos aos complexos processos que geraram tanta tecnologia e progresso, também ficamos tontos com sua atordoante proliferação. É fácil deixar-se seduzir pela complexidade; mas também há virtudes na simplicidade.

Voltemos brevemente a Barry Marshall, nosso heroico australiano engolidor de bactérias que quebrou o código da úlcera.

Seu pai, como vimos, era engenheiro em uma fábrica de empacotamento de frango, em embarcações de caça à baleia e outros empregos. "Nós sempre tínhamos na garagem acetileno, oxiacetileno, equipamentos elétricos e máquinas", recorda ele. A certa altura, a família morou perto de um terreno baldio com um monte de sobras do exército. Marshall estava sempre por ali fazendo sua pescaria. "A gente encontrava velhos torpedos, pequenos motores maravilhosos, artilharia antiaérea — era só sentar ali e girar as manivelas."

Na escola de medicina, os pais da maioria dos colegas de Marshall eram executivos ou advogados, o que se refletia em sua criação. A maior parte deles, explica, "nunca havia tido oportunidade de lidar com equipamentos elétricos, tubos, canos e coisas do gênero". As habilidades manuais de Marshall foram de grande utilidade na hora de estimular um sapo com choques elétricos.

Essa diferença também se refletiu em sua visão do corpo humano. Sabemos que a história da medicina é longa e eventualmente gloriosa. Mas apesar de sua aparente vinculação à ciência, a medicina também lançou mão de recursos da teologia, da poesia e até do xamanismo. Em consequência, o corpo muitas vezes é visto como uma embarcação etérea animada por um fantasmagórico espírito humano. Nessa visão, as complexidades do corpo são vastas, e em certa medida impenetráveis. Marshall, por sua vez, encarava o corpo como uma máquina — uma máquina maravilhosa, é verdade —, funcionando segundo os princípios básicos da engenharia, da química e da física. Apesar de evidentemente mais complicado que um velho torpedo, o corpo ainda assim podia ser desmembrado, manipulado e, em certa medida, remontado.

Marshall tampouco ignorava o óbvio fato de que seus pacientes de úlcera tinham a barriga cheia de bactérias. Na época, dizia o senso comum que o estômago era ácido demais para a proliferação de bactérias. E no entanto lá estavam elas. "Os

PENSE COMO UM FREAK

especialistas que haviam se deparado com elas sempre as afastavam para examinar as células estomacais que estavam por baixo", diz Marshall, "simplesmente ignorando as bactérias que proliferavam na superfície."

Ele então fez uma linda e simples pergunta: *Que diabos essas bactérias estão fazendo aqui?* Ao fazê-la, conseguiu provar que uma úlcera não é uma falha do espírito humano. Era mais como uma junta estourada, perfeitamente remendável para quem soubesse como fazer isso.

Você deve ter notado uma característica comum de algumas das histórias que contamos — sobre curar úlceras, comer cachorros-quentes e provar vinhos de olhos fechados: os envolvidos parecem estar se divertindo enquanto aprendem. Os Freaks gostam de se divertir. É mais um bom motivo para pensar como uma criança.

As crianças não têm medo de gostar do que gostam. Não dizem que querem ir à ópera quando preferem jogar videogame. Não dizem estar gostando de uma reunião quando na verdade queriam levantar-se e sair para brincar. As crianças adoram a própria ousadia, fascinadas pelo mundo ao redor, e ninguém as segura em sua busca pelo divertimento.

Entretanto, em uma das mais estranhas peculiaridades do desenvolvimento humano, todos esses traços desaparecem magicamente na maioria das pessoas quando elas completam 21 anos.

Existem universos em que se divertir ou mesmo parecer estar se divertindo é praticamente proibido. Um deles é a política; outro, o mundo acadêmico. E embora certas empresas venham tentando ultimamente tornar as coisas mais interessantes com a chamada ludificação, o mundo dos negócios mantém-se basicamente alérgico a qualquer forma de divertimento.

Por que será que tantas pessoas torcem a cara ante a ideia de se divertir? Talvez por medo de estarem dando a impressão

PENSAR COMO UMA CRIANÇA

de que não são sérias. Mas, até onde sabemos, não existe correlação entre parecer ser sério e de fato ser bom naquilo que se faz. Na verdade, seria cabível até sustentar o contrário.

Verificou-se recentemente uma intensificação das pesquisas sobre "exímio desempenho", para tentar descobrir o que é que faz com que as pessoas sejam boas naquilo que fazem. E qual foi a descoberta mais interessante? O talento bruto costuma ser superestimado: as pessoas que realmente alcançam a excelência — seja no golfe, na cirurgia ou no piano — muitas vezes não eram as mais talentosas na juventude, tendo se tornado exímias com a prática incansável. Será possível praticar incansavelmente algo de que não se gosta? Talvez, mas nenhum de nós dois seria capaz.

Por que é tão importante se divertir? Porque quando alguém gosta do próprio trabalho (ou do próprio ativismo, ou do tempo que passa com a família), desejará dedicar-se mais. Vai pensar a respeito antes de ir para a cama e assim que se levantar, com a mente sempre alerta. Com esse nível de engajamento, será capaz de superar os outros mesmo quando forem mais naturalmente dotados. Com base em nossa experiência pessoal, a melhor maneira de prever o sucesso de jovens economistas e jornalistas é saber se são apaixonados pelo que fazem. Se encaram seu trabalho como um *emprego*, provavelmente não prosperarão. Mas se se convenceram de que fazer análises de regressão ou entrevistar estranhos é a coisa mais divertida do mundo, é porque têm bala na agulha.

Talvez o universo mais necessitado de uma injeção de divertimento seja o da gestão política. Veja a maneira como os decisores em geral tentam moldar a sociedade: seduzindo, ameaçando ou cobrando impostos para que as pessoas se comportem melhor. Parece implícito que se alguma coisa é divertida — apostar no jogo, comer cheeseburgers ou encarar a eleição presidencial como se fosse uma corrida de cavalos —, só pode ser ruim para nós. Mas não precisa ser assim. Em vez de descartar o impulso de busca do divertimento, por que não cooptá-lo para o bem geral?

Vejamos o seguinte problema: os americanos são péssimos quando se trata de economizar dinheiro. A taxa de poupança pessoal é atualmente de cerca de 4%. Todos sabemos que é importante guardar dinheiro para emergências, educação e aposentadoria. Por que então não o fazemos? Porque é muito mais divertido gastar dinheiro do que guardá-lo em um banco!

Enquanto isso, os americanos gastam cerca de 60 bilhões de dólares por ano em bilhetes de loteria. Seria difícil negar que jogar na loteria é divertido. Mas muitas pessoas também encaram a coisa como um investimento. Cerca de 40% dos adultos de renda baixa consideram a loteria sua melhor chance de algum dia ganhar muito dinheiro. Em consequência, os que ganham pouco gastam parte muito maior de sua renda na loteria do que os que ganham muito.

Infelizmente, a loteria é um péssimo investimento. Costuma pagar apenas 60% do que recebe, muito menos do que qualquer cassino ou hipódromo. Assim, para cada 100 dólares que alguém "investe" na loteria, é certo que perderá 40.

Mas e se a parte divertida de jogar na loteria pudesse de alguma forma ser canalizada para ajudar as pessoas a economizar dinheiro? É a ideia por trás da criação de uma conta de poupança vinculada a um prêmio (PLS, ou *prize-linked savings*). Eis como funciona. Em vez de gastar 100 dólares em bilhetes de loteria, você os deposita em uma conta bancária. Digamos que os juros estejam a 1%. Numa conta PLS, você concorda em ceder uma pequena parte desses juros, talvez 0,25%, que vai para um bolo formado pelas demais pequenas partes de outros depositantes. E que é feito com esse bolo? É periodicamente pago a um vencedor escolhido aleatoriamente, exatamente como na loteria!

Uma conta PLS não paga prêmios multimilionários, já que o bolo é formado com os juros e não com o principal. Mas é esse

PENSAR COMO UMA CRIANÇA

o verdadeiro benefício: mesmo que você nunca ganhe a loteria PLS, seu depósito original e os juros ficaram na sua conta bancária. Por isso é que algumas pessoas falam, nos Estados Unidos, de "loteria sem perda". Os programas PLS ajudaram muita gente em todo o mundo a poupar dinheiro e ao mesmo tempo não jogar fora na loteria seu salário suado. Em Michigan, um grupo de associações de crédito criou recentemente um programa-piloto de PLS chamado "Poupar para Ganhar". Sua primeira grande ganhadora foi uma mulher de 86 anos chamada Billie June Smith. Com um depósito de apenas 75 dólares em sua conta, ela recebeu um total de 100 mil dólares.

Infelizmente, embora alguns estados estejam fazendo experiências com programas semelhantes, não se pode dizer exatamente que o país esteja sendo varrido pela febre da PLS. Por que não? A maioria dos estados proíbe a PLS por ser um tipo de loteria, e as leis estaduais em geral autorizam apenas uma entidade a organizar loterias: o próprio estado. (Excelente monopólio, para quem pode.) Além disso, a legislação federal atualmente proíbe os bancos de manter loterias. E quem vai reclamar de os políticos lutarem por manter o direito exclusivo dessa renda anual de 60 bilhões de dólares em loterias? Basta ter em mente que, por mais que você goste de jogar na loteria, o estado está se divertindo ainda mais, já que sempre ganha.

Vejamos este outro grande desafio: levantar dinheiro para projetos de caridade. A abordagem habitual, que examinaremos mais de perto no capítulo 6, contempla uma comovente mensagem inicial, com imagens de crianças sofredoras ou animais maltratados. Fica parecendo que o segredo de levantar dinheiro é fazer as pessoas se sentirem tão culpadas que não resistem. Será que haveria uma outra maneira?

Todo mundo gosta de jogar. E especialmente online. Mas no momento em que escrevemos, a maioria dos jogos de apostas online envolvendo dinheiro de verdade é ilegal nos Estados Unidos. Mas os americanos gostam tanto de apostar e jogar

PENSE COMO UM FREAK

que milhões deles gastam bilhões de dólares bem concretos em máquinas caça-níqueis de mentirinha para administrar fazendas virtuais, mesmo sem poder levar um tostão para casa. Quando acontece de ganharem, o dinheiro é engolido pelas empresas que administram esses sites.

Vejamos então a seguinte questão. Se você está disposto a pagar 20 dólares pelo privilégio de jogar em uma máquina caça-níqueis de mentirinha ou de administrar uma fazenda virtual, vai querer que o dinheiro acabe nas mãos do Facebook ou do Zynga ou preferiria que fosse destinado à sua instituição de caridade favorita? Ou seja, se a American Cancer Society oferecesse na internet um jogo tão divertido quanto aquele que você já joga, não seria melhor que o dinheiro fosse destinado a ela? Não seria ainda *mais* divertido curtir o jogo e ao mesmo tempo contribuir para melhorar o mundo?

Era a nossa hipótese quando contribuímos recentemente para o lançamento de um site chamado SpinForGood.com. Trata-se de um site de apostas no qual os jogadores competem e, em caso de vitória, doam o dinheiro arrecadado a uma instituição de caridade. Talvez não seja tão divertido quanto ficar com o dinheiro, mas certamente é melhor do que deixar o seu lucro ir parar nas burras cheias do Facebook ou do Zynga.

Divirta-se, pense pequeno, não tema o óbvio: são comportamentos infantis que, pelo menos na nossa avaliação, só podem fazer bem a um adulto. Mas quais são as provas de que esse negócio realmente funciona?

Vejamos uma situação na qual as crianças se saem melhor que os adultos, não obstante todos os anos de experiência e treinamento que deveriam dar vantagem a estes. Imagine por um momento que você é um mágico. Se a sua vida dependesse de enganar um público de adultos ou um público de crianças, qual dos dois escolheria?

PENSAR COMO UMA CRIANÇA

A resposta óbvia seria as crianças. Afinal, os adultos sabem muito mais sobre o funcionamento das coisas. Mas na realidade as crianças é que são mais difíceis de enganar. "Qualquer mágico vai dizer a mesma coisa", afirma Alex Stone, cujo livro *Fooling Houdini* [Enganando Houdini] explora a ciência da simulação. "Quando começamos a examinar melhor a mágica e a maneira como funciona — os detalhes práticos para nos enganar —, passamos a fazer perguntas bem profundas", diz ele. "Coisas do tipo: como percebemos a realidade? Até que ponto o que percebemos é de fato real? Que confiança podemos ter na nossa memória?"

Graduado em física avançada, Stone também é mágico há muitos anos. Deu seu primeiro show aos seis anos, na sua festa de aniversário. "Não deu muito certo", conta. "Fui vaiado. Foi terrível. Não estava preparado." Mas ele se aperfeiçoou, e desde então tem se apresentado para os mais diferentes públicos, inclusive profissionais eminentes nos campos da biologia, da física e outros semelhantes. "A gente fica achando que seria difícil enganar cientistas, mas na verdade eles são presas muito fáceis", diz.

Em suas apresentações, Stone costuma incluir o *"double lift"*, um passe de mágica muito comum no qual o prestidigitador apresenta duas cartas como se fossem uma só. É assim que ele pode mostrar ao membro do público a carta "dele", para em seguida enfiá-la no meio do baralho e fazê-la reaparecer no alto. "É um truque arrasador", diz Stone. "Simples mas muito convincente." Stone já fez muitos milhares de *double lifts*. "Fui apanhado por um adulto sem conhecimento de truques de mágica talvez umas duas vezes nos últimos dez anos. Mas fui apanhado várias vezes por crianças."

Por que é tão mais difícil enganar as crianças? Stone elenca várias razões:

1. O mágico está sempre fazendo perguntas e dando pistas para que o público veja o que ele quer que veja. O que deixa os adultos — treinados a vida inteira para reagir a

esse tipo de indução — especialmente vulneráveis. "Inteligência não combina muito bem com credulidade", diz ele.

2. Os adultos de fato são melhores que as crianças quando se trata de "prestar atenção" ou focar em uma tarefa de cada vez. "O que é ótimo para fazer coisas e cumprir tarefas", diz Stone, "mas também nos torna suscetíveis a ser induzidos ao erro." Já a atenção das crianças "é mais difusa, o que as torna mais difíceis de enganar".

3. As crianças não compram dogmas. "Elas são relativamente livres de pressuposições e expectativas sobre a maneira como as coisas acontecem", diz Stone, "e a mágica é uma questão de voltar os pressupostos e expectativas de alguém contra ele mesmo. Quando você finge estar embaralhando as cartas, elas nem se dão conta de que você está embaralhando."

4. As crianças são verdadeiramente curiosas. Na experiência de Stone, um adulto pode estar absolutamente decidido a desmascarar um truque para acabar com a alegria do mágico. (Esse tipo de espectador é conhecido na gíria profissional como "martelo".) Já a criança "está realmente tentando entender como é que o truque funciona, pois é exatamente o que as crianças fazem: tentar entender como o mundo funciona".

5. Sob certos aspectos, as crianças são simplesmente mais atiladas que os adultos. "Do ponto de vista da percepção, vamos ficando mais lerdos à medida que envelhecemos", diz Stone. "Depois dos dezoito anos, mais ou menos, simplesmente não prestamos tanta atenção. No caso do *double lift*, as crianças podem de fato notar a ligeira diferença de espessura entre uma única carta e duas cartas juntas."

6. As crianças não ficam pensando demais sobre determinado truque. Já os adultos buscam explicações não óbvias. "Só vendo as teorias que as pessoas desenvolvem!", diz Stone. Segundo ele, a maioria dos truques é relativamente simples. "Mas as pessoas se saem com as explicações mais cabeludas. Dizem, por exemplo: 'Você me hipnotizou!'. Ou então: 'Quando você me mostrou o ás, não era realmente o ás e você me convenceu de que era?'. Elas não aceitam que você simplesmente lhes impôs a carta."

PENSAR COMO UMA CRIANÇA

Stone aponta uma última vantagem que nada tem a ver com a maneira de pensar das crianças, mas as ajuda a decifrar um truque: sua altura. Ele pratica basicamente a chamada magia de proximidade, em ambientes pequenos com poucas pessoas e certo grau de interatividade com o público, "e as pessoas realmente querem ver tudo de frente ou de cima". Já as crianças estão observando o truque de baixo. "Eu gosto do truque que consiste em fazer as moedas desaparecerem nas mãos, mostrando a palma para o público e segurando a moeda no dorso dos dedos. Mas se as crianças forem muito baixas, é possível que elas vejam."

Assim, estando mais próximas do chão, as crianças podem detonar um processo laboriosamente estudado para ser visto de cima. Só mesmo sendo um mágico para descobrir essa vantagem. Trata-se de uma ilustração perfeitamente Freak da maneira como, enxergando as coisas literalmente de um novo ângulo, podemos às vezes dar um passo na solução de um problema.

Dito isso, não estamos propondo que você paute o seu comportamento pelo de uma criança de oito anos, o que certamente causaria mais problemas do que resolveria. Mas não seria bom se todos nós contrabandeássemos alguns instintos infantis pela fronteira da idade adulta? Passaríamos mais tempo dizendo o que realmente queremos dizer e fazendo perguntas que nos importam; poderíamos até deixar de lado um pouco dessa que é a mais perniciosa das características adultas: a pretensão.

Isaac Bashevis Singer, que ganhou o Prêmio Nobel de Literatura, escreveu em muitos gêneros, inclusive livros para crianças. Num ensaio intitulado "Por que escrevo para crianças", ele explicava seu interesse. "As crianças leem livros, não resenhas", escreveu. "Não dão a mínima para as críticas." E: "Quando um livro é tedioso, elas bocejam descaradamente, sem vergonha nem medo da autoridade". Melhor que tudo — e para alívio de escritores de todas as latitudes —, as crianças "não esperam que seu querido escritor salve a humanidade".

Então, por favor, ao terminar a leitura deste livro, dê-o a uma criança.

CAPÍTULO 6

Dando doces a um bebê

Amanda, de três anos, tinha sido bem treinada para ir ao banheiro, mas deu para trás. Não havia meios — brinquedos, elogios e afins — de convencê-la a tomar de novo o caminho do sanitário.

A mãe ficou tão frustrada que passou a missão ao pai, um dos autores deste livro. Ele estava plenamente confiante. Como a maioria dos economistas, achava que podia resolver qualquer problema mobilizando os incentivos adequados. O fato de o alvo no caso ser uma criança tornava as coisas ainda mais simples.

Ele se ajoelhou e olhou Amanda nos olhos.

— Se você for ao banheiro, eu lhe dou um pacote de M&M's — disse.

— Agora? — perguntou ela.

— Agora.

Ele sabia que qualquer livro sobre criação de filhos torce o nariz para a utilização de doces como forma de suborno, mas esses livros não são escritos por economistas.

Amanda foi saltitando para o banheiro, fez o que tinha de fazer e voltou para receber seu pacote de M&M's. Vitória! Seria difícil dizer quem estava mais orgulhoso, a filha ou o pai.

O esquema funcionou perfeitamente por três dias, sem um único acidente. Mas na manhã do quarto dia as coisas mudaram. Às 7h02, Amanda anunciou: "Preciso ir ao banheiro!". Foi o que ela fez, ganhando o seu M&M's em seguida.

PENSE COMO UM FREAK

Mas logo depois, às 7h08: "Preciso ir de novo." Voltou lá, rapidinho, e retornou para pegar os doces.

Às 7h11: "Preciso ir de novo". Mais uma vez, Amanda depositou uma contribuição mínima no sanitário e veio cobrar sua nova porção de M&M's. A coisa prosseguiu por mais tempo do que qualquer dos envolvidos seria capaz de contabilizar.

Qual a força real dos incentivos adequados? Em apenas quatro dias, uma menininha em situação de risco mostrou o desempenho da bexiga mais bem calibrada da história. Simplesmente descobriu o melhor a fazer, considerando os incentivos oferecidos. Nada de letrinhas ilegíveis, limites de bagagem ou prazos. Apenas uma menina, um pacote de doces e um banheiro.

Se algum mantra pauta o comportamento de um Freak, é este: *as pessoas reagem a incentivos*. Por mais óbvio que pareça, é impressionante como as pessoas o esquecem, e o número de vezes que se dão mal por isso. Entender os incentivos de todos os envolvidos em determinada situação é um passo fundamental para a solução de qualquer problema.

Não que seja sempre tão fácil assim se dar conta dos incentivos. Diferentes tipos de incentivos — financeiros, sociais, morais, legais e outros — impulsionam cada um em diferentes direções, diferentes magnitudes. Um incentivo que funciona muito bem em determinado contexto pode dar para trás em outro. Mas se você quiser pensar como um Freak, terá de aprender a ser um mestre dos incentivos — sejam eles de que natureza forem.

Vamos começar pelo incentivo mais óbvio: o dinheiro. Provavelmente não existe setor da vida moderna em que os incentivos financeiros não tenham grande peso. O dinheiro molda até a maneira como somos moldados. O peso médio de um adulto nos Estados Unidos hoje é cerca de 11 quilos a mais que há algumas décadas. Se parecer difícil visualizar o que representam 11

DANDO DOCES A UM BEBÊ

quilos a mais, passe uma corda pelas alças de três recipientes plásticos de leite contendo cerca de 3,5 litros cada um. Em seguida, pendure esse gigantesco colar de leite no pescoço e o carregue diariamente pelo resto da vida. É o peso adquirido pelo americano médio. E para cada pessoa que não ganhou nem um grama, alguém anda por aí usando *dois* colares de recipientes de leite.

Por que engordamos tanto? Um dos motivos é o enorme barateamento dos alimentos. Em 1971, os americanos gastavam 13,4% de sua renda com alimentos; esse percentual é hoje de 6,5%. Nem todos os preços caíram. Certas frutas e legumes, por exemplo, custam consideravelmente mais hoje em dia. Mas outros alimentos — especialmente os mais deliciosos, gordurosos e de baixo poder nutritivo, como biscoitos, batatas fritas e refrigerantes — ficaram muito mais baratos. Já foi feita uma avaliação segundo a qual uma dieta de alto poder nutritivo pode custar até dez vezes mais que uma de *junk-food* sem real poder nutritivo.

Não resta dúvida, portanto, de que os incentivos financeiros funcionam, ainda que o resultado seja indesejável. Vejamos o caso de um acidente de trânsito em 2011 na cidade chinesa de Foshan. Uma menina de dois anos foi atropelada por uma van quando caminhava por um mercado ao ar livre. O motorista parou quando o corpo da menina já estava debaixo do veículo. Mas ele não saiu para ajudá-la. Passado um momento, deu novamente a partida, voltando a passar por cima do corpo. A menina acabou morrendo, e o motorista se entregou à polícia. Os meios de comunicação reproduziram uma gravação que seria um telefonema do motorista. "Se ela estiver morta", explicava, "talvez eu pague apenas 20 mil iuanes" — o equivalente a cerca de 3.200 dólares. "Mas, se estiver ferida, isso poderá me custar centenas de milhares de iuanes."

Não existem na China leis de proteção jurídica a quem preste ajuda a acidentados ou pessoas em perigo, e as indenizações por incapacitação muitas vezes são mais altas que as indenizações por morte. Assim, embora fosse desejável que o motorista tivesse dado primazia a suas responsabilidades morais e cívicas, o incentivo financeiro perverso talvez tenha sido forte demais para ser ignorado.

E vamos agora examinar o terreno em que mais comumente os incentivos financeiros determinam nosso comportamento: o emprego. Finja por um momento (se necessário) que você é absolutamente apaixonado por seu emprego — o trabalho propriamente dito, os colegas, os lanches gratuitos na sala de convivência. Por quanto tempo continuaria aparecendo por lá se o seu patrão de repente reduzisse seu salário a 1 dólar?

Por mais divertido que seja o trabalho — e por mais que você ouça um atleta profissional jurar que jogaria de graça —, são poucos os que se dispõem de verdade a trabalhar duro sem remuneração. Nenhum CEO no mundo, portanto, delira a ponto de esperar que os empregados deem as caras diariamente e trabalhem muito *sem* ganhar dinheiro. Mas existe uma gigantesca força de trabalho que é convidada a fazer exatamente isto. Só nos Estados Unidos, são quase 60 milhões de pessoas. Quem forma essa multidão de relegados da sorte?

Os estudantes. Sabemos que certos pais remuneram os filhos pelas boas notas, mas os sistemas escolares em geral condenam categoricamente os incentivos financeiros. A tese é que as crianças devem ser movidas pelo amor ao aprendizado, e não por dinheiro. Por acaso vamos querer que nossos filhos se transformem em ratos de laboratório, que só conseguem passar por um labirinto para chegar ao queijo? Para muitos educadores, a ideia de pagar pelas notas é simplesmente revoltante.

Mas os economistas não ficam assim tão facilmente revoltados. Eles têm uma certa agressividade, que ficou demonstrada recentemente quando um bando deles realizou uma série de experiências em centenas de escolas do país, oferecendo prêmios

DANDO DOCES A UM BEBÊ

em dinheiro a mais de 20 mil estudantes. Em certos casos, os alunos recebiam alguns poucos dólares para concluir um simples dever. Em outros, um deles podia ganhar 20 ou 50 dólares por melhorar sua nota.

Até que ponto funcionou esse esquema de dinheiro como recompensa para as notas? Houve melhora em alguns casos — em Dallas, por exemplo, alunos do segundo ano do ensino fundamental liam mais quando recebiam 2 dólares por livro —, mas era incrivelmente difícil melhorar o padrão de notas nas provas, especialmente entre os alunos mais velhos.

Por quê? As recompensas oferecidas à garotada provavelmente eram pequenas demais. Imagine o esforço necessário para que um aluno com notas C ou D comece a tirar A e B: frequentar regularmente as aulas e prestar atenção; fazer todos deveres de casa e estudar com mais frequência; aprender a se sair bem nas provas. É muito trabalho por apenas 50 dólares! Em comparação, um emprego de salário mínimo remunera muito bem.

O que aconteceria, então, se um aluno recebesse 5 mil dólares a cada nota A? Como ainda não apareceu nenhum patrocinador abastado para oferecer uma quantia desse tipo, não sabemos ao certo — mas temos a impressão de que os quadros de honra das escolas de todo o país acabariam explodindo com tantos nomes.

Em matéria de incentivos financeiros, tamanho é documento. Existem coisas que as pessoas fariam por muito dinheiro, mas jamais por uns poucos dólares. O mais convicto carnívoro do mundo poderia tornar-se vegano se o lobby do tofu lhe oferecesse um salário de 10 milhões de dólares. E há também a história do economista que foi passar férias em Las Vegas. Certa noite, ele se viu ao lado de uma mulher espetacular em um bar.

— Topa dormir comigo por 1 milhão de dólares? — perguntou.

Ela o examinou de cima a baixo. Nada imperdível, mas... 1 milhão de dólares! Ela aceitou ir ao seu encontro no quarto.

— Ótimo — disse ele —, e topa dormir comigo por 100 dólares?

— Cem dólares?! — exclamou ela. — Está pensando o quê, que eu sou uma prostituta?

— Isso a gente já sabia. Agora estamos apenas negociando o preço.

Com todos os problemas e limitações envolvidos, os incentivos em dinheiro evidentemente não são perfeitos. Mas aqui vai a boa notícia: muitas vezes é possível obter o comportamento desejado por meios não financeiros. E além do mais é muito mais barato

Como fazê-lo?

O principal é aprender a entrar na mente das pessoas para descobrir o que realmente importa para elas. Teoricamente, não deveria ser tão difícil assim. Todos temos muita prática em imaginar de que maneira *nós* reagimos aos incentivos. Pois chegou a hora de sentar do outro lado da mesa, como em um bom casamento, para entender o que uma outra pessoa deseja. Sim, elas podem estar atrás de dinheiro — mas muitas vezes a motivação é desejar ser apreciado, ou não ser odiado; querer se destacar na multidão, ou talvez não se destacar.

O problema é que, embora certos incentivos sejam óbvios, muitos não são. E simplesmente perguntar às pessoas o que querem ou precisam não necessariamente funciona. Vamos encarar a verdade: os seres humanos não são os animais mais francos e abertos do planeta. Muitas vezes dizemos uma coisa e fazemos outra — ou, mais precisamente, dizemos o que achamos que as outras pessoas querem ouvir e então, em particular, fazemos o que queremos. Em economia, são as chamadas *preferências declaradas* e *preferências reveladas*, muitas vezes havendo uma enorme defasagem entre as duas.

Ao tentar descobrir que tipo de incentivo pode funcionar em determinada situação, é crucial ficar de olho nessa defasagem. (Donde o velho adágio: *Não dê ouvidos ao que as pessoas dizem; fique de olho no que fazem.*) Além disso, muitas vezes

DANDO DOCES A UM BEBÊ

acontece de, quando você precisa desesperadamente saber quais são os incentivos de uma pessoa — em uma negociação, por exemplo —, os seus próprios incentivos e os dessa pessoa entrarem em conflito.

Como determinar quais são os verdadeiros incentivos de alguém? As experiências podem ajudar. Foi o que demonstrou reiteradas vezes o psicólogo Robert Cialdini, uma eminência parda no estudo da influência social.

Certa vez, ele e um outro pesquisador queriam descobrir mais sobre os incentivos capazes de estimular as pessoas a usar menos eletricidade em casa. Começaram com um levantamento por telefone. Os pesquisadores telefonavam a uma amostragem variada de moradores da Califórnia e perguntavam: Qual a importância dos seguintes fatores na sua decisão de economizar energia?

1. Economizar dinheiro.
2. Proteger o meio ambiente.
3. Beneficiar a sociedade.
4. Muitas pessoas estão tentando fazer o mesmo.

Vejamos o que temos aqui: um incentivo financeiro (1), um incentivo moral (2), um incentivo social (3) e o que poderia ser considerado um incentivo da mentalidade de rebanho (4). Na sua opinião, como os californianos hierarquizaram seus motivos para economizar energia?

Aqui vão suas respostas, do mais para o menos importante:

1. Proteger o meio ambiente.
2. Beneficiar a sociedade.
3. Economizar dinheiro.
4. Muitas pessoas estão tentando fazer o mesmo.

Parece muito bom, não? Como a preservação ambiental em geral é considerada uma questão moral e social, os incentivos morais e sociais são os mais importantes. Vinham em seguida o incentivo financeiro e, no fim da lista, a mentalidade de rebanho. Também parece lógico: quem haveria de admitir que está fazendo alguma coisa — especialmente algo da importância da preservação ambiental — só porque todo mundo também está fazendo?

O levantamento telefônico informava a Cialdini e colegas o que as pessoas *diziam* a respeito da preservação ambiental. Mas será que as ações estavam de acordo com as palavras? Para descobrir isso, os pesquisadores fizeram uma experiência de campo. Indo de porta em porta em um bairro da Califórnia, eles penduravam em cada maçaneta um cartaz estimulando os moradores a economizar energia nos meses de calor usando um ventilador em vez do aparelho de ar-condicionado.

Entretanto, como se tratava de uma experiência, os cartazes não eram idênticos. Havia cinco versões. Uma delas trazia um título genérico, "Economia de energia", enquanto as outras apresentavam títulos condizentes com cada um dos quatro incentivos — moral, social, financeiro e mentalidade de rebanho — usados no levantamento telefônico:

1. PROTEJA O MEIO AMBIENTE ECONOMIZANDO ENERGIA
2. FAÇA A SUA PARTE NA ECONOMIA DE ENERGIA PARA AS FUTURAS GERAÇÕES
3. ECONOMIZE DINHEIRO ECONOMIZANDO ENERGIA
4. FAÇA COMO SEUS VIZINHOS: ECONOMIZE ENERGIA

O texto explicativo em cada um dos cartazes também diferia. O cartaz "Proteja o meio ambiente", por exemplo, dizia: "Você pode evitar a liberação de até 120 quilos de gases poluentes por mês". A versão "Faça como seus vizinhos" limitava-se a dizer que 77% dos moradores da região "com frequência usam ventiladores em vez de ar-condicionado".

Depois de distribuir aleatoriamente os diferentes cartazes, os pesquisadores podiam agora medir o efetivo uso de energia

DANDO DOCES A UM BEBÊ

em cada residência, para ver quais cartazes tinham feito mais diferença. De acordo com o levantamento telefônico, os cartazes "Proteja o meio ambiente" e "Faça a sua parte pelas futuras gerações" funcionariam melhor, enquanto o "Faça como seus vizinhos" não daria resultado. Foi o que aconteceu?

Nem de longe. O grande vencedor entre os quatro foi "Faça como seus vizinhos". Exatamente: o incentivo da mentalidade de rebanho levou a melhor sobre os incentivos moral, social e financeiro. Está surpreso? Se estiver, talvez não devesse. Dê uma olhada ao seu redor e encontrará provas esmagadoras da mentalidade de rebanho em ação. Ela influencia praticamente todos os aspectos do nosso comportamento: o que compramos, onde comemos, como votamos.

Talvez você não goste da ideia; não gostamos de reconhecer que somos animais de carga. Num mundo complicado como o nosso, contudo, seguir com o rebanho pode fazer sentido. Quem dispõe de tempo para examinar detalhadamente cada decisão e todos os fatos por trás dela? Se todo mundo ao seu redor acha que economizar energia é uma boa ideia — bem, talvez seja mesmo. Desse modo, se você estiver incumbido de *conceber* um esquema de incentivos, poderá valer-se desse conhecimento para induzir as pessoas coletivamente a fazer a coisa certa — ainda que o façam pelos motivos errados.

Diante de qualquer problema, é importante entender quais incentivos poderão de fato funcionar, e não apenas o que o seu senso moral lhe diz que *deveria* funcionar. A chave é pensar menos no comportamento ideal de pessoas imaginárias e mais no comportamento real de pessoas concretas. Essas pessoas concretas são muito mais imprevisíveis.

Vejamos outra experiência de Robert Cialdini, esta realizada no Parque Nacional da Floresta Petrificada, no Arizona. O parque enfrentava um problema, como ficava claro em um cartaz de advertência:

PENSE COMO UM FREAK

O SEU PATRIMÔNIO ESTÁ SENDO DESTRUÍDO DIARIAMENTE PELO ROUBO DE 14 TONELADAS DE MADEIRA PETRIFICADA POR ANO, QUASE SEMPRE EM PEQUENOS FURTOS DE CADA VEZ.

O cartaz apelava abertamente para a indignação moral dos visitantes. Cialdini queria saber se esse apelo era eficaz, e procedeu a uma experiência com alguns colegas. Eles disseminaram por várias trilhas da floresta peças isoladas de madeira petrificada, prontinhas para serem furtadas. Em algumas trilhas colocaram um cartaz de advertência contra roubo; em outras trilhas, não havia cartazes.

O resultado? As trilhas com o cartaz de advertência tiveram quase o *triplo* de roubos que as trilhas sem cartazes.

Como era possível?

Cialdini chegou à conclusão de que o cartaz de advertência do parque, empenhado em transmitir uma mensagem moral, talvez também mandasse uma outra mensagem. Algo do tipo: *Caramba, a floresta petrificada está indo embora depressa — talvez seja melhor pegar logo o meu!* Ou então: *Quatorze toneladas por ano!? Não vai fazer a menor diferença se eu pegar alguns tocos.*

O fato é que os incentivos morais não funcionam assim tão bem como a maioria das pessoas pode imaginar. "Muitas vezes", diz Cialdini, "as mensagens do setor público destinam-se a estimular as pessoas nas direções socialmente desejáveis dizendo que muitas delas estão se comportando de forma *inde*sejável. *Muitas pessoas bebem quando dirigem, precisamos acabar com isso. A gravidez de adolescentes está se disseminando em nossas escolas, precisamos fazer algo a respeito. A fraude fiscal se generalizou de tal maneira que temos de adotar penalidades mais pesadas.* É perfeitamente humano, mas trata-se de uma estratégia equivocada, pois a mensagem do subtexto é que muita gente exatamente como você está fazendo isso. Serve para legitimar o comportamento indesejável."

Ficou deprimido com a pesquisa de Cialdini? Talvez ela indique que nós, seres humanos, somos incorrigivelmente

DANDO DOCES A UM BEBÊ

perversos, decididos custe o que custar a agarrar o que é nosso e mais alguma coisa; que estamos sempre preocupados com nós mesmos e não com o bem geral; que somos, como parecia indicar o estudo sobre o consumo de energia na Califórnia, um bando de mentirosos.

Mas um Freak não pensaria assim. Pelo contrário, você simplesmente observaria que as pessoas são complicadas mesmo, vivendo em meio a sutis variações de incentivos privados e públicos, e que o nosso comportamento é muitíssimo influenciado pelas circunstâncias. Tendo entendido a psicologia em ação quando as pessoas lidam com incentivos, pode valer-se de sua perspicácia para criar planos de incentivo que realmente funcionem — seja para benefício próprio ou, se preferir, para o bem geral.

Na época em que teve uma das mais radicais ideias da história da filantropia, Brian Mullaney já havia tido algumas outras ideias radicais.

A primeira foi quando tinha cerca de trinta anos. Ele levava uma vida de "típico *yuppie*", na sua própria expressão, "publicitário da Madison Avenue de terno Armani e mocassins Gucci. Eu tinha todos os acessórios: Rolex de ouro, Porsche preto, apartamento de cobertura".

Um dos seus maiores clientes era uma clínica de cirurgia plástica na Park Avenue, em Nova York. As clientes eram, em sua maioria, mulheres ricas querendo emagrecer em alguma parte do corpo ou ficar mais cheias em outra. Mullaney com frequência utilizava o metrô para visitar a cliente, e sua viagem às vezes coincidia com o horário de conclusão das aulas; centenas de crianças e adolescentes entravam no trem. Ele notava que muitos tinham marcas no rosto: cicatrizes, manchas, rugas e até deformidades. Por que então não faziam cirurgia plástica? Mullaney, sujeito alto, falante e de rosto avermelhado, teve uma ideia excêntrica: fundaria uma instituição de cari-

PENSE COMO UM FREAK

dade para proporcionar cirurgia corretiva gratuita a alunos de escolas públicas de Nova York. Deu ao projeto o nome de Operação Sorriso.

O projeto ganhou um belo impulso quando Mullaney tomou conhecimento da existência de uma outra organização beneficente com o mesmo nome. Essa outra Operação Sorriso, sediada na Virgínia, era coisa muito séria: mandava equipes de voluntários médicos a países pobres de todo o mundo para efetuar cirurgias plásticas em crianças. Mullaney ficou empolgado. Encaixou sua pequena Operação Sorriso na maior, entrou para a diretoria e partiu em missões para China, Gaza e Vietnã.

Mullaney logo se daria conta do quanto uma vida pode mudar com uma simples cirurgia. Quando uma menina nasce com lábio leporino ou fenda palatina nos Estados Unidos, o defeito é corrigido em idade precoce, deixando apenas uma pequena cicatriz. Mas uma filha de pais pobres na Índia que nasça com o mesmo problema ficará sem tratamento, e a fenda evoluirá para uma horrível deformidade envolvendo o lábio, as gengivas e os dentes. A menina será marginalizada, com pouca esperança de ter uma boa educação, um emprego ou de se casar. Uma minúscula deformidade, perfeitamente corrigível, transforma-se em "ondas de infelicidade", na expressão de Mullaney. O que parecia ser uma questão puramente humanitária também tinha desdobramentos econômicos. Na verdade, ao vender o peixe da Operação Sorriso a governos não raro relutantes, Mullaney às vezes se referia às crianças com lábio leporino como "bens improdutivos" que poderiam, com uma simples cirurgia, ser reintegrados à vida econômica.

Mas a demanda desse tipo de cirurgia muitas vezes superava a oferta de que era capaz a Operação Sorriso. Como médicos e equipamentos cirúrgicos eram enviados pela organização dos Estados Unidos, sua capacidade e disponibilidade de tempo em determinado lugar eram limitados. "A cada missão, trezentas

DANDO DOCES A UM BEBÊ

a quatrocentas crianças apareciam implorando tratamento",
recorda-se Mullaney, "mas só podíamos atender cem ou 150."

Numa aldeia do Vietnã, um garoto jogava futebol diariamente
com os voluntários do Trem do Sorriso, que passaram a chamá-lo
de Jogador. Quando a missão foi concluída e os americanos já
estavam indo embora, Mullaney viu o Jogador correndo atrás
do ônibus, com o lábio leporino ainda sem correção. "Ficamos
chocados. Como é que ele não tinha sido ajudado?" Para o
trabalhador humanitário, era muito triste; para o empresário,
era de dar raiva. "Qual é a loja que recusa 80% dos clientes?",
pergunta ele.

Mullaney colaborou na montagem de um novo modelo de negócios para a Operação Sorriso. Em vez de levantar milhões de
dólares para transportar médicos e equipamentos cirúrgicos
de avião mundo afora, em ações limitadas, que tal se o dinheiro fosse usado para equipar os médicos locais, capacitando-os
a efetuar cirurgias de lábio leporino o ano inteiro? Mullaney
calculou que o custo por cirurgia cairia pelo menos 75%.

Mas a liderança da Operação Sorriso não se mostrou muito
entusiasmada com esse plano. Mullaney então desligou-se para
fundar um novo grupo, o Trem do Sorriso. A essa altura, já tinha vendido sua agência de publicidade (por um valor de oito
dígitos, obrigado) e passou a se dedicar a consertar o sorriso
de cada pequeno Jogador ou Jogadora que pudesse encontrar.
Também queria mudar a cara da própria indústria das organizações sem fins lucrativos, "a mais disfuncional indústria de 300
bilhões de dólares do mundo", na sua visão. Mullaney chegara
à conclusão de que um excessivo número de filantropos está
envolvido na verdade em algo que Peter Buffett, filho do *über*
bilionário Warren Buffett, chama de "lavagem de consciência":
fazer caridade para se sentir melhor, em vez de se empenhar
em descobrir as melhores maneiras de aliviar o sofrimento.
Mullaney, o típico *yuppie*, tornara-se um samaritano movido
a informação.

PENSE COMO UM FREAK

O Trem do Sorriso teve um sucesso fenomenal. Nos quinze anos seguintes, contribuiu para mais de 1 milhão de cirurgias em quase noventa países, mobilizando uma equipe internacional de menos de cem pessoas. Um documentário coproduzido por Mullaney, *Smile Pinki*, recebeu um prêmio da Academia de Artes e Ciências Cinematográficas. Não por mera coincidência, Mullaney já havia transformado a organização em um verdadeiro rolo compressor de levantamento de fundos, arrecadando no total quase 1 bilhão de dólares. O talento que já se mostrara útil em sua época de publicitário também foi importante para o levantamento de fundos, na identificação de possíveis doadores, no polimento da mensagem do Trem do Sorriso e na arte de vender sua filosofia com a perfeita combinação de emoção e verve. (Ele também era bom na hora de comprar espaço publicitário "residual" no *New York Times* por muito menos que o preço de tabela.)

Nesse processo, Brian Mullaney aprendeu muito sobre os incentivos que levam alguém a doar dinheiro para instituições de caridade. O que por sua vez o levou a tentar algo tão inusitado que, como diz ele próprio, "muitas pessoas acharam que estávamos malucos".

A ideia surgiu de uma pergunta simples: Por que alguém doa dinheiro para uma instituição de caridade?

Trata-se de uma dessas perguntas óbvias que talvez não ocorresse a muita gente inteligente. Mullaney ficou obcecado com ela. Uma série de pesquisas acadêmicas apontavam dois motivos principais:

1. As pessoas são verdadeiramente altruístas, movidas pelo desejo de ajudar os outros.
2. A doação a instituições de caridade faz com que se sintam bem, reconciliadas consigo mesmas; os economistas falam, aqui, de "altruísmo do coração acalentado".

DANDO DOCES A UM BEBÊ

Mullaney não punha em dúvida esses dois fatores. Mas achava que havia um terceiro, que não costumava ser mencionado:

3. Quando são convidadas a doar, as pessoas se sentem sob pressão social tão forte que são compelidas a fazê-lo, muito embora desejassem na verdade que o pedido sequer tivesse sido feito.

Mullaney sabia que o fator número 3 era importante para o sucesso do Trem do Sorriso. Por isso, os milhões de comunicados de mala direta da instituição estampavam a fotografia de uma criança desfigurada precisando de cirurgia de lábio leporino. Embora nenhum ativista em seu perfeito juízo admitisse publicamente que manipulava os doadores com alguma forma de pressão social, todo mundo sabia como esse incentivo era forte.

Mas e se o Trem do Sorriso chamasse a atenção para esse tipo de pressão em vez de minimizá-lo?, pensou Mullaney. Em outras palavras, e se o Trem do Sorriso oferecesse aos possíveis doadores uma maneira de aliviar a pressão social e ao mesmo tempo doar dinheiro?

Foi assim que nasceu a estratégia conhecida como *"once-and-done"*, ou "resolver de uma vez por todas". Eis o que o pessoal do Trem do Sorriso dizia aos possíveis doadores: *Faça uma doação agora e nunca mais voltaremos a pedir.*

Até onde Mullaney sabia, uma estratégia assim nunca havia sido tentada — e não era à toa! Nas atividades de levantamento de fundos, é difícil e oneroso conseguir um novo doador. Praticamente todas as instituições perdem dinheiro nessa fase inicial. Entretanto, uma vez fisgados, os doadores tendem a continuar doando. O segredo do sucesso no levantamento de fundos é cultivar esses doadores fiéis, e portanto a última coisa a fazer é liberá-los logo depois de fisgados. "Por que concordar em *não* assediar os doadores, quando o assédio é o principal ingrediente do sucesso na mala direta?", pergunta Mullaney.

O Trem do Sorriso levava o assédio a sério. Quem fizesse uma doação inicial podia esperar em média dezoito contatos por ano. Depois de doar ao Trem do Sorriso, estava estabelecida uma relação de longo prazo, quisesse o doador ou não. Mas Mullaney desconfiava que existia todo um universo de possíveis doadores desinteressados de uma relação de longo prazo, e que na verdade podiam até ficar irritados com o assédio do Trem do Sorriso. Essas pessoas, segundo sua hipótese, talvez se dispusessem a pagar para que o Trem do Sorriso *não* lhes enviasse mais correspondências. Em vez de entrarem em uma relação de longo prazo, talvez aceitassem um primeiro e único encontro com o Trem do Sorriso, desde que este prometesse nunca mais voltar a procurá-las.

Mullaney testou a ideia lançando uma experiência de mala direta com centenas de milhares de cartas contendo a mensagem "resolver de uma vez por todas". Nem mesmo Mullaney, que nunca foi muito adepto do senso comum, estava convencido de que a ideia era boa. "Resolver de uma vez por todas" podia ser um redondo fracasso.

Como foi que deu certo?

As pessoas que recebiam uma carta do tipo "resolver de uma vez por todas" tinham *duas vezes mais* probabilidade de fazer uma primeira doação de que aquelas que recebiam uma carta de solicitação tradicional. Pelos padrões da técnica de levantamento de fundos, era um ganho colossal. Essas pessoas também doavam um pouco mais de dinheiro, em uma média de 56 dólares contra 50.

E foi assim que o Trem do Sorriso rapidamente levantou milhões de dólares extras. Mas será que não estariam sacrificando as doações de longo prazo por ganhos de curto prazo? Afinal, cada novo doador tinha agora a opção de dizer ao Trem do Sorriso que fizesse o favor de sumir. A proposta "resolver de uma vez por todas" continha um cartão de resposta solicitando ao doador que assinalasse uma entre três alternativas:

DANDO DOCES A UM BEBÊ

1. *Esta será minha única doação. Favor enviar um comprovante fiscal e não voltar a solicitar doações.*
2. *Prefiro receber apenas dois comunicados do Trem do Sorriso por ano. Favor atender ao pedido de limitação da correspondência enviada.*
3. *Favor manter-me informado dos avanços do Trem do Sorriso no combate ao lábio leporino em todo o mundo, enviando-me comunicados regularmente.*

Seria talvez de imaginar que todos os novos doadores escolhessem a opção número 1. Afinal, tratava-se da promessa que permitira fisgá-los. Mas apenas cerca de um terço deles solicitou que não fosse mais enviada correspondência! A maioria dos doadores aceitava que o Trem do Sorriso continuasse a assediá-los, e, como confirmariam posteriormente as estatísticas, também continuaram a doar dinheiro. A operação "resolver de uma vez por todas" permitiu elevar em nada menos que 46% o total das doações. E, por outro lado, como algumas pessoas de fato solicitaram a suspensão do envio de correspondência, o Trem do Sorriso levantou todo esse dinheiro enviando menos cartas, o que significou uma considerável economia de gastos.

A única coisa que não deu certo na operação "resolver de uma vez por todas" foi o nome: a maioria dos doadores não doava apenas uma vez, e não estava com a menor pressa de se livrar do Trem do Sorriso.

Por que a aposta de Brian Mullaney deu tão certo? Há várias explicações:

1. *Novidade.* Quando foi a última vez que uma instituição de caridade — ou qualquer tipo de empresa — se ofereceu para nunca mais voltar a incomodá-lo? Só isso já basta para reter sua atenção.
2. *Franqueza.* Alguma vez você já ouviu falar de uma instituição de caridade reconhecendo que todas aquelas cartas com pedidos são mesmo um estorvo? Num mundo cheio

de informação distorcida, é bom se deparar com alguma sinceridade.

3. *Controle.* Em vez de ditar unilateralmente os termos da transação, o Trem do Sorriso conferia algum poder ao doador. Quem não gosta de controlar o próprio destino?

Há um outro fator que contribuiu para transformar a operação "resolver de uma vez por todas" em um sucesso, um fator tão importante — ao mesmo tempo sutil e de peso — que acreditamos ser o ingrediente secreto para o funcionamento de qualquer incentivo, ou pelo menos para que funcione melhor. O feito mais radical do método "resolver de uma vez por todas" está no fato de ter *mudado estruturalmente a relação* entre a instituição de caridade e o doador.

Sempre que interagimos com uma outra entidade, seja nosso melhor amigo ou alguma instituição burocrática, essa interação se enquadra em alguma estrutura. Há a estrutura financeira que governa tudo aquilo que compramos, vendemos e comerciamos. Há a estrutura "nós versus eles" que define a guerra, os esportes e, infelizmente, a maior parte das atividades políticas. A estrutura "ente querido" diz respeito aos amigos e à família (pelo menos quando as coisas vão bem; caso contrário, ver "nós versus eles"). Há uma estrutura colaborativa que determina o seu comportamento com os colegas de trabalho, na orquestra de amadores da qual participa ou no seu time de futebol do fim de semana. E há também a estrutura "figura de autoridade", na qual alguém dá instruções e alguém deve cumpri-las — e temos aqui o caso dos pais, professores, policiais e militares, e também de certos tipos de patrões.

A maioria de nós entra e sai diariamente dessas diferentes estruturas, sem precisar preocupar-se com as fronteiras. Fomos condicionados a entender que nos comportamos de maneiras diferentes em diferentes estruturas, e que os incentivos também funcionam de maneiras diferentes.

DANDO DOCES A UM BEBÊ

Digamos que um amigo o convide para uma festa em sua casa. É uma grande noite de comemoração — quem poderia imaginar que seu amigo fosse um craque na *paella*? —, e ao se despedir você lhe dá um caloroso abraço de agradecimento e uma cédula de 100 dólares.

Foi mal!

Agora imagine que levou a namorada a um belo restaurante. Foi também uma noite e tanto. Ao se retirar, você diz ao dono do lugar que gostou muito de tudo, abraça-o amistosamente... mas não paga a conta.

Foi mal de novo!

No segundo caso, você ignorou as regras óbvias da estrutura financeira (e talvez tenha sido detido). No primeiro, poluiu a estrutura dos entes queridos introduzindo dinheiro na jangada (e talvez perdendo um amigo).

De modo que você pode enfrentar problemas se misturar as estruturas. Mas também pode ser incrivelmente produtivo empurrar ligeiramente uma relação de uma estrutura para outra. Seja mediante sugestões sutis ou incentivos concretos, é possível resolver muitos problemas alterando a dinâmica entre as partes, sejam duas pessoas ou 2 bilhões.

No início da década de 1970, as relações entre os Estados Unidos e a China eram gélidas, o que acontecia há anos. Os chineses consideravam os americanos uns imperialistas arrogantes, e os americanos viam os chineses como comunistas desalmados — e, pior ainda, aliados da União Soviética na Guerra Fria. Praticamente todos os encontros entre os dois países se encaixavam na estrutura "nós versus eles".

Dito isso, não faltavam motivos — políticos, financeiros e outros — para que a China e os Estados Unidos chegassem a um entendimento. Na verdade, já estavam em andamento entendimentos secretos. Mas décadas de atritos políticos tinham levado a um impasse que impedia conversações diretas entre os

PENSE COMO UM FREAK

dois países. Havia muito orgulho em jogo, muita preocupação com a autoimagem.

Até que entraram em cena as equipes de pingue-pongue. No dia 6 de abril de 1971, um time chinês chegou ao Japão para participar de um torneio internacional. Era a primeira equipe esportiva chinesa a jogar fora do país em mais de vinte anos. Mas o pingue-pongue não era sua única missão. O time trazia uma mensagem do próprio presidente Mao, "convidando a equipe americana a visitar a China". E assim, uma semana depois, o time de pingue-pongue americano estava conversando frente a frente com Chu En-Lai, o primeiro-ministro da China, no Grande Salão do povo em Beijing.

O presidente Richard Nixon logo tratou de enviar Henry Kissinger, seu secretário de Estado, em missão diplomática secreta a Pequim. Se a liderança chinesa se dispunha a receber embaixadores do pingue-pongue, por que não um de verdade? A visita de Kissinger teve dois desdobramentos: um convite para que a equipe chinesa de pingue-pongue visitasse os Estados Unidos e, mais importante ainda, a histórica viagem de Nixon à China. Foi, como diria Nixon mais tarde, "a semana que mudou o mundo". Será que tudo isso teria acontecido sem a diplomacia do pingue-pongue, que tão timidamente alterou a estrutura "nós versus eles"? talvez. Mas pelo menos o primeiro-ministro Chu reconheceu a eficácia da iniciativa: "Nunca antes na história um esporte foi usado de maneira tão eficiente como ferramenta da diplomacia internacional."

Mesmo quando não estão em jogo coisas tão importantes, mudar a estrutura de um relacionamento pode causar reações entusiásticas. Vejamos o seguinte depoimento:

Vocês são simplesmente os melhores. Já recomendei o site de vocês a muitas pessoas. (...) Vocês estão fazendo uma coisa muito certa!! Não mudem! Obrigado!!!

DANDO DOCES A UM BEBÊ

Quem está sendo elogiado assim? Uma banda de rock? Um time esportivo? Ou quem sabe... uma loja de calçados on-line?

Em 1999, uma empresa chamada Zappos começou a vender sapatos pela internet. Mais tarde, passou também a oferecer roupas. Como tantas outras empresas modernas fundadas por jovens empreendedores, a Zappos era movida não tanto por incentivos financeiros, mas pelo desejo de ser reconhecida e apreciada. Seu principal trunfo, declarava, seria o serviço de atendimento ao cliente. E não apenas aquele serviço padrão que todo mundo conhece, mas muito acima do esperado, a qualquer momento, do tipo "faremos tudo por você".

Visto de fora, parecia estranho. Se jamais houve um negócio que pareceria feito para *não* paparicar o cliente, seria exatamente a venda de sapatos online. Mas a Zappos não pensava assim.

Para qualquer empresa média, o cliente é uma carteira humana da qual ela pretende extrair o máximo dinheiro possível. Todo mundo sabe disso, mas nenhuma empresa quer que fique tão explícito assim. Por isto é que as empresas usam logotipos, slogans, mascotes e propagandistas completamente simpáticos e amistosos.

Já a Zappos, em vez de fingir cordialidade, parecia realmente querer fazer amizade com os clientes — pelo menos na medida em que isso a ajudasse a fazer sucesso. Por isso é que, em vez de esconder seu telefone lá no fundo do website, a Zappos o apregoava bem no alto de cada página, mantendo seu centro de atendimento telefônico a postos 24 horas por dia, sete dias na semana. (Certos telefonemas, de tão longos e íntimos, parecem "sessões de terapia", no comentário de um observador.) Por isso é que a Zappos mantinha uma política de trocas e devoluções 365 dias por ano, com frete gratuito. E por isso é que, quando uma cliente deixou de devolver um par de sapatos por motivo de morte na família, a Zappos mandou-lhe flores.

Para mudar a estrutura dessa maneira — de um contexto convencionalmente financeiro para um de quase amizade —,

PENSE COMO UM FREAK

a Zappos precisou primeiro mudar a estrutura entre a própria companhia e seus empregados.

Um emprego em uma central de telemarketing não é em princípio muito desejável, nem remunera bem. (Em Las Vegas, onde a Zappos tem sua sede, os empregados de atendimento à clientela ganhavam cerca de 11 dólares por hora.) Como então a empresa podia recrutar uma equipe mais bem preparada para o setor?

A resposta habitual seria: pagando melhor. Mas a Zappos não tinha meios para isto. Em compensação, oferecia mais divertimento e mais poder. Por isso as reuniões da empresa às vezes são realizadas em um bar. E por isso também um passeio pelos cubículos da sede da empresa parece uma viagem de lazer ou mesmo carnaval, com música, jogos e fantasias. Os atendentes são estimulados a falar com o cliente por quanto tempo quiserem (sem script, claro); são autorizados a resolver problemas sem chamar um supervisor, e podem até "demitir" um cliente que crie problemas.

E então, são afinal desejáveis os empregos no telemarketing da Zappos? Num ano recente, no qual contratou 250 novos empregados, a empresa recebeu 25 mil candidaturas — para um emprego que pagava apenas 11 dólares por hora!

O resultado mais impressionante de todas essas mudanças de estrutura? A coisa funcionou: a Zappos engoliu a concorrência, tornando-se provavelmente a maior loja de venda de sapatos on-line do mundo. Em 2009, ela foi comprada pela Amazon por um valor estimado em 1,2 bilhão de dólares. A Amazon, sabiamente, entendeu o que fazia o sucesso da Zappos. Nos documentos que encaminhou à Securities and Exchange Commission, o órgão público que devia autorizar a compra, declarava que pretendia preservar a equipe gerencial da Zappos e sua "cultura obsessivamente voltada para o cliente".

E não vamos esquecer a maneira como o Trem do Sorriso alterou a relação com seus doadores. Por mais que as pessoas

DANDO DOCES A UM BEBÊ

gostem de achar que as doações de caridade são apenas uma questão de altruísmo, o velho publicitário e homem de vendas Brian Mullaney sabia que não é bem assim. Ele estava vendendo um produto (no caso do Trem do Sorriso, uma história triste), e o doador aceitava comprar (um final feliz).

A campanha "resolver de uma vez por todas" mudou a situação. Em vez de perseguir os doadores com uma política agressiva de vendas, o Trem do Sorriso mudou sua mensagem: *A gente sabe que é um estorvo receber dezoito cartas por ano. Você acha que gostamos de mandar tantas cartas assim? Mas o fato é que estamos juntos nessa luta, então por que não nos manda alguns dólares e acabamos logo com isso?*

Voilà! A estrutura financeira fora reconfigurada em uma estrutura colaborativa, deixando todos os envolvidos — e especialmente os pequenos Jogadores e Jogadoras deste mundo — em situação melhor.

Não queremos dar a impressão de que qualquer problema pode ser resolvido com uma simples mudança de estrutura ou um incentivo inteligente. Pode ser terrivelmente difícil mobilizar incentivos que funcionem e continuem a funcionar com o tempo. (Basta lembrar a facilidade com que uma menina de três anos que gostava de M&M's passou a perna no pai.) Muitos incentivos não funcionam — e alguns fracassam tão espetacularmente que geram ainda mais manifestações do mau comportamento que deveriam conter.

Há muito tempo a Cidade do México enfrenta apavorantes engarrafamentos. A poluição é tenebrosa, e é difícil chegar a qualquer lugar na hora. Em desespero de causa, o governo resolveu implementar um sistema de rodízio. Os motoristas teriam de deixar o carro em casa 1 dia útil por semana, sendo o dia de cada um determinado pelo número da placa do veículo. A expectativa era que as ruas ficassem menos atravancadas

PENSE COMO UM FREAK

por carros, que aumentasse o número de pessoas utilizando os transportes públicos e que a poluição caísse.

Como foi que o plano funcionou?

O racionamento levou a um *aumento* do número de carros em circulação, não intensificou o uso dos transportes públicos nem melhorou a qualidade do ar. Por quê? Para contornar a proibição de sair às ruas em determinados dias, muitas pessoas compraram um segundo carro — em muitos casos, veículos antigos e mais baratos que bebiam muita gasolina.

Em outro contexto, as Nações Unidas criaram um plano de incentivos para compensar os fabricantes obrigados a diminuir a quantidade de gases poluentes lançados na atmosfera. Os pagamentos, em forma de créditos de carbono a serem vendidos no mercado aberto, eram indexados em função dos danos ambientais causados por cada poluente.

Para cada tonelada de dióxido de carbono eliminada, uma fábrica recebia um crédito. Outros poluentes remuneravam muito melhor: metano (21 créditos), óxido nitroso (310) e, perto do topo da lista, algo conhecido como fluorocarboneto-23, ou HFC-23. Trata-se de um supergás do efeito estufa que vem a ser um subproduto da fabricação do HCFC-22, um refrigerante comum que já é em si bastante nocivo para o meio ambiente.

A expectativa da ONU era que as fábricas passassem a usar um refrigerante mais "verde" que o HCFC-22. Uma maneira de incentivá-las, pensou se, era recompensar regiamente as fábricas pela destruição do· seus estoques do gás residual, o HFC-23. Assim foi que a ONU ofereceu a impressionante recompensa de 11.700 créditos de carbono para cada tonelada de HFC-23 destruída e não liberada na atmosfera.

Você é capaz de imaginar o que aconteceu depois?

Fábricas do mundo inteiro, especialmente na China e na Índia, começaram a produzir quantidades extras de HCFC-22 para gerar mais HFC-23 e assim embolsar o dinheiro. Comentário de um funcionário da Agência de Investigação Ambiental

DANDO DOCES A UM BEBÊ

(EIA — Environmental Investigation Agency): "São esmagadoras as provas de que os fabricantes estão gerando excedentes de HFC-23 simplesmente para destruí-los e ganhar os créditos de carbono". Em média, uma fábrica ganhava mais de 20 milhões de dólares por ano vendendo os créditos de carbono relativos ao HFC-23.

Entre a indignação e o embaraço, a ONU mudou as regras do programa para conter o abuso; vários mercados de carbono proibiram os créditos relativos ao HFC-23, tornando mais difícil que as fábricas encontrassem compradores. Que acontecerá então com todas aquelas toneladas extras do danoso HFC-23 que de repente perderam o valor? A EIA adverte que a China e a Índia podem "liberar as enormes quantidades de (...) HFC-23 na atmosfera, provocando uma disparada das emissões de gases do efeito estufa".

O que significa que a ONU acabou pagando milhões de dólares aos poluidores para... gerar mais poluição.

Infelizmente, as recompensas cujos efeitos saem pela culatra não são tão raras quanto se poderia esperar. O fenômeno às vezes é conhecido como "efeito cobra". Reza a lenda que um colonizador britânico na Índia considerava que havia cobras demais em Déli, e ofereceu um prêmio em dinheiro por cada pele de cobra. O incentivo funcionou — tão bem, na verdade, que gerou uma nova indústria: as fazendas de criação de cobra. Os indianos começaram a criar e abater cobras para receber o prêmio, que acabou sendo suspenso — quando então os criadores de cobras fizeram o que parecia lógico, libertando-as, tão tóxicas e indesejadas quanto o HFC-23 hoje.

Apesar disso, se dermos uma olhada mundo afora, veremos que os prêmios em dinheiro ainda são frequentemente oferecidos para acabar com alguma praga. Recentemente, soubemos de iniciativas assim em relação a porcos selvagens na Geórgia e ratos na África do Sul. E com a mesma frequência aparece um exército de pessoas para alimentar o sistema. Como escre-

PENSE COMO UM FREAK

veu certa vez Mark Twain: "A melhor maneira de aumentar o número de lobos na América, coelhos na Austrália e cobras na Índia é pagar um prêmio pelas suas peles. É quando cada patriota passará a criá-los."

Por que será que certos incentivos, mesmo promovidos por pessoas inteligentes e bem-intencionadas, dão errado tão terrivelmente? Enxergamos pelo menos três razões:

1. Nenhum indivíduo ou governo será jamais tão inteligente quanto as pessoas que andam por aí tramando para levar a melhor sobre um plano de incentivos.
2. É fácil imaginar como alterar o comportamento de pessoas que pensam como nós, mas aquelas cujo comportamento tentamos mudar muitas vezes *não pensam* como nós — e, assim, não reagem como poderíamos esperar.
3. Existe uma tendência a presumir que a maneira como as pessoas se comportam hoje será sempre a mesma. Mas a própria natureza de um incentivo parece indicar que, quando se altera uma regra, o mesmo o acontecerá com os comportamentos — embora não necessariamente, como vimos, na direção esperada.

Cabe notar também que, obviamente, ninguém gosta de se sentir manipulado. Muitos sistemas de incentivos são mal disfarçadas tentativas de conseguir influência ou dinheiro, não surpreendendo, portanto, que certas pessoas recuem. Pensar como um Freak pode às vezes parecer um exercício de utilização de meios inteligentes para conseguir exatamente o que queremos, e não há nada de errado com isso. Mas se tem uma coisa que aprendemos ao longo de uma vida inteira de concepção e análise de incentivos, é que a melhor maneira de conseguir o que se quer é tratando as outras pessoas com honestidade. A honestidade pode direcionar praticamente qualquer interação na direção da estrutura cooperativa. E mostra sua maior força

DANDO DOCES A UM BEBÊ

quando menos se espera — por exemplo, quando as coisas dão errado. Os clientes mais leais de uma empresa são em geral aqueles que tiveram um grande problema mas foram incrivelmente bem tratados no processo de sua resolução.

Assim, embora certamente não seja fácil conceber um esquema de incentivos adequado, aqui vão algumas regras simples que geralmente nos direcionam pelo bom caminho:

1. Descubra o que *realmente* é importante para as pessoas, ignorando o que dizem que é importante.
2. Incentive-as nas dimensões que são valiosas para elas, mas que podem ser facilmente proporcionadas por você.
3. Preste atenção à maneira como reagem; se ficar surpreso ou frustrado com suas reações, trate de aprender com elas e experimente algo diferente.
4. Sempre que possível, crie incentivos que alterem a estrutura, de antagônica para cooperativa.
5. Nunca, em hipótese alguma, pense que as pessoas farão algo simplesmente porque é a coisa "certa".
6. Saiba que certas pessoas farão tudo que estiver ao seu alcance para manipular o sistema, encontrando maneiras de vencer que você jamais poderia imaginar. No mínimo para preservar sua própria sanidade mental, tente aplaudir sua engenhosidade, em vez de amaldiçoar sua cobiça.

Simples, não? Agora você já está pronto para uma pós-graduação em planejamento de incentivos. Começaremos a jornada com uma pergunta que, até onde sabemos, nunca foi feita na história da humanidade.

CAPÍTULO 7

O que têm em comum o rei Salomão e David Lee Roth?

O rei Salomão construiu o primeiro templo em Jerusalém e era conhecido pela sabedoria.

David Lee Roth esteve à frente da banda de rock Van Halen e era conhecido por seus delírios de diva.

Que poderia haver de comum entre os dois? Aqui vão algumas possibilidades:

1. Ambos eram judeus.
2. Ambos pegavam muitas garotas.
3. Ambos escreveram a letra de uma canção de grande sucesso.
4. Ambos se interessavam pela teoria dos jogos.

Na verdade, as quatro afirmações estão certas. Alguns fatos que o confirmam:

1. David Lee Roth nasceu em 1954 em uma família judia de Bloomington, Indiana; seu pai, Nathan, era oftalmologista. (Foi quando se preparava para o seu *bar mitzvah* que David aprendeu a cantar.) O rei Salomão nasceu em uma família judia de Jerusalém por volta de 1000 a.C.; seu pai, Davi, também havia sido rei.
2. David Lee Roth dormiu "com todas as garotas bonitas que tinham duas pernas nas calças", disse certa vez. "Já dormi

até com uma amputada." O rei Salomão "amou muitas estrangeiras", segundo a Bíblia, entre elas "setecentas esposas, princesas e trezentas concubinas".

3. David Lee Roth escreveu a letra da maioria das canções do Van Halen, entre elas o único primeiro lugar da banda na parada de sucessos, "Jump". Acredita-se que o rei Salomão tenha escrito alguns dos livros bíblicos *Provérbios*, *Cântico dos cânticos* e *Eclesiastes*, ou todos eles. O cantor folk Pete Seeger usou vários versículos do *Eclesiastes* na letra de "Turn! Turn! Turn!", que chegou ao primeiro lugar na parada de sucessos ao ser gravada pelos Byrds em 1965.*

4. Uma das mais famosas histórias sobre cada um deles envolve um atilado raciocínio estratégico que deveria ser imitado por qualquer um que queira pensar como um Freak.

Ainda jovem ao herdar o trono, Salomão estava ansioso por mostrar-se capaz de discernimento. E logo teve uma oportunidade de fazê-lo, quando duas mulheres, prostitutas, foram procurá-lo com um dilema. As duas moravam na mesma casa e cada uma deu à luz um menino no espaço de poucos dias. A primeira mulher disse ao rei que o filho da segunda tinha morrido, e que a outra "levantou-se à meia-noite e tirou meu filho da minha cama (...) e depositou a criança morta no meu colo". A segunda mulher contestou: "De jeito nenhum! A criança viva é minha, a que morreu é o filho dela."

Era evidente que uma das duas estava mentindo, mas qual delas? Como poderia o rei Salomão dizer quem era a mãe da criança viva?

— Tragam uma espada — ordenou ele. — Partam a criança viva ao meio e entreguem metade a cada uma delas.

A primeira mulher implorou ao rei que não machucasse o bebê, entregando-o à segunda mulher.

---

*Outra estranha convergência entre Salomão e Roth: os títulos das respectivas canções que chegaram ao topo da parada consistem apenas em um verbo no imperativo

O QUE TÊM EM COMUM O REI SALOMÃO E DAVID LEE ROTH?

Mas a segunda mulher aceitou a solução do rei:

— Ele não será meu nem dela — disse. — Podem parti-lo ao meio.

O rei Salomão imediatamente decidiu em favor da primeira mulher.

— Entreguem a ela a criança viva — disse. — É ela a mãe.

Conta a Bíblia que "toda Israel tomou conhecimento do julgamento", "vendo que a sabedoria de Deus estava nele, para fazer justiça".

Como foi que Salomão identificou a verdadeira mãe?

Ele raciocinou que uma mulher suficientemente cruel para aceitar seu plano de "partilha" do bebê também seria capaz de roubar o filho de outra. E, além disso, que a verdadeira mãe preferiria abrir mão do filho a vê-lo morto. O rei Salomão tinha preparado uma armadilha que induzia a culpada e a inocente a se revelarem.*

Por mais inteligente que tenha sido essa estratégia, David Lee Roth pode ter sido mais inteligente ainda. No início da década de 1980, o Van Halen tinha se transformado em uma das maiores bandas de rock da história. Eles tinham fama de farrear muito especialmente nas festas durante as turnês. "Onde quer que o Van Halen assente pouso", informava a *Rolling Stone*, "podem ter certeza de que haverá uma bacanal daquelas."

Os contratos das turnês da banda tinham um anexo de 53 páginas com detalhes técnicos e de segurança, além de especificações sobre alimentação e bebidas. Nos dias pares deviam ser servidos rosbife, frango frito ou lasanha, acompanhados de couve, brócolis ou espinafre. Nos dias ímpares, não podiam faltar bife ou comida chinesa com ervilha ou cenoura. Em hipótese

---

*Como lembrará o leitor atento, o campeão de comilança Takeru Kobayashi partia as salsichas ao meio para comê-las mais depressa, o que passou a ser conhecido como Método Salomão. Mas um leitor ainda mais atento notará que o nome não é apropriado, pois embora o rei Salomão tivesse ameaçado cortar ao meio o bebê em disputa, não chegou a fazê-lo.

PENSE COMO UM FREAK

alguma a comida seria servida em pratos de plástico ou papel, ou com talheres de plástico.

Na página 40 do exaustivo anexo estava o capítulo dedicado às "Coisas para beliscar". Exigiam-se batatas fritas, nozes, *pretzels* e "M&M's (ATENÇÃO: ABSOLUTAMENTE NENHUM MARROM)".*

Qual era o problema? A exigência de nozes e batatas fritas não tinha nada de mais. Nem o cardápio do jantar. Por que, então, a exigência quanto aos M&M's marrons? Algum integrante da banda havia tido uma experiência ruim com eles? O pessoal do Van Halen tinha tendências sádicas, sentindo prazer em obrigar algum infeliz fornecedor a separar os M&M's pelas cores?

Quando essa cláusula vazou para a imprensa, foi encarada como um caso clássico de extravagância de estrelas do rock, de "termos um comportamento abusivo com os outros simplesmente porque podemos", como diria o próprio Roth anos depois. Mas "a realidade é muito diferente", explicou.

Os concertos do Van Halen eram sempre espetaculares, com cenários monumentais, som exuberante e efeitos sensacionais de iluminação. Todo esse equipamento exigia muito apoio estrutural, potência elétrica e afins. Mas muitas vezes os locais onde se apresentavam eram inadequados ou ultrapassados. "Sequer tinham as portas e as áreas de descarga adequadas para uma das gigantescas e inovadoras produções épicas do Van Halen", recordaria Roth.

Donde a necessidade de um anexo de 53 páginas. "A maioria das bandas de rock tinha um anexo contratual que mais parecia um panfleto", prossegue Roth. "O nosso parecia o catálogo telefônico chinês." Continha instruções ponto por ponto, para

---

*O fato de constarem deste capítulo e do anterior histórias sobre usos nada convencionais do M&M's é mera coincidência. Não recebemos dinheiro da Mars — a fabricante do M&M's — para fazer propaganda, embora, pensando em retrospecto, fiquemos até meio embaraçados que isso não tenha acontecido.

O QUE TÊM EM COMUM O REI SALOMÃO E DAVID LEE ROTH?

garantir que os promotores de cada estádio atendessem aos necessários requisitos de espaço, capacidade de carga e potência elétrica. O Van Halen queria se certificar de que ninguém morreria com a queda de um palco ou um curto-circuito.

A cada vez que a banda chegava a uma cidade, no entanto, como poderia ter certeza de que o promotor local havia lido o anexo e atendido às instruções de segurança?

Bastava verificar os M&M's. Ao chegar aos estádios, Roth imediatamente ia até os bastidores para dar uma olhada no vidro de M&M's. Se houvesse doces marrons, ele saberia que o promotor não tinha lido atentamente o anexo — e que "teríamos de fazer uma séria vistoria" para ver se os equipamentos importantes tinham sido montados da forma adequada.

Ele também destruía o camarim se não houvesse M&M's marrons, o que era interpretado como maluquice de estrela de rock e impedia que seu segredinho fosse descoberto. Mas a gente desconfia de que ele também gostava do quebra-quebra.

E assim David Lee Roth e o rei Salomão faziam um útil cultivo da teoria dos jogos — que, resumindo, é a arte de levar a melhor sobre o adversário prevendo sua próxima tacada.

Houve uma época em que os economistas achavam que a teoria dos jogos tomaria conta do mundo, ajudando a moldar ou prever todo tipo de resultado importante. Infelizmente, ela não se revelou nem de longe tão útil ou interessante como prometia. Na maioria dos casos, o mundo é complicado demais para que a suposta magia da teoria dos jogos funcione. Mais uma vez, no entanto, pensar como um Freak significa pensar com simplicidade — e, como demonstraram o rei Salomão e David Lee Roth, uma versão simplificada da teoria dos jogos pode operar maravilhas.

Por mais diferentes que fossem as situações, o rei e o músico enfrentavam um problema semelhante: a necessidade de distinguir o culpado do inocente, já que ninguém se acusava. Em *economês*, havia um "equilíbrio agregador" — as duas mães no caso de Salomão, os promotores de turnês no caso do Van Halen — que precisava ser rompido em um "equilíbrio separador".

Uma pessoa que mente ou trapaceia muitas vezes reage a um incentivo de maneira diferente de uma pessoa honesta. Como explorar esse fato para desmascarar os maus elementos? É necessário um entendimento da maneira como os incentivos funcionam em geral (o que vimos no capítulo anterior) e como os diferentes envolvidos podem reagir diversamente a determinado incentivo (como veremos neste). Certas ferramentas do arsenal do Freak podem ser úteis apenas uma ou duas vezes na vida. Esta é uma delas. Mas ela tem força e uma certa elegância, pois é capaz de induzir quem tenha culpa no cartório a revelar inadvertidamente a própria culpa, através do comportamento.

Como se chama o truque? Vasculhamos livros de história e outros textos para encontrar um nome adequado, mas acabamos de mãos vazias. Vamos então inventar algo. Em homenagem ao rei Salomão, abordaremos o fenômeno como se fosse um provérbio antigo: Ensine seu jardim a capinar.

Imagine que você foi acusado de um crime. A polícia diz que você roubou algo, espancou alguém ou talvez dirigiu embriagado por um parque, passando por cima de todo mundo.

Mas as provas não são muito convincentes. A juíza incumbida do caso faz o que pode para entender o que aconteceu, mas não tem certeza. Sai-se então com uma solução criativa. Determina que você mergulhe o braço em um caldeirão de água fervente. Se não se queimar, será declarado inocente e libertado; mas se ficar com o braço desfigurado, será condenado e mandado para a prisão.

Foi exatamente o que aconteceu na Europa durante centenas de anos na Idade Média. Quando um tribunal não tinha condições

O QUE TÊM EM COMUM O REI SALOMÃO E DAVID LEE ROTH?

de decidir satisfatoriamente se um réu era culpado, entregava o caso a um padre católico, que submetia o réu a um "martírio" utilizando água fervente ou uma barra de ferro em brasa. A ideia era que Deus sabia a verdade e milagrosamente livraria de qualquer dano ou sofrimento um suspeito erroneamente acusado.

Como forma de determinar a culpa, como você caracterizaria o martírio medieval?

1. Bárbaro
2. Absurdo
3. Surpreendentemente eficaz

Antes de responder, vamos examinar os incentivos em ação aqui. Imagine um pastor do norte da Inglaterra há cerca de mil anos. Vamos chamá-lo de Adam. Seu vizinho, Ralf, também é pastor. Os dois não se dão bem. Adam desconfia que Ralf roubou certa vez algumas de suas ovelhas. Ralf espalha o boato de que Adam empacota seus fardos de lã com pedras para aumentar o peso no mercado. Os dois vivem às turras pelo direito de usar um pasto comunitário.

Certo dia, o rebanho inteiro de ovelhas de Ralf amanhece morto, aparentemente envenenado. Ele imediatamente acusa Adam. Embora Adam de fato possa ter um incentivo para matar as ovelhas de Ralf — menos lã produzida por Ralf significa maiores preços para Adam —, sem dúvida existem outras possibilidades. Talvez o rebanho tenha morrido de doença ou por envenenamento natural. Talvez tenha sido envenenado por um terceiro rival. Ou quem sabe o próprio Ralf envenenou as ovelhas para que Adam fosse detido ou multado.

Provas são reunidas e apresentadas ao tribunal, mas não são propriamente concludentes. Ralf alega que viu Adam rondando seu rebanho na noite anterior ao incidente, mas o juiz, considerando a hostilidade entre os dois, pergunta-se se ele não estaria mentindo.

PENSE COMO UM FREAK

Imagine agora que você é o juiz: Como poderia estabelecer a eventual culpa de Adam? Imagine, ainda, que, em vez de um caso assim, haja cinquenta Adams na corte. Em cada um dos casos, as provas são muito fracas para condenar, mas você tampouco quer deixar livre um criminoso. Como distinguir entre um inocente e um culpado?

Permitindo que o próprio jardim se capine.

O juiz apresenta duas alternativas a cada Adam. Ele pode confessar ou se submeter ao teste do martírio, deixando seu destino nas mãos de Deus. Da nossa perspectiva moderna, é difícil imaginar um martírio como forma eficaz de distinguir o culpado do inocente. Mas será que era na época?

Vamos examinar os dados disponíveis. Foi exatamente o que fez o economista Peter Leeson, cujo trabalho abrange temas como leis ciganas e economia da pirataria. O arquivo de uma igreja húngara do século XIII comportava 308 casos que chegaram à etapa do julgamento por martírio. Desses, cem foram suspensos antes de chegar a um resultado final. O que deixava 208 casos nos quais o réu era convocado por um padre a ir à igreja, subir ao altar e — depois de chamados os fiéis da paróquia para observar a distância — obrigado a segurar uma barra de ferro quente.

Quantas dessas 208 pessoas você acha que ficaram terrivelmente queimadas? Todas elas? Não esqueça que estamos falando de ferro em brasa. Talvez 207 ou 206?

Foram na verdade 78. O que significa que os outros 130 — quase dois terços dos réus submetidos ao martírio — foram milagrosamente poupados e portanto absolvidos.

A menos que se tratasse *de fato* de 130 milagres, como explicar?

Peter Leeson acha que sabe a resposta: "trapaça clerical". Ou seja, o padre dava um jeito de manipular o procedimento para fazer com que o martírio parecesse legítimo, ao mesmo tempo certificando-se de que o réu não seria mutilado. O que

O QUE TÊM EM COMUM O REI SALOMÃO E DAVID LEE ROTH?

não seria difícil, já que o padre tinha controle final sobre a situação. Talvez ele trocasse a barra de ferro em brasa por uma outra, mais fria. Ou então, no caso do martírio da água fervente, despejasse um balde de água fria no caldeirão antes da entrada dos fiéis na igreja.

Por que um padre faria isso? Seria simplesmente uma questão de compaixão? Ou será que ele aceitava suborno de certos réus?

Leeson encontrou uma explicação diferente. Vejamos o caso dos cinquenta Adams sobre os quais o tribunal não consegue tomar uma decisão. Vamos partir do princípio de que alguns são culpados e outros, inocentes. Como vimos antes, uma pessoa culpada muitas vezes reagirá de maneira diferente de uma inocente ao mesmo incentivo. O que pensam nesse caso os Adams culpados e os inocentes?

Um Adam culpado provavelmente está pensando algo assim: *Deus sabe que eu sou culpado. Se me submeter ao martírio, portanto, ficarei horrivelmente queimado. Não só serei encarcerado ou multado como passarei o resto da vida com dores. Talvez então deva confessar para evitar o martírio.*

E o que estaria pensando um Adam inocente? *Deus sabe que eu sou inocente. Vou então submeter-me ao martírio, pois Deus jamais permitiria que a maldição das chamas me fizesse mal.*

Assim, a convicção de que Deus interviria no julgamento por martírio, escreve Leeson, "gerou um equilíbrio separador pelo qual só os réus inocentes se dispunham a se submeter ao martírio". O que em parte explica o fato de cem dos 308 martírios terem sido cancelados: nesses casos, os réus entraram em acordo com os queixosos — presumivelmente, pelo menos em muitos deles, por serem de fato culpados e acharem que seria melhor aceitar a punição, sem o castigo adicional das queimaduras.

E o nosso pastor Adam? Digamos que ele *não* envenenou o rebanho de Ralf, tendo sido falsamente acusado pelo rival. Qual seria o destino de Adam? Quando ele estivesse de pé na igreja diante do caldeirão borbulhante, rezando por misericórdia,

PENSE COMO UM FREAK

o padre provavelmente já saberia que era inocente. E assim manipularia o martírio.

Não esqueçamos que 78 réus desses registros foram de fato escaldados e depois multados ou mandados para a prisão. Que aconteceu nesses casos?

A melhor explicação que encontramos é que (1) os padres achavam que esses réus de fato eram culpados; ou então (2) precisavam pelo menos manter as aparências de que o julgamento por martírio de fato funcionava, caso contrário a ameaça não serviria mais para distinguir os inocentes dos culpados — e assim essas pessoas foram sacrificadas.

Cabe notar também que a ameaça perderia a força se os réus não acreditassem em um Deus todo-poderoso e onisciente, capaz de punir os culpados e perdoar os inocentes. Mas a história parece indicar que na época a maioria das pessoas de fato acreditava em um Deus todo-poderoso distribuindo justiça.

O que nos leva à reviravolta mais estranha nessa história peculiar: se os padres medievais de fato manipulavam os martírios, poderiam ser na verdade os únicos envolvidos que achavam que *não* existia um Deus onisciente — ou, se existisse, que ele confiava tanto em seus representantes sacerdotais que considerava suas manipulações parte do plano divino de cumprimento da justiça.

Você também pode bancar Deus de vez em quando, se aprender a montar um jardim que capine a si mesmo.

Digamos que você trabalha para uma empresa que contrata centenas de empregados por ano. O processo de contratação envolve muito tempo e dinheiro, especialmente em indústrias com alto grau de rotatividade dos trabalhadores. No comércio varejista, por exemplo, a rotação de empregados é de aproximadamente 50% ao ano; entre os empregados das redes de fast-food, a taxa pode chegar perto de 100%.

O QUE TÊM EM COMUM O REI SALOMÃO E DAVID LEE ROTH?

Não surpreende, assim, que os empregadores tenham se esforçado para racionalizar o processo de contratação. Os interessados podem agora preencher um formulário online em vinte minutos no conforto de sua casa. Excelente notícia, não?

Talvez não. A facilidade do processo de candidatura pode atrair pessoas muito pouco interessadas no emprego, que parecem excelentes candidatas no papel mas não têm grande probabilidade de permanecer muito tempo na função se contratadas.

E se os empregadores, em vez de facilitar cada vez mais a candidatura, tornassem-na desnecessariamente complicada — adotando, por exemplo, um formulário que requeresse sessenta a noventa minutos para ser preenchido, filtrando dessa forma os meros curiosos?

Apresentamos essa ideia a algumas empresas, e o número de interessadas foi exatamente zero. Por quê? "Se tornarmos mais longo o processo de candidatura", dizem, "teremos menos interessados." É esse exatamente o ponto: estariam imediatamente descartados os candidatos com maior probabilidade de não aparecer no prazo ou desistir depois de algumas semanas.

Já as faculdades e universidades não têm tais escrúpulos quando se trata de torturar os candidatos. Pense só na quantidade de trabalho que um colegial deve efetuar simplesmente para ter sua candidatura examinada em uma faculdade decente. A diferença entre as candidaturas universitárias e de emprego chama particularmente a atenção quando levamos em conta que alguém procurando emprego passará a ser remunerado ao ser contratado, ao passo que um candidato aos estudos universitários vai pagar pelo privilégio de frequentar a instituição.

Mas isso ajuda a entender por que um diploma universitário é tão valioso. (Nos Estados Unidos, um trabalhador com quatro anos de estudos universitários ganha cerca de 75% mais que alguém que tenha apenas o diploma colegial.) Que aviso um diploma universitário está mandando a um possível empregador?

PENSE COMO UM FREAK

Que seu detentor tem preparo e disposição para enfrentar as tarefas mais complexas e penosas — e que, como empregado, provavelmente não sairá correndo à primeira dificuldade.

Assim, ante a impossibilidade de fazer com que cada candidato a emprego tenha o mesmo trabalho que um candidato ao ensino universitário, haveria alguma maneira rápida, inteligente e barata de fazer a triagem dos maus empregados antes mesmo que sejam contratados?

A Zappos encontrou esse jeito. Você deve lembrar que a Zaappos, a empresa de venda de sapatos online da qual falamos no capítulo anterior, tem toda uma série de ideias nada ortodoxas sobre as maneiras de administrar um negócio. Também deve lembrar que os profissionais do seu serviço de atendimento aos clientes são fundamentais para o sucesso da empresa. Assim, embora o emprego ofereça um salário de apenas 11 dólares por hora, a Zappos faz questão de que cada novo empregado esteja plenamente comprometido com sua filosofia. É aí que entra em cena "A Oferta". Quando os novos empregados estão no período de experiência — já passaram pela seleção, estão para ser contratados e tiveram algumas semanas de treinamento —, a Zappos oferece a eles a oportunidade de desistir. Melhor ainda, aqueles que desistirem serão remunerados pelo tempo de treinamento e receberão um bônus representando seu primeiro mês de salário — cerca de 2 mil dólares — pelo simples fato de terem desistido! Precisam apenas passar por uma entrevista e abrir mão do direito de serem contratados pela Zappos.

Não parece estranho? Que empresa vai oferecer 2 mil dólares a um novo empregado para *não* trabalhar?

Uma empresa inteligente. "Significa colocar o empregado na seguinte posição: 'Você dá mais importância ao dinheiro ou à empresa e a nossa cultura?'", diz Tony Hsieh, CEO da companhia. "E se eles estiverem mais preocupados com o dinheiro fácil, provavelmente não seremos o lugar certo para eles."

146

O QUE TÊM EM COMUM O REI SALOMÃO E DAVID LEE ROTH?

Hsieh percebeu que qualquer empregado que preferisse os 2 mil dólares fáceis de ganhar seria o tipo de empregado que acabaria custando muito mais à Zappos a longo prazo. Segundo uma estimativa da indústria, substituir um empregado custa em média cerca de 4 mil dólares, e um recente levantamento em 2.500 empresas constatou que uma única contratação errada pode custar mais de 25 mil dólares em perda de produtividade, baixo moral e semelhantes. Assim foi que a Zappos decidiu gastar meros 2 mil dólares de antemão para não dar a menor chance às contratações equivocadas. No momento em que escrevemos, menos de um 1% dos novos contratados na empresa aceitam "A Oferta".

O mecanismo de casamento da Zappos é completamente diferente dos utilizados pelos padres medievais, por David Lee Roth e pelo rei Salomão. Neste caso, a Zappos funciona em total transparência; não há qualquer truque. Os outros casos são puramente uma questão de truques. É graças a um truque que uma das partes se desmascara, sem saber que está sendo manipulada. A história da Zappos, assim, pode ficar parecendo mais virtuosa. Mas, vamos ser sinceros, recorrer a um truque é mais divertido. Vejamos por exemplo o caso de uma fábrica secreta de projéteis em Israel.

Depois da Segunda Guerra Mundial, o governo britânico declarou que abriria mão do controle da Palestina. A Grã-Bretanha estava depauperada pela guerra e cansada de bancar o árbitro na ingovernável convivência de árabes e judeus.

Para os judeus que viviam na Palestina, parecia inevitável que irrompesse uma guerra com os vizinhos árabes assim que os britânicos saíssem. Então a organização paramilitar judaica Haganah começou a estocar armas. Não havia nenhuma terrível escassez de armas de fogo — que podiam ser contrabandeadas da Europa e outras regiões —, mas era muito difícil conseguir balas, sendo também ilegal fabricá-las, segundo as leis britânicas. E foi assim que a Haganah decidiu construir uma fábrica

PENSE COMO UM FREAK

clandestina de projéteis em um kibutz em uma colina perto de Rehovot, a cerca de 25 quilômetros de Tel Aviv. Seu codinome: Instituto Ayalon.

O kibutz tinha um bosque de árvores cítricas, um pomar e uma padaria. O instituto ficaria localizado no porão secreto do prédio de uma lavanderia. A lavanderia serviria para abafar o barulho da fabricação de projéteis e funcionaria como fachada: os trabalhadores do kibutz se apresentavam ali para o trabalho e então, afastando umas das gigantescas lavadoras, desciam uma escada até a fábrica lá embaixo. Usando equipamentos comprados na Polônia e contrabandeados, o instituto começou a produzir balas de 9 milímetros para a submetralhadora Sten.

A fábrica de projéteis era tão secreta que as mulheres que trabalhavam lá não podiam contar aos maridos o que faziam. Seu funcionamento precisava ser escondido não só dos árabes, como também dos britânicos. O que era particularmente difícil, pois os soldados britânicos estacionados na região gostavam de mandar lavar sua roupa no kibutz. E também apareciam para socializar — alguns dos habitantes do kibutz tinham combatido ao lado dos britânicos na Segunda Guerra Mundial, como integrantes da Brigada Judaica.

A coisa já ficara por um triz pelo menos uma vez: um oficial britânico apareceu exatamente no momento em que uma máquina de fabricar projéteis estava sendo baixada para a fábrica subterrânea. "O pessoal o acompanhou até o refeitório, serviu cerveja a ele e nós conseguimos descer com a máquina, fechar o alçapão e escondê-lo", recordou o gerente da fábrica na época.

Mas eles ficaram bem preocupados. Se o oficial britânico não se deixasse seduzir por um copo de cerveja, o instituto provavelmente teria sido fechado e seus responsáveis, mandados para a prisão. Eles precisavam se proteger de uma nova visita surpresa.

A solução, segundo se conta, estava na cerveja. Os oficiais britânicos queixavam-se de que a cerveja no kibutz era quente,

O QUE TÊM EM COMUM O REI SALOMÃO E DAVID LEE ROTH?

e que a preferiam gelada. Loucos para agradar, seus amigos judeus fizeram uma proposta: *Da próxima vez que vierem nos visitar, telefonem antes e botaremos a cerveja na geladeira.* Dito e feito! Pelo menos segundo a lenda do kibutz, esse alarme da cerveja quente funcionou às mil maravilhas: os oficiais britânicos nunca mais fizeram uma visita surpresa à fábrica, que viria a produzir mais de 2 milhões de projéteis para a guerra de independência de Israel. Os moradores do kibutz tinham sido espertos ao explorar uma fraqueza dos britânicos para atender a um importante interesse seu.

Parece óbvio que existem muitas maneiras de ensinar um jardim a se capinar (ou, se preferirem, a criar um equilíbrio separador). A fábrica secreta de projéteis e a Zappos lançaram iscas diferentes — cerveja quente em um caso, 2 mil dólares no outro — que ajudaram a organizar as coisas. Os suplícios eclesiásticos baseavam-se na ameaça de um Deus onisciente. David Lee Roth e o rei Salomão, por sua vez, precisavam fazer cara de malvados para extrair a verdade — Roth parecendo uma *prima donna* ainda mais *prima donna* do que na verdade era, e Salomão dando a entender que era um tirano sanguinolento, louco para resolver uma disputa de maternidade destroçando um bebê.

Não importa o método: convencer as pessoas a se dividir em diferentes categorias pode ser extremamente útil. E também extremamente lucrativo. Vejamos por exemplo o seguinte e-mail:

Prezado(a) Sr./Sra., CONFIDENCIAL:

Sou funcionário do Departamento de Energia de Lagos, Nigéria. Obtive suas coordenadas em um catálogo telefônico da Câmara de Comércio e Indústria quando buscava uma pessoa CONFIÁVEL e HONESTA para propor o seguinte negócio.

No processo de licitação de um contrato de eletrificação de centros urbanos, alguns colegas e eu superfaturamos os valores. O TOTAL SUPERFATURADO está seguramente em nosso poder.

PENSE COMO UM FREAK

Entretanto, decidimos transferir esse dinheiro, 10,3 milhões de dólares americanos, para fora da Nigéria. Assim, buscamos um parceiro estrangeiro confiável, honesto e que não seja ganancioso para usar sua conta bancária na transferência dos fundos. E concordamos em que O TITULAR DA CONTA FICARÁ COM 30% do valor total.

Se o Sr./Sra for capaz de efetuar a transação sem contratempos ou imprevistos, poderemos confiar no acordo. Por favor mantenha total CONFIDENCIALIDADE e evite quaisquer vias que possam comprometer-nos aqui e assim pôr em risco nossa carreira.

Se for do seu interesse, por favor entre em contato conosco imediatamente neste endereço de e-mail para mais detalhes e mais fácil comunicação.

Alguma vez você recebeu um e-mail desse tipo? Claro que sim! Provavelmente há um deles abrindo caminho na direção da sua caixa de correio neste exato momento. Se não for um funcionário, o suposto remetente será um príncipe deposto ou a viúva de um bilionário. Em qualquer caso, o autor da iniciativa está para entrar na posse de milhões de dólares, mas precisa de ajuda para extraí-los de uma burocracia rígida ou de um banco que se recusa a cooperar.

É aí que você entra. Se mandar as informações sobre a *sua* conta bancária (quem sabe acompanhadas de algumas folhas em branco de papel timbrado do referido banco), a viúva ou o príncipe ou o funcionário governamental poderá com segurança enviar o dinheiro para sua conta até que tudo se resolva. Existe a possibilidade de que você tenha de viajar para a África para tratar da papelada. Talvez também precise desembolsar alguns milhares de dólares em despesas iniciais. Claro que será regiamente recompensado.

Tentado pela oferta? Esperamos que não. Esse tipo de golpe é a maior fria, e vem sendo praticado há séculos, com diferentes variações. Uma das primeiras versões era conhecida como Prisioneiro Espanhol. O vigarista se fazia passar por uma pessoa

O QUE TÊM EM COMUM O REI SALOMÃO E DAVID LEE ROTH?

rica encarcerada por engano ou injustamente e privada dos seus bens. Uma enorme recompensa seria oferecida ao herói que pagasse por sua libertação. Nos velhos tempos, o golpe era praticado por via postal ou contatos pessoais; hoje em dia, sobrevive basicamente na internet.

O nome pelo qual em geral é conhecido esse tipo de crime é fraude da taxa antecipada, ou, mais comumente ainda, carta nigeriana ou fraude 419, número de um parágrafo do Código Penal da Nigéria. Embora a fraude da taxa antecipada seja praticada em muitos lugares, seu epicentro aparentemente é a Nigéria: são mais frequentes golpes virtuais dessa natureza mencionando a Nigéria do que todos os outros países juntos. Na verdade, essa ligação ficou tão manjada que se você digitar "Nigéria" em uma ferramenta de busca, a função automática provavelmente irá encaminhá-lo para "golpe nigeriano".

O que pode levá-lo a se perguntar: Se o golpe nigeriano é tão conhecido, por que um vigarista nigeriano teria interesse em apregoar que é da Nigéria?

Foi a pergunta que se fez Cormac Herley. Cientista da computação no departamento de pesquisas da Microsoft, há muito ele vem investigando as maneiras como os fraudadores fazem uso indevido da tecnologia. Num emprego anterior, na Hewlett-Packard, um dos seus objetos de interesse eram as impressoras cada vez mais sofisticadas usadas para falsificar dinheiro.

Herley não tinha dado muita atenção ao golpe nigeriano até ouvir comentários a respeito dele vindo de duas pessoas com perspectivas diferentes. Uma delas falava dos milhões ou mesmo bilhões de dólares que esses vigaristas ganhavam. (É difícil encontrar números exatos, mas os êxitos alcançados até agora pelos vigaristas nigerianos já foram suficientes para levar o Serviço Secreto americano a criar uma força-tarefa; uma vítima na Califórnia perdeu 5 milhões de dólares.) A outra pessoa achava que esses nigerianos deviam ser muito burros para enviar e-mails com histórias tão absurdas.

PENSE COMO UM FREAK

Herley ficou se perguntando como essas duas afirmações podiam ser verdadeiras ao mesmo tempo. Se os golpistas são tão tolos e seus e-mails um golpe tão óbvio, como é que podem ter êxito? "Diante de uma aparente contradição", diz ele, "a gente começa a investigar, tentando encontrar um mecanismo pelo qual ela *de fato* faça sentido."

Ele começou a examinar o golpe do ponto de vista dos golpistas. Para alguém interessado em cometer fraudes, a internet foi um presente dos deuses. Ficou fácil conseguir uma infinidade de endereços de e-mail e imediatamente enviar milhões de cartas servindo de isca. De tal maneira que o custo para entrar em contato com possíveis vítimas é incrivelmente baixo.

Mas transformar uma possível vítima em uma vítima real requer uma boa dose de tempo e esforço — em geral, uma longa série de e-mails, talvez alguns telefonemas e, no fim das contas, a papelada bancária.

Digamos que para cada 10 mil e-mails mal-intencionados enviados, cem pessoas mordam a isca e respondam. As 9.900 pessoas que jogaram o e-mail no lixo não custaram nada. Mas agora o golpista começa a investir seriamente nas cem vítimas em potencial. A cada uma delas que cai em si, fica assustada ou simplesmente perde o interesse, a margem de lucro diminui.

Quantas dessas cem pessoas acabarão de fato pagando alguma coisa ao golpista? Digamos que uma delas vá até o fim. As outras 99, na linguagem da estatística, são *falsos positivos*.

As fraudes pela internet nem de longe são o único terreno assombrado por falsos positivos. Cerca de 95% dos alarmes de roubo atendidos pela polícia americana são falsos. O que corresponde a 36 milhões de falsos positivos por ano, a um custo de aproximadamente 2 bilhões de dólares. Na medicina, a preocupação com os falsos negativos é justificada — por exemplo, uma doença fatal que não seja diagnosticada —, mas os falsos positivos também representam um grave problema. Um estudo constatou um índice surpreendentemente alto de

O QUE TÊM EM COMUM O REI SALOMÃO E DAVID LEE ROTH?

falsos positivos (60% no caso dos homens, 49% no das mulheres) entre pacientes que se submetiam regularmente a exames preventivos do câncer de próstata, pulmões, cólon e ovário. Uma força-tarefa chegou a sustentar que os exames preventivos de câncer de ovário em mulheres saudáveis deviam ser suspensos, pois não são muito eficazes, para começar, e além do mais os falsos positivos causam a muitas mulheres "danos desnecessários, como cirurgias".

Um dos falsos positivos mais inquietantes dos últimos anos ocorreu no campo da segurança informática, bem conhecido de Cormac Herley. Em 2010, o programa de antivírus McAfee identificou um arquivo malévolo em uma enorme quantidade de computadores que utilizavam o sistema operacional Windows, da Microsoft. Rapidamente o programa tratou de atacar esse arquivo, fosse deletando-o ou deixando-o em quarentena, a depender da configuração de cada computador. Só havia um problema: o arquivo *não era* malévolo, sendo na verdade um componente fundamental da função de inicialização do Windows. Ao atacar equivocadamente um arquivo saudável, o programa antivírus levou "milhões de computadores a serem reinicializados constantemente sem sucesso", diz Herley.

Como, então, um vigarista nigeriano pode minimizar seus falsos positivos?

Herley valeu-se de sua capacidade em matemática e informática para estabelecer um modelo a partir dessa pergunta. Nesse processo, identificou a mais valiosa característica em uma potencial vítima: a credulidade. Afinal, quem mais, senão uma pessoa profundamente crédula, enviaria milhares de dólares a um estranho em outro continente, com base exclusivamente em um e-mail muito estranho sobre uma fortuna de origem duvidosa?

Como poderia um vigarista nigeriano, simplesmente examinando milhares de endereços de e-mail, decidir quem é crédulo e quem não é? Impossível. Nesse caso, a credulidade é uma

PENSE COMO UM FREAK

característica inobservável. Mas Herley se deu conta de que o golpista pode convidar as pessoas crédulas a se revelarem. Como?

Mandando uma carta tão ridícula — com direito a referências bem evidentes à Nigéria — que só uma pessoa crédula poderia levar a sério. Qualquer um com um mínimo de senso ou experiência imediatamente jogaria no lixo um e-mail assim. "O golpista quer encontrar aquele sujeito que *não* ouviu falar de nada", diz Herley. "Qualquer um que não role de tanto rir é exatamente aquele a quem ele quer se dirigir."

Eis como Herley explicou a coisa em um trabalho científico: "O objetivo do e-mail não é tanto atrair usuários viáveis, mas rechaçar os não viáveis, que são em número muitíssimo maior. (...) Uma redação menos suspeita, sem mencionar a Nigéria, certamente obteria maior número de respostas e respostas mais viáveis, mas globalmente com menor proveito. (...) Aqueles que se deixam enganar por algum tempo mas acabam descobrindo, ou então desistem diante do último obstáculo, são precisamente os falsos positivos mais arriscados, que o golpista precisa a todo custo evitar."

Se o seu primeiro impulso foi pensar que os golpistas nigerianos são burros, talvez você esteja convencido, como Cormac Herley, de que esse é exatamente o tipo de burrice a que todos deveríamos aspirar. Os ridículos e-mails dos golpistas, na verdade, são absolutamente brilhantes quando se trata de fazer com que seus extensos jardins tratem eles mesmos de se capinar.

Dito isso, o fato é que esses homens são ladrões e escroques. Por mais que admiremos sua metodologia, fica difícil festejar sua ação. Assim, agora que já sabemos como funcionam suas jogadas, haveria alguma maneira de voltar sua metodologia contra eles próprios?

Herley acredita que sim. Ele registra com aprovação uma pequena comunidade online de "caçadores de golpistas" que deliberadamente atraem os vigaristas nigerianos para fazê-los perder tempo em longas trocas de e-mail. "Eles o fazem basi-

O QUE TÊM EM COMUM O REI SALOMÃO E DAVID LEE ROTH?

camente para se vangloriar depois", diz. Herley gostaria que esse tipo de iniciativa se disseminasse graças à automação. "O que se pretende é construir um *chatbot*", diz ele, "um programa de informática capaz de conversar com alguém. Já há algumas experiências nesse sentido — por exemplo, existe um *chatbot* psicoterapeuta. O desejável é construir algo que ocupe o vigarista do outro lado, conseguindo segurá-lo um pouco. Não é preciso mantê-lo conversando durante vinte trocas de e-mail, mas se toda vez ele tiver de se esforçar um pouco, já é ótimo."

Em outras palavras, Herley gostaria que algum esperto programador se fizesse de burro para passar para trás um esperto golpista que também finja ser burro para encontrar alguma vítima que, ainda que não seja burra, seja extremamente crédula.

O *chatbot* de Herley entupiria o sistema de um golpista desses com falsos positivos, praticamente impossibilitando-o de encontrar uma vítima real. Seria mais ou menos como cobrir os jardins dos vigaristas com milhões e milhões de ervas daninhas.

Nós também achamos que seria interessante atacar certos malvados antes que eles sejam capazes de atacar pessoas inocentes.

Em *SuperFreakonomics*, publicado em 2009, descrevemos um algoritmo que criamos em conjunto com um especialista no combate a fraudes de um grande banco britânico. Ele se destinava a fazer uma triagem em trilhões de dados gerados por milhões de clientes bancários para identificar possíveis terroristas. Inspirava-se no comportamento bancário irregular dos terroristas responsáveis pelos atentados de 11 de setembro de 2001 nos Estados Unidos. Entre os principais comportamentos:

- Em geral eles faziam um grande depósito inicial e regularmente procediam a retiradas com o passar do tempo, sem nenhum padrão regular de reposição.

PENSE COMO UM FREAK

- Sua movimentação bancária não refletia gastos de um estilo de vida normal, como aluguel, contas de serviços públicos, seguros e assim por diante.
- Alguns deles mandavam ou recebiam habitualmente transferências para ou do exterior, mas em totais que inevitavelmente ficavam abaixo dos limites autorizados.

Indícios dessa natureza dificilmente bastariam para identificar um terrorista, ou mesmo um pequeno infrator. Entretanto, começando com eles e colhendo indícios mais significativos nos arquivos bancários britânicos, conseguimos apertar o laço do algoritmo.

E ele precisava mesmo ser apertado. Imagine que o nosso algoritmo se revelasse capaz de uma precisão de 99% na previsão de que determinado cliente de um banco estivesse ligado a um grupo terrorista. Parece excelente, até contemplarmos as possíveis consequências de uma taxa de falso positivo de 1% em um caso dessa natureza.

São relativamente raros os terroristas no Reino Unido. Digamos que haja quinhentos deles. Um algoritmo com precisão de 99% desmascararia 495 desse total, mas também identificaria equivocadamente 1% das outras pessoas constantes dos registros. Em toda a população do Reino Unido, aproximadamente 50 milhões de adultos, isso significaria cerca de 500 mil pessoas inocentes. O que aconteceria se meio milhão de não terroristas fossem indiciados sob acusação de terrorismo? Por mais que se alegue que um índice de falsos positivos de 1% é muito baixo — basta dar uma olhada nos falsos positivos com que são obrigados a lidar os golpistas nigerianos! —, o fato é que seria preciso lidar com muita gente enfurecida (e, provavelmente, com processos judiciais).

De modo que o algoritmo precisava estar mais próximo de uma precisão de 99,999%. Era o que buscávamos enquanto o íamos alimentando com indícios após indícios. Alguns eram puramente demográficos (os terroristas identificados no Reino

O QUE TÊM EM COMUM O REI SALOMÃO E DAVID LEE ROTH?

Unido são predominantemente jovens, do sexo masculino e, no atual momento histórico, muçulmanos). Outros eram da esfera comportamental. Por exemplo: era improvável que um possível terrorista sacasse dinheiro de um caixa eletrônico em uma tarde de sexta-feira, durante os serviços religiosos muçulmanos.

Um desses indícios, segundo pudemos observar, era particularmente importante no algoritmo: os seguros de vida. Um candidato a terrorista dificilmente faria um seguro de vida no seu banco, ainda que tivesse mulher e filhos pequenos. Por que não? Como explicávamos no livro, a apólice podia não ser paga se o titular cometesse um atentado suicida, de modo que isso seria jogar dinheiro fora.

Depois de vários anos de ajustes, o algoritmo foi aplicado a uma incomensurável montanha de dados bancários, passando a noite inteira em funcionamento no supercomputador do banco, para não interromper as operações normais. E parecia funcionar muito bem. Ele gerou uma lista relativamente pequena de nomes na qual, estávamos certos, constava pelo menos um punhado de prováveis terroristas. O banco entregou-nos a lista em um envelope lacrado — as leis sobre privacidade nos impediam de ver os nomes —, e nós nos encontramos com o chefe de uma unidade de segurança nacional britânica para entregar-lhe o envelope. Tudo bem ao estilo James Bond.

Que aconteceu com as pessoas da lista? Gostaríamos de poder dizer, mas não podemos — não por questões de segurança nacional, mas porque não temos a menor ideia. Embora parecessem satisfeitas por poder se apropriar da nossa lista de nomes, as autoridades britânicas não estavam propriamente ansiosas por contar com a nossa companhia quando — ou se — fossem bater à porta dos suspeitos.

A história poderia chegar ao fim aqui. Mas não é o caso.

Em *SuperFreakonomics*, relatamos não só como o algoritmo foi criado, mas também de que maneira um terrorista poderia escapulir ao seu alcance: procurando o banco para comprar um

PENSE COMO UM FREAK

seguro de vida. Segundo explicávamos então, o banco com o qual vínhamos trabalhando "oferece apólices por uma prestação mensal muito baixa". E ainda chamávamos a atenção para essa estratégia no subtítulo do livro: *O que é mais perigoso: dirigir ou andar a pé bêbado? Por que os homens-bomba deveriam ter seguro de vida? Por que os indianos não usam camisinha?*

Ao chegar a Londres para uma turnê de lançamento do livro, constatamos que o público britânico não apreciou nem um pouquinho que estivéssemos dando conselhos aos terroristas. "Não entendi muito bem por que estamos contando este segredo aos terroristas", escreveu o crítico de um jornal. Nos programas de rádio e televisão, os entrevistadores já não eram tão polidos. Queriam que explicássemos que idiota se daria ao trabalho de preparar uma armadilha dessa natureza para em seguida explicar exatamente como escapar dela. Era evidente que éramos ainda mais burros que um golpista nigeriano, mais vaidosos que David Lee Roth e mais sanguinários que o rei Salomão.

Nós pigarreávamos, gaguejávamos, racionalizávamos; vez por outra, baixávamos a cabeça, contritos. Mas por dentro estávamos sorrindo. E ficávamos um pouco mais felizes toda vez que éramos atacados por nossa burrice. Por quê?

Desde o início do projeto, sabíamos que seria difícil encontrar algumas poucas maçãs podres no meio de milhões delas. Nossas chances aumentariam se de alguma forma conseguíssemos induzir as maçãs podres a se revelarem. Era exatamente o que o nosso golpe do seguro de vida — sim, era realmente um golpe — pretendia alcançar.

Você conhece alguém que compre seguro de vida no próprio banco? Não, nem nós. Muitos bancos de fato oferecem o serviço, mas a maioria dos clientes usa os bancos só mesmo para serviços bancários, e quando querem comprar um seguro procuram um corretor ou vão diretamente a uma seguradora.

Assim, enquanto aqueles americanos imbecis estavam sendo desancados nos meios de comunicação britânicos por dar

O QUE TÊM EM COMUM O REI SALOMÃO E DAVID LEE ROTH?

conselhos aos terroristas, que pessoas se sentiam de repente incentivadas a sair correndo para comprar seguros de vida no próprio banco? Alguém que quisesse disfarçar. E o nosso algoritmo já estava instalado, prestando muita atenção. Depois de aprender com as mentes privilegiadas descritas neste capítulo, lançávamos uma armadilha para atrair apenas os culpados. Ela os incitava, nas palavras do rei Salomão, a "emboscar apenas a si mesmos".

CAPÍTULO 8

Como convencer pessoas que não querem ser convencidas

Qualquer um que queira pensar como um Freak acaba em algum momento levando uma bicada de alguém.

Talvez você possa fazer uma pergunta incômoda, desafiar uma ortodoxia ou simplesmente tocar em um assunto que não devia ser mencionado. Em consequência, será xingado. Poderá ser acusado de conluio com bruxas, comunistas ou até economistas. Poderá entrar em uma briga e sair chamuscado. E então, o que acontece?

Nossa recomendação é simplesmente sorrir e mudar de assunto. Por mais difícil que seja estudar problemas com criatividade e apresentar soluções, na nossa experiência é ainda mais difícil convencer pessoas que não querem ser convencidas.

Mas se você estiver *de fato* decidido a convencer alguém, ou for posto contra a parede, mais vale tentar se sair o melhor possível. Nós bem que tentamos evitar brigas, mas já entramos em algumas, e pudemos aprender certas coisas.

Em primeiro lugar, saiba como a persuasão será difícil — e por quê.

A vasta maioria dos cientistas do clima acredita que o mundo está ficando mais quente, em parte em decorrência da atividade

PENSE COMO UM FREAK

humana, e que o aquecimento global representa um considerável risco. Mas a opinião pública americana parece muito menos preocupada. Por quê?

Um grupo de pesquisadores chamado Cultural Cognition Project (CCP), formado basicamente por juristas e psicólogos, tentou responder à pergunta.

O objetivo do CCP é determinar de que maneira a opinião pública forma seus pontos de vista em questões delicadas como as leis sobre acesso a armas de fogo, nanotecnologia e estupros cometidos por uma pessoa conhecida da vítima. No caso do aquecimento global, o CCP começou com a possível explicação de que a opinião pública simplesmente não acha que os cientistas do clima sabem do que estão falando.

Mas a explicação não parecia suficiente. Uma pesquisa de opinião realizada em 2009 pela Pew mostra que os cientistas são extremamente bem-vistos nos Estados Unidos, sendo a sua influência na sociedade considerada "essencialmente positiva" por 84% dos entrevistados. E como os cientistas têm investigado longa e profundamente o aquecimento global, coletando e analisando muitos dados, provavelmente estão em boas condições de conhecer os fatos.

Talvez, então, a resposta seja: ignorância. Talvez as pessoas que não estão preocupadas com as mudanças climáticas simplesmente "não sejam muito inteligentes", na avaliação de um pesquisador do CCP, "não tenham um bom nível educacional, não entendam os fatos como os cientistas". Parecia uma explicação melhor. Na mesma pesquisa, constatou-se que 85% dos cientistas consideram que "a opinião pública não entende muito de ciência" e que isso representa "um problema sério".

Para estabelecer se o desinteresse da opinião pública pode ser explicado por ignorância científica, o CCP efetuou uma pesquisa própria. Ela começava com perguntas para testar o grau de conhecimentos científicos e numéricos dos interessados.

COMO CONVENCER PESSOAS QUE NÃO QUEREM SER CONVENCIDAS

Eis algumas das perguntas numéricas:

1. Imagine que um dado de seis lados seja jogado mil vezes. Das mil jogadas, quantas vezes você acha que o dado daria um número par?
2. Um bastão e uma bola de beisebol custam no total 1,10 dólar. O bastão custa 1 dólar mais que a bola. Quanto custa a bola?

E aqui vão algumas das perguntas científicas:

1. *Verdadeiro ou falso*: O centro da Terra é muito quente.
2. *Verdadeiro ou falso*: É o gene do pai que determina se o bebê será um menino.
3. *Verdadeiro ou falso*: Os antibióticos matam tanto vírus quanto bactérias.*

Depois do questionário, os entrevistados deviam responder a outro conjunto de perguntas, entre as quais esta:

Qual o grau de risco que em sua opinião as mudanças climáticas representam para a saúde, a segurança e a prosperidade da humanidade?

Quais você acha que foram os resultados do levantamento? Não seria de esperar que as pessoas mais capazes em matemática e ciências tivessem maior probabilidade de apreciar a real ameaça representada pelas mudanças climáticas?

Sim, era exatamente isso que esperavam os pesquisadores do CCP. Mas não foi o que aconteceu. "De maneira global",

---

*Eis as respostas às perguntas numéricas, seguidas do percentual de entrevistados que responderam corretamente: (1) 500 (58%); (2) 5 centavos (12%). (Esta pergunta é bem mais ardilosa do que parece. Se você se deixou enganar — provavelmente achando que a bola custava 10 centavos —, retorne a ela, prestando atenção na palavra *mais*.) E agora as perguntas científicas: (1) Verdadeiro (86%); (2) Verdadeiro (69%); (3) Falso (68%).

PENSE COMO UM FREAK

concluíram eles, "os participantes mais preparados em termos científicos e numéricos tinham ligeiramente *menos* probabilidade, e não mais, do que os menos preparados de encarar as mudanças climáticas como uma ameaça grave."

Como é possível? Investigando mais, os pesquisadores do CCP encontraram outra surpresa nos dados colhidos. As pessoas que haviam se saído bem nos testes de matemática e ciências tinham maior probabilidade de ter pontos de vista *radicais* sobre as mudanças climáticas em uma das direções ou na outra — ou seja, de considerar que a questão era gravemente perigosa ou terrivelmente superestimada.

Parece estranho, não? As pessoas com maior capacidade em matéria científica ou matemática supostamente são mais bem informadas, mais educadas, e sabemos que a educação produz pessoas moderadas e esclarecidas, e não extremistas — não é mesmo? Não necessariamente. Os terroristas, por exemplo, tendem a ser consideravelmente mais educados que os não terroristas. E os pesquisadores do CCP constataram que o mesmo acontece com os extremistas das mudanças climáticas.

Como explicar isso?

Um dos motivos pode ser que as pessoas inteligentes simplesmente têm mais experiência com a sensação de ter razão, e portanto, também, maior confiança nos seus conhecimentos, qualquer que seja o lado de uma questão em que se posicionem. Mas o fato de alguém ter confiança em que está certo não significa que está certo de fato. Basta lembrar do que Philip Tetlock, estudando a capacidade de previsão dos sabichões da política, constatou ser um indicador certo dos que costumam errar em suas previsões: o dogmatismo.

As mudanças climáticas também podem ser um desses temas nos quais a maioria das pessoas simplesmente não pensa muito. O que é compreensível. As flutuações do clima de um ano para outro podem encobrir as tendências mais sutis de longo prazo; as mudanças ocorrem ao longo de décadas ou séculos.

COMO CONVENCER PESSOAS QUE NÃO QUEREM SER CONVENCIDAS

As pessoas estão ocupadas demais com a vida cotidiana para se preocupar muito com algo tão complexo e incerto. E assim, baseadas na emoção ou no instinto, e talvez em uma reação a alguma informação colhida muito tempo antes, escolhem uma posição e se fixam nela.

Quando alguém está muito aferrado à própria opinião, será inevitavelmente difícil mudar sua forma de pensar. E você então tenderia a concluir que deve ser muito fácil mudar os pontos de vista de pessoas que *não* pensaram muito seriamente em determinada questão. Mas não encontramos indicações claras disso. Mesmo em uma questão a que as pessoas não dão grande importância, pode ser difícil obter sua atenção por um lapso de tempo capaz de determinar uma mudança.

Richard Thaler e Cass Sunstein, pioneiros do movimento "cutucada", reconheceram a existência do problema. Em vez de tentar convencer as pessoas de que determinada meta é importante — seja economizar energia, alimentar-se melhor ou poupar mais para a aposentadoria —, é mais produtivo induzi-las com sutis cutucadas ou novos padrões. O negócio é tentar manter limpos banheiros masculinos públicos? Basta espalhar avisos convidando os usuários a fazer xixi com educação — ou, melhor ainda, pintar uma mosca no mictório e deixar que o instinto masculino de acertar em um alvo entre em ação.

Que significa então tudo isso se quisermos desesperadamente convencer alguém que não quer ser convencido?

O primeiro passo é reconhecer que a opinião da outra pessoa provavelmente se baseia menos em fatos e lógica do que em ideologia e hábitos de pensar do tipo rebanho. Se disséssemos isso sem rodeios, é claro que ela negaria. Seu raciocínio se baseia em uma série de vieses de que ela sequer se dá conta. Como escreveu Daniel Kahneman, verdadeiro sábio em matéria comportamental: "Podemos ser cegos para o óbvio, e também para a nossa cegueira." São poucos os que estão imunes a esse ponto cego. Isso se aplica a você, e a nós dois também. Assim, como disse certa vez o lendário jogador de basquete e filósofo Kareem Abdul-Jabbar: "É mais fácil pular de um avião — de preferência, de paraquedas — do que mudar de opinião."

Tudo bem. Como é então que se *pode* desenvolver uma argumentação capaz de realmente mudar alguns pontos de vista?

Não sou eu, mas você que importa.

Sempre que tentar convencer alguém, lembre-se de que você é apenas o gerador do argumento. O consumidor tem o único voto que realmente importa. Sua argumentação pode ser factualmente incontestável e logicamente irrespondível, mas, se não encontrar ressonância no interlocutor, você não conseguirá chegar a lugar algum. Recentemente, o Congresso americano promoveu uma campanha nacional ao longo de vários anos nos meios de comunicação para tentar dissuadir os jovens de consumir drogas. Ela foi criada por uma célebre agência publicitária e acionada por uma empresa de relações públicas do primeiro time, ao custo de quase 1 bilhão de dólares. Qual o percentual de diminuição do uso de drogas pelos jovens que você acha que foi possível obter com a campanha? Dez por cento? Vinte? Cinquenta? Eis o que constatou o *American Journal of Public Health*: "Na maioria das análises, não foi possível constatar efeitos da campanha", havendo na verdade "certas indicações de que ela teve efeitos favoráveis à maconha."

Não finja que o seu argumento é perfeito.

Se você sustentar um argumento que prometa só benefícios sem nenhum custo, seu interlocutor nunca vai engolir — nem deveria. Panaceias praticamente não existem. Se você tentar disfarçar as falhas do seu plano, servirá apenas para dar à outra pessoa motivos para duvidar de todo ele.

COMO CONVENCER PESSOAS QUE NÃO QUEREM SER CONVENCIDAS

Digamos que você tenha se tornado um intransigente defensor de uma nova tecnologia que em sua opinião vai mudar o mundo. Sua argumentação é mais ou menos assim:

A era do carro sem motorista — também conhecido como veículo autônomo — já está aí mesmo, e não podemos deixar de recebê-la de braços abertos. Ela vai salvar milhões de vidas e melhorar praticamente cada aspecto da nossa sociedade e economia.

E você poderia prosseguir indefinidamente. Poderia dizer que o desafio mais árduo — a própria tecnologia — já foi em grande medida vencido. Praticamente todos os grandes fabricantes de automóveis do mundo, além da Google, já testaram com êxito carros que usam um computador de bordo, GPS, câmeras, radar, leitura ótica a laser e atuadores para fazer tudo que um motorista humano é capaz de fazer — só que melhor. E como cerca de 90% das 1,2 milhão de mortes causadas anualmente pelo trânsito em todo o mundo — sim, *1,2 milhão de mortes* todo ano! — resultam de erros cometidos por motoristas, o carro sem motorista pode ser um dos maiores salva-vidas da história recente. Ao contrário dos seres humanos, um carro sem motorista não dirige com sono ou embriagado, nem mandando mensagens de texto ou passando rímel; não muda de pista ao mesmo tempo que joga ketchup na batata frita ou se volta para sapecar um beijo no filho no banco traseiro.

A Google já testou sua frota de carros sem motorista em percursos de mais de 800 mil quilômetros de estradas dos Estados Unidos sem causar qualquer acidente.* Mas a segurança não é a única vantagem. Pessoas idosas ou com alguma deficiência

---

*No acúmulo desses 800 mil quilômetros, os carros sem motorista da Google na verdade se envolveram em dois acidentes, mas em ambos o carro não estava no modo automático, sendo dirigido por um ser humano. No primeiro acidente, o carro da Google foi abalroado por trás em um sinal luminoso; no segundo, o motorista da Google se envolveu em uma pequena colisão sem maiores consequências quando dirigia o veículo manualmente.

PENSE COMO UM FREAK

física não teriam de dirigir para ir ao médico (ou, se preferirem, à praia). Os pais não precisariam preocupar-se com seus temerários filhos adolescentes ao volante. Todo mundo poderia beber sem hesitação ao sair à noite — uma boa notícia para restaurantes, bares e a indústria de bebidas alcoólicas. Como o carro sem motorista pode locomover-se de maneira mais eficiente no trânsito, os congestionamentos e a poluição provavelmente diminuiriam. E se esses carros pudessem ser programados para nos apanhar e nos deixar, não precisaríamos mais estacionar, liberando milhões de hectares de terrenos valiosos. Em muitas cidades americanas, 30% a 40% da superfície do centro são ocupados por estacionamentos.

Tudo isso parece muito bom, não é mesmo?

Mas é claro que nenhuma tecnologia nova é perfeita, especialmente algo de alcance tão vasto quanto a revolução do carro sem motorista. Se você quiser, então, que seu argumento seja levado a sério, é melhor reconhecer as possíveis desvantagens.

Para começo de conversa, a tecnologia pode ser milagrosa, mas ainda está em fase experimental e talvez nunca venha a ser tão boa quanto prometido. É verdade que os sensores de um carro sem motorista facilmente podem distinguir um pedestre de uma árvore, mas há muitos outros problemas a superar. É o que reconhecem os engenheiros da Google: "Será preciso resolver o problema das pistas cobertas de neve, interpretar sinalizações provisórias de obras e lidar com outras situações imprevistas enfrentadas por muitos motoristas."

E haverá ainda incontáveis obstáculos jurídicos e práticos, entre eles o fato de que muitas pessoas talvez nunca confiem em um computador como condutor de si mesmas ou de seus entes queridos.

E que dizer daqueles que dirigem profissionalmente? Quase 3% da força de trabalho americana — cerca de 3,6 milhões de pessoas — dão de comer à família dirigindo táxis, ambulâncias, ônibus, caminhões de entregas, tratores e outros veículos. Que se espera que façam quando essa nova tecnologia acabar com seu ganha-pão?

Que mais poderia dar errado em um futuro sem motoristas? Difícil dizer. O futuro, como vimos, é quase impossível de prever. O que não impede muitos dirigentes e técnicos de afirmar o contrário. O tempo todo eles querem que aceitemos que seus novos projetos — seja um projeto de lei ou um programa de computador — terão exatamente o desempenho previsto. O que raramente acontece. De modo que, se você quiser que seu argumento seja realmente persuasivo, é uma boa ideia reconhecer não só as falhas conhecidas como também as possíveis consequências imprevistas. Por exemplo:

À medida que diminuírem os inconvenientes e os custos de dirigir veículos automotores, será que usaremos tanto os carros sem motorista que eles acabarão gerando *ainda mais* congestionamento e poluição?

Eliminada a preocupação com motoristas bêbados, haverá acaso uma onda mundial de consumo desenfreado de bebidas alcoólicas?

Uma frota de carros controlados por computador não seria vulnerável à ação de *hackers*? E que poderá acontecer se algum terrorista cibernético empurrar todos os veículos a oeste do Mississippi na direção do Grand Canyon?

E se, em um belo dia de primavera, um carro com problemas de programação entrar em um playground e matar uma dezena de crianças?

Reconheça as razões da argumentação de seu oponente.

Se você está tentando convencer uma pessoa, por que diabos haveria de dar crédito ao argumento dela?

Um dos motivos é que a argumentação oposta certamente tem algum valor — algo com que você pode aprender e do qual pode fazer uso para reforçar seu próprio argumento. Pode parecer difícil de acreditar, pois você está muito imbuído do seu argumento, mas lembre-se: costumamos ficar cegos para a nossa própria cegueira.

Além disso, um oponente que sinta que seu argumento é ignorado provavelmente não se deixará convencer. Ele pode gritar e você também, mas é difícil convencer alguém com quem sequer conseguimos manter uma conversa civilizada.

Pense no carro sem motorista que acaba de passar por cima de um bando de crianças. Haveria alguma vantagem em fingir que esse tipo de acidente jamais aconteceria? Não conseguimos pensar em nenhuma. A morte dessas crianças deixaria todo mundo horrorizado; para os pais das vítimas, a simples ideia de um carro sem motorista haveria de se tornar impensável.

Mas imaginemos o caso de outros pais: os pais das crianças que hoje em dia morrem em acidentes de trânsito. Em todo o mundo, cerca de 180 mil crianças são mortas a cada ano, ou aproximadamente quinhentas por dia. Nos países ricos, esta é de longe a principal causa de morte de crianças entre cinco e catorze anos de idade, superando o total das quatro causas seguintes *juntas*: leucemia, afogamento, violência e ferimentos autoinfligidos. Só nos Estados Unidos, os acidentes de trânsito matam por ano mais de 1.100 crianças de até catorze anos, deixando outras 171 mil feridas.

Quantas vidas de crianças um carro sem motorista poderia salvar? Impossível dizer. Certos defensores da causa preveem que, com o tempo, a novidade praticamente eliminaria as mortes no trânsito. Mas vamos presumir aqui que isso seja otimismo demais. Digamos que o carro sem motorista diminuísse em 20% a taxa de mortes. Seriam salvas 240 mil vidas em todo o mundo a cada ano, entre elas as de 36 mil crianças. Trinta e seis mil pares de pais que não pranteariam pelos filhos mortos! E os casos mortais são apenas uma parte do problema. Aproximadamente 50 milhões de pessoas ficam feridas ou incapacitadas todo ano em acidentes de trânsito, com um custo financeiro estonteante:

COMO CONVENCER PESSOAS QUE NÃO QUEREM SER CONVENCIDAS

mais de meio trilhão de dólares por ano. Como seria bom diminuir esses números "apenas" 20%!

De modo que, sim, realmente devemos reconhecer a dor dos pais cujos filhos foram mortos quando aquele carro sem motorista entrou descontrolado pelo parquinho de diversões. Mas também devemos reconhecer que em grande medida já nos acostumamos à dor que milhões de pessoas enfrentam diariamente por causa de acidentes de trânsito.

Como chegamos a isso? Talvez aceitemos essa barganha simplesmente porque o carro é um elemento tão necessário e maravilhoso da nossa vida cotidiana. Ou talvez porque as mortes no trânsito se tornaram tão comuns — na maioria dos casos, nem chegam ao noticiário — que, ao contrário dos acontecimentos raros e espetaculares que de fato atraem nossa atenção, simplesmente não pensamos a respeito.

Em julho de 2013, um avião da Asiana Airlines procedente da Coreia do Sul caiu no aeroporto de San Francisco, causando a morte de três pessoas. O acidente mereceu ampla cobertura em praticamente todos os meios de comunicação do país. A mensagem era clara: as viagens aéreas podem ser mortais. Mas e se compararmos com as viagens de carro? Antes do acidente da Asiana, mais de quatro anos haviam se passado desde o último acidente fatal com um voo comercial nos Estados Unidos. Nesse período sem mortes em acidentes aéreos, mais de 140 mil americanos morreram em acidentes de trânsito.*

Quem haveria de objetar a uma nova tecnologia que salve até mesmo uma fração dessas vidas? Só mesmo um misantropo, um troglodita ou na melhor das hipóteses um simples idiota.

---

*Por maior que seja a diferença entre as mortes em carros e aviões, cabe notar que não é tão grande a variação dos índices de mortes por quilometragem, pois se costuma viajar um número consideravelmente maior de quilômetros em carros do que em aviões. Num dado ano, os motoristas norte-americanos cobrem quase 5 trilhões de quilômetros (sem contar os quilômetros percorridos por passageiros), ao passo que os passageiros das linhas aéreas nos Estados Unidos voam cerca de 912 bilhões de quilômetros (ou 0,91 trilhão).

PENSE COMO UM FREAK

Guarde os insultos para si mesmo.

Epa! Agora você começou a chamar seus oponentes de um bando de misantropos, trogloditas e idiotas. Já dissemos que xingar é uma ideia muito ruim quando se trata de tentar convencer alguém que não quer ser convencido? Como prova, basta ver o que acontece no Congresso americano, que nos últimos anos vem funcionando menos como um organismo legislativo e mais como um bando de estudantes alucinados empenhados em uma guerra de demarcação do território em um acampamento de verão.

Apesar de todas as suas realizações, os seres humanos podem ser animais frágeis. A maioria de nós não aceita críticas muito bem. Pesquisas recentes mostram que as informações negativas "pesam mais no cérebro", segundo a expressão de uma equipe de pesquisadores. Uma outra equipe expõe a questão em termos ainda mais contundentes: no psiquismo humano, "o mau é mais forte que o bom". O que significa que os acontecimentos negativos — crimes horrendos, acidentes terríveis e os mais variados tipos de dramáticas crueldades — deixam impressão desproporcional em nossa memória. Isso talvez explique por que somos tão ruins quanto se trata de avaliar riscos, e nos mostramos tão dispostos a superestimar perigos raros (como um acidente de avião que mata três pessoas em São Francisco). Significa também que a dor do feedback negativo encobre para muitas pessoas o prazer do feedback positivo.

Vejamos este recente estudo sobre os professores alemães. Revelou-se que os professores têm muito maior probabilidade de se aposentar cedo que outros funcionários públicos na Alemanha, sendo o principal fator responsável uma saúde mental deficiente. Uma equipe de pesquisadores médicos tentou determinar a causa do problema de saúde mental, analisando muitos fatores: carga de trabalho, tamanho das turmas e interações dos professores com colegas, alunos e pais. Destacou-se então um fator como principal elemento capaz de contribuir para

COMO CONVENCER PESSOAS QUE NÃO QUEREM SER CONVENCIDAS

a previsão de futuros problemas de saúde mental: o fato de o professor ser verbalmente insultado pelos alunos.

Desse modo, se você quiser atacar a saúde mental de um oponente, vá em frente, dizendo como ele é inferior, ou tapado, ou perverso. Mas ainda que esteja comprovadamente certo em cada ponto, nem por um minuto imagine que será capaz de convencê-lo. O xingamento vai transformá-lo em um inimigo, e não em um aliado, e se esse for o seu objetivo, o provável é que desde o início não estivesse mesmo interessado em persuasão.

Por que é bom contar histórias.

Deixamos para o fim a forma mais forte de persuasão que conhecemos. Claro que é importante reconhecer as falhas da sua argumentação e se abster de xingamentos, mas se você realmente quiser convencer alguém que não queira ser convencido, o melhor é contar uma história.

Não estamos falando de anedotas. Uma anedota é um instantâneo, um fragmento unidimensional do quadro mais global. Faltam-lhe escala, perspectiva e dados. (Como gostam de dizer os cientistas: *O plural de anedota não é dados.*) Uma anedota é algo que uma vez aconteceu a você, ou ao seu tio, ou ao contador do seu tio. Muitas vezes é algo atípico, uma exceção memorável desencavada na tentativa de refutar uma verdade mais ampla. *O contador do meu tio dirige bêbado o tempo todo, e nunca sofreu nenhum arranhão no carro. Será que dirigir bêbado é realmente perigoso?* As anedotas muitas vezes representam a forma mais elementar de persuasão.

Já uma história completa o quadro. Utiliza os dados, sejam estatísticos ou de outra natureza, para dar uma sensação de magnitude; sem os dados, não temos ideia de como uma história pode se enquadrar no esquema geral das coisas. Uma boa história também inclui a passagem do tempo, para evidenciar o grau de constância ou mudança; sem o contexto temporal, não temos como avaliar se estamos diante de algo realmente digno de nota ou apenas de uma anomalia. E uma história desenrola um encadeamento de acontecimentos, para mostrar as causas que conduzem a determinada situação e as consequências dela resultantes.

Infelizmente, nem todas as histórias são verdadeiras. Muito senso comum tem como ponto de partida simplesmente uma história que alguém vem contando há muito tempo — não raro por interesse próprio — e acaba sendo tratada como se fosse o Evangelho. De modo que sempre vale a pena questionar em que se baseia uma história e o que significa realmente.

Aqui vai, a título de exemplo, uma história que todos nós ouvimos há muito tempo: a epidemia de obesidade decorre da ingestão de muita comida gordurosa por parte de muitas pessoas. Parece correto, não? Se *ser* gordo é ruim, *comer* gordura também deve ser. Por que haveriam de dar o mesmo nome em inglês ao componente nutritivo (*fat*, gordura) e à condição de estar acima do peso (*fat*, gordo) se o componente não provocasse a condição? Foi essa a história que deu origem a 1 milhão de dietas e produtos de baixo teor de gordura, muitas vezes por iniciativa do governo americano.

Mas será verdade?

Existem pelo menos dois problemas nessa história: (1) são cada vez maiores os indícios de que ingerir gorduras é muito bom para nós, pelo menos certos tipos de gorduras, e com moderação; e (2) quando as pessoas paravam de comer gorduras, começavam a consumir mais açúcar e carboidratos transformados em açúcar pelo corpo — o que, ficou comprovado, representa uma enorme contribuição para a obesidade.

Uma evidência flagrante da força das histórias é que sejam tão persuasivas mesmo quando não são verdadeiras. Dito isso, queremos aqui encorajá-lo a se valer de uma porção tão generosa quanto possível da verdade em suas tentativas de convencer.

Por que as histórias são tão importantes?

Um dos motivos é que uma história tem um poder que vai além do óbvio. O conjunto é tão maior que a soma de suas partes — fatos, acontecimentos, contexto — que uma história gera profunda ressonância.

As histórias também têm um apelo para o narcisista em cada um de nós. À medida que uma história é desenrolada, com seus personagens movimentando-se no tempo e tomando decisões, nós inevitavelmente nos colocamos em seu lugar. *Exatamente, eu teria feito a mesma coisa! Não, não, não, eu jamais teria tomado uma decisão dessas!*

Talvez o melhor motivo para contar histórias seja simplesmente que elas capturam a atenção e portanto são boas para transmitir algum ensinamento. Digamos que haja uma teoria, um conceito ou um conjunto de regras que você precise transmitir. Embora algumas pessoas tenham a capacidade de captar diretamente uma mensagem complexa — estamos falando de vocês, engenheiros e cientistas da computação —, a maioria rapidamente se desliga quando uma mensagem é por demais clínica ou técnica.

Foi o problema enfrentado por Steve Epstein, na época advogado no Departamento de Defesa dos Estados Unidos. Como chefe do Escritório de Padrões de Conduta, ele tinha de instruir supervisores de vários departamentos governamentais sobre o que seus subordinados podiam ou não fazer. "E o problema, naturalmente, é manter esse treinamento sempre interessante e relevante", diz Epstein. "Para isso, descobrimos que a primeira coisa a fazer é entreter as pessoas, para que prestem atenção."

Epstein observou que uma simples enumeração das regras e regulamentos não funcionaria. Produziu então um livro de histórias verdadeiras intitulado *Enciclopédia do fracasso ético*. É um catálogo dos monumentais erros cometidos por funcionários federais, organizados em capítulos como "Abuso de poder", "Suborno", "Conflitos de interesse" e "Violações de atividades políticas". A *Enciclopédia* é uma das publicações mais divertidas da história do governo americano (o que, para dizer a verdade, não significa muito). Ficamos sabendo, por exemplo, do "funcionário federal cheio de iniciativa" que "estacionou sua van junto à porta do escritório certa noite e roubou todo o equipamento de informática", para então "tentar vender tudo em uma feira no dia seguinte". Ficamos sabendo do "oficial militar que foi repreendido por se fingir de morto para terminar um caso amoroso". E há também o caso da funcionária do Departamento de Defesa que usava seu escritório no Pentágono para vender imóveis. (Ao ser apanhada, ela prontamente deixou o organismo governamental e passou a se dedicar em tempo integral à corretagem de imóveis.)

O que a *Enciclopédia* provava, pelo menos para Steve Epstein e seus colegas no Pentágono, é que uma regra causa impressão muito mais forte quando uma história que sirva para ilustrá-la fica em nossa memória.

A mesma lição pode ser extraída de um dos livros mais lidos da história: a Bíblia. Qual é o "tema" da Bíblia? Claro que a resposta vai variar em função de cada pessoa. Mas podemos entrar em consenso que a Bíblia contém aquele que é talvez o mais influente conjunto de regras da história da humanidade: os Dez Mandamentos. Eles se tornaram o alicerce não só da tradição judaico-cristã, como de muitas sociedades. De modo que certamente a maioria de nós é capaz de recitar os Dez Mandamentos de trás para frente e de frente para trás, e de qualquer outra forma, certo?

Muito bem, então vá em frente e recite os Dez Mandamentos. Vamos lhe dar um minuto para revolver a memória...

...

...

...

COMO CONVENCER PESSOAS QUE NÃO QUEREM SER CONVENCIDAS

Tudo bem, aqui vão eles:

1. Eu sou o Senhor teu Deus, que te tirei da terra do Egito, da casa da servidão.
2. Não terás outros deuses diante de mim.
3. Não tomarás o nome do Senhor teu Deus em vão.
4. Lembra-te do dia do sábado, para o santificar.
5. Honra a teu pai e a tua mãe.
6. Não matarás.
7. Não cometerás adultério.
8. Não furtarás.
9. Não dirás falso testemunho contra o teu próximo.
10. Não cobiçarás a casa do teu próximo, não cobiçarás a mulher do teu próximo (...) nem coisa alguma do teu próximo.

Como foi que você se saiu? Provavelmente não muito bem. Mas não se preocupe — é o caso da maioria. Constatou-se em uma recente pesquisa que apenas 14% dos adultos americanos eram capazes de se lembrar dos Dez Mandamentos; apenas 71% chegavam a mencionar *um* mandamento. (Os três mandamentos mais lembrados foram os números 6, 8 e 10 — matar, roubar e cobiçar —, enquanto o número 2, proibindo os falsos deuses, ficou por último.)

Talvez você pense que isso fala menos das regras bíblicas que de nossa péssima memória. Mas pense no seguinte: na mesma pesquisa, 25% dos entrevistados eram capazes de mencionar os sete principais ingredientes de um Big Mac, enquanto 35% se lembravam dos nomes das seis crianças de *A Família Sol-Lá-Si-Dó*.

Se parece tão difícil lembrar o mais famoso conjunto de regras daquele que é provavelmente o mais célebre livro da história, o que será que *de fato* nos lembramos da Bíblia?

Das histórias. Lembramos que Eva deu a Adão uma maçã proibida, e que um de seus filhos, Caim, assassinou o irmão, Abel. Lembramos que Moisés abriu as águas do mar Vermelho para libertar os israelitas da escravidão. Lembramos que Abraão foi instruído a sacrificar o próprio filho em uma montanha — e lembramos até que o rei Salomão resolveu uma disputa entre duas mães ameaçando partir o bebê ao meio. São histórias que ninguém se cansa de contar, nem mesmo pessoas que nem de longe poderiam ser consideradas "religiosas". Por quê? Porque elas ficam na lembrança; nos emocionam; convencem-nos a contemplar a constância e a fragilidade da experiência humana de uma forma que simples regras não seriam capazes.

Vejamos o exemplo de uma outra história da Bíblia, sobre o rei Davi. Ele dormiu com uma mulher casada, Betsabá, e a engravidou. Para encobrir sua transgressão, Davi deu um jeito para que o marido dela, um soldado, fosse morto em combate. Davi então desposou Betsabá.

Deus enviou um profeta, chamado Nathan, para informar a Davi que seu comportamento era inaceitável. Mas como é que um humilde profeta pode transmitir semelhante mensagem ao rei de Israel?

Nathan contou-lhe uma história. Descreveu dois homens, um rico e o outro pobre. O rico tinha um enorme rebanho; o pobre, apenas um cordeiro, que tratava como um membro da família.

Certo dia, apareceu um viajante. O rico, disse Nathan ao rei Davi, de bom grado decidiu alimentar o forasteiro, mas não queria abater um animal do próprio rebanho. E assim pegou o carneiro do pobre, matou-o e o serviu ao viajante.

A história enfurece Davi:

— O homem que fez isso merece morrer — diz ele.

— Esse homem é você — responde-lhe Nathan.

Caso encerrado. Nathan não repreendeu Davi com regras — *Ei, não cobice a mulher do próximo! Ei, não mate! Ei, não cometa adultério!* —, muito embora Davi as tivesse infringido. Limitou-se a contar a história de um carneiro. Extremamente persuasivo.

O que estamos fazendo neste livro, na verdade, é contar histórias — sobre um campeão de comilança de cachorros-quentes, um detetive de úlceras, um homem que queria proporcionar

COMO CONVENCER PESSOAS QUE NÃO QUEREM SER CONVENCIDAS

cirurgias gratuitas às crianças mais pobres do mundo. Naturalmente, existem milhões de variações na maneira de contar uma história: a relação entre narrativa e dados; o ritmo, o fluxo e o tom; o ponto do arco narrativo em que "interferimos" na história, como observou o grande escritor e médico Anton Tchekhov. E as contamos com o intuito de convencê-lo a pensar como um Freak. Talvez não tenhamos alcançado pleno sucesso, mas o fato de você nos ter lido até aqui também parece indicar que não fracassamos completamente.

Nesse caso, vamos convidá-lo a ouvir mais uma história. Ela fala de um conselho já clássico que praticamente todo mundo recebeu em algum momento — e dos motivos para que você o ignore.

CAPÍTULO 9

O lado bom de desistir

Depois de todos esses anos, as palavras ainda ressoam: "Nunca desista, nunca desista, nunca, nunca, nunca — em coisa alguma, grande ou pequena, importante ou insignificante."

O orador era o primeiro-ministro britânico Winston Churchill, falando no internato de sua juventude, Harrow. Mas não era a típica exortação feita por homens como ele a meninos como aqueles, para que levassem a sério os estudos. A data era 29 de outubro de 1941, bem no meio do furacão da Segunda Guerra Mundial.

O exército de Hitler vinha devorando vastas extensões da Europa e além dela. A Grã-Bretanha era seu único formidável adversário — e, por isso mesmo, vinha pagando o preço. Aviões de guerra alemães bombardeavam a Grã-Bretanha sem parar há meses, matando dezenas de milhares de civis. Dizia-se que estava sendo preparada uma invasão alemã por terra.

A situação havia melhorado mais recentemente, mas ainda não dava para saber se a Grã-Bretanha conseguiria derrotar a Alemanha, ou mesmo se ainda existiria dentro de alguns anos. E assim as palavras de Churchill em Harrow naquele dia — "nunca desista, nunca, nunca, nunca" — adquiriam uma urgência e uma magnitude que inspirariam não só os meninos naquele dia, mas milhões de pessoas nos anos seguintes.

A mensagem era inequívoca: fracassar pode até ser, mas desistir, nunca. A versão americana diz assim: "Quem desiste

PENSE COMO UM FREAK

nunca vence, e quem vence nunca desiste." Desistir é revelar-se um covarde, um fujão, uma pessoa de pouco caráter — sejamos francos, um *derrotado*. Quem poderia discordar?

Um Freak.

Claro que se você for primeiro-ministro de uma grande nação enfrentando o risco de extinção, lutar até a morte é de fato a melhor alternativa. Mas para nós, em geral, as apostas não são tão altas assim. De fato pode haver uma grande vantagem em desistir quando isso é feito da maneira certa, e queremos aqui sugerir que você experimente.

Você já está envolvido com a coisa há muito tempo, qualquer que seja a "coisa" — um emprego, um trabalho acadêmico, uma *start-up* nos negócios, um relacionamento, um empreendimento caritativo, uma carreira militar, um esporte. Talvez seja um projeto dos sonhos no qual você já está envolvido há tanto tempo que nem se lembra o que o fazia sonhar no início. Nos seus momentos de maior honestidade, é fácil perceber que as coisas não estão funcionando muito bem. Por que, então, não desistiu?

Pelo menos três forças nos impedem de desistir. A primeira é ter passado a vida inteira ouvindo de candidatos a Churchill que desistir é sinal de fracasso.

A segunda é o conceito de *custos irrecuperáveis*. Trata-se exatamente do que parece ser: o capital em dinheiro, tempo ou suor que você já investiu em um projeto. Parece tentador acreditar que, tendo investido pesado em alguma coisa, seria contraproducente desistir. O que é conhecido como a *falácia dos custos irrecuperáveis*, ou, como prefere o biólogo Richard Dawkins, a *falácia do Concorde*, do nome do avião supersônico. Seus dois financiadores, os governos britânico e francês, desconfiavam que o Concorde não seria economicamente viável, mas já tinham gastado muitos bilhões para voltar atrás. Em épocas mais simples, isto era conhecido como *jogar dinheiro fora* — mas dinheiro

182

O LADO BOM DE DESISTIR

não é nem de longe o único recurso que as pessoas jogam na cilada dos custos irrecuperáveis. Basta lembrar do tempo, da massa cerebral e do capital social e político que você continuou despendendo em alguma iniciativa só porque não gostava da ideia de desistir.

A terceira força que impede as pessoas de desistir é a tendência a focar nos custos concretos, sem dar muita atenção aos *custos de oportunidade*. Trata-se da ideia segundo a qual, para cada unidade monetária, cada hora, ou cada célula cerebral que gastamos em determinada coisa, estamos abrindo mão da oportunidade de gastá-la em outra. Geralmente é fácil calcular custos concretos, mas o mesmo já não se dá com os custos de oportunidade. Se você quiser voltar a estudar para conseguir um MBA, sabe que o projeto lhe custará dois anos e 80 mil dólares — mas o que poderia ter feito com esse tempo e esse dinheiro se não voltasse aos bancos escolares? Ou digamos que há anos você seja um corredor profissional e que isso ainda seja uma parte importante da sua identidade — mas o que mais você poderia realizar se não estivesse castigando as juntas no asfalto vinte horas por semana? Será que não poderia fazer algo que tornasse sua vida, ou a vida de outras pessoas, mais satisfatória, produtiva e emocionante? Talvez. Se pelo menos você não estivesse tão preocupado com os custos irrecuperáveis... Se pudesse desistir...

Sejamos claros: não estamos propondo que você largue tudo para não fazer *nada*, para passar o dia inteiro de pijama no sofá, comendo pipoca e vendo televisão. Mas se estiver preso a um projeto, um relacionamento ou uma atitude mental que não funcione mais, e se os custos de oportunidade superarem os custos irrecuperáveis, aqui vão algumas maneiras de pensar no grande gesto de desistência.

Desistir em certa medida é difícil por ser equiparado a fracasso, e ninguém gosta de fracassar, ou pelo menos de ser visto como

PENSE COMO UM FREAK

alguém que fracassou. Mas será que o fracasso é necessariamente tão terrível assim?

Nós achamos que não. De cada dez projetos de pesquisa Freakonomics que empreendemos, cerca de nove são abandonados em menos de um mês. Por esse ou aquele motivo, revela-se que não somos as pessoas indicadas para levá-los adiante. Os recursos não são infinitos: não dá para resolver os problemas de amanhã se não quisermos deixar de lado as furadas de hoje.

E o fracasso tampouco deve ser considerado como perda total. Depois que começar a pensar como um Freak e a fazer experiências, você verá que o fracasso pode representar um valioso feedback. Foi o que entendeu o ex-prefeito de Nova York Michael Bloomberg. "Na medicina, na ciência, se alguém seguir um caminho que se revela sem saída, terá dado uma real contribuição, pois saberemos que não será mais preciso percorrer o mesmo caminho", disse ele. "Na imprensa, fala-se de fracasso. E assim as pessoas não querem inovar, não querem correr riscos no governo."

A civilização é uma cronista agressiva, quase maníaca, do sucesso. O que parece compreensível. Mas será que não estaríamos todos bem melhor se o fracasso não carregasse um tal estigma? Há quem pense assim, chegando a comemorar seus fracassos com bolo e festa.

A Intellectual Ventures, também conhecida como IV, é uma empresa de tecnologia sediada perto de Seattle com uma missão bem inusitada. Seu principal negócio é aquisição e licenciamento de patentes de alta tecnologia, mas ela também mantém uma antiquada loja de invenções. Certas invenções têm origem na própria empresa, ao passo que outras são sonhadas em alguma garagem do outro lado do mundo. As ideias variam de um novo tipo de reator nuclear a uma embalagem super-hermética para entrega de vacinas perecíveis na África subsaariana.

Em matéria de invenções, raramente se pode afirmar que haja falta de ideias. Numa sessão de livre debate criativo, ou *brainstorming*, um grupo de cientistas da IV pode sair com até cinquenta ideias. "É da própria natureza da invenção que a maioria das ideias não funcione", afirma Geoff Deane, diretor do laboratório da IV, onde ideias viáveis são testadas. "Saber quando chega a hora de abrir mão é um permanente desafio."

A primeira rodada de triagem e determinação de prioridades fica a cargo do exército de analistas técnicos, jurídicos e de negócios da empresa. Se uma ideia sobreviver a essa etapa, pode acabar chegando ao laboratório de Deane, um aglomerado de serras, microscópios, raios laser, tornos e computadores turbinados que se espraia por 4.500 m². Ali trabalha mais de uma centena de pessoas.

Quando uma invenção chega ao laboratório, explica Deane, duas forças estão em ação. "Uma delas realmente quer encontrar resultados. Outra não quer que você gaste uma tonelada de dinheiro ou tempo em uma ideia que não seja bem-sucedida. O negócio é fracassar depressa e barato. Uma espécie de mantra inventado no Vale do Silício. Eu prefiro 'fracassar bem', ou 'fracassar com inteligência'."

Cheio de otimismo, com sua cabeça raspada, Deane acumulou experiência como engenheiro civil e mecânico de fluidos. Segundo ele, o mais difícil na gestão de um laboratório "é fazer as pessoas entenderem que o risco faz parte da atividade, que se fracassarem bem serão autorizadas a fracassar de novo. Se tentarmos gastar apenas 10 mil dólares em nossos fracassos, em vez de 10 milhões, teremos a chance de fazer muito mais coisas". Nesse contexto, conclui ele, o fracasso "deve ser reconhecido como uma vitória".

Deane recorda-se de uma invenção que parecia destinada ao sucesso, em 2009. Era uma "superfície autoesterilizante", tecnologia que usava luz ultravioleta para eliminar micróbios. Só nos hospitais americanos, dezenas de milhares de pessoas morrem anualmente de infecções transmitidas por equipamentos médicos, maçanetas, interruptores, controles remotos

PENSE COMO UM FREAK

e superfícies de móveis. Não seria maravilhoso se todos esses objetos pudessem ser recobertos com materiais que eliminassem automaticamente as bactérias?

A superfície autoesterilizante valia-se de dois fenômenos científicos — a "reflexão interna total" e o "efeito de campo evanescente" — para expor intrusos microbianos a raios ultravioletas e assim esterilizá-los. Para testar o conceito, cientistas da IV escreveram dissertações, prepararam modelos informáticos, cultivaram bactérias e construíram protótipos. Era grande o entusiasmo em torno do projeto. Um dos fundadores da empresa, Nathan Myjrvold, começou a falar publicamente a respeito.

Como correram os testes? A superfície autoesterilizante revelou-se "altamente eficaz na eliminação de bactérias", afirma Deane.

Eram estas as notícias boas. A notícia ruim: a tecnologia necessária para comercializar a invenção era simplesmente cara demais. Não havia como levá-la adiante, pelo menos por ora. "Nós estávamos à frente do tempo", diz Deane. "Teríamos de esperar pelo surgimento de diodos emissores de luz com melhor relação custo-benefício."

Um projeto pode fracassar pelos mais diversos motivos. Às vezes, o empenho científico dá com os burros n'água; outras, surgem obstáculos políticos. Nesse caso, era a economia que se recusava a cooperar. Mas Geoff Deane estava satisfeito com o resultado. O trabalho avançara com rapidez, custando à empresa apenas 30 mil dólares. "É muito fácil que um projeto como esse se prolongue por seis meses", explica. "A tecnologia de modo algum fora perdida, mas o projeto precisava ser deixado de lado por um tempo."

Deane promoveu então um enterro à boa e velha maneira. "Chamamos todo mundo na cozinha, fizemos um bolo, dissemos algumas palavras de homenagem", conta ele. "Alguém tinha feito um caixão. Nós o levamos para fora — temos ali uma colina com bastante mato — e erigimos uma lápide." Em seguida, todo mundo voltou para dentro, para continuar a festa. Foi incrível o comparecimento: cerca de cinquenta pessoas. "Diante de uma oferta de comida e álcool no fim do dia, o normal é que as pessoas apareçam mesmo", diz Deane.

Quando o fracasso é demonizado, as pessoas tentam evitá-lo a qualquer custo — mesmo quando representa apenas um revés temporário.

Certa vez, demos consultoria a uma enorme rede multinacional de varejo que pretendia abrir sua primeira loja na China. Os principais executivos da empresa estavam profundamente comprometidos em que a inauguração se desse dentro do prazo. Cerca de dois meses antes, reuniram os responsáveis pelas sete equipes envolvidas na operação, pedindo a cada um deles um detalhado relatório. Todos eles foram positivos. Os chefes de equipe foram então convidados a escolher entre três sinais — uma luz verde, uma amarela e uma vermelha — aquele que indicasse seu nível de confiança no cumprimento do prazo. Os sete escolheram a luz verde. Excelente notícia!

Essa mesma empresa também havia criado um mercado interno de previsões, no qual qualquer empregado podia anonimamente fazer uma pequena aposta em diferentes diretrizes por ela adotadas. Uma das apostas dizia respeito à abertura da loja chinesa no prazo. Considerando que os sete chefes de equipe tinham dado luz verde, poderíamos esperar que os apostadores se mostrassem igualmente otimistas. Mas não. O mercado de previsões mostrava 92% de chances de que a loja *não* abrisse no prazo.

Adivinhe quem estava certo — os apostadores anônimos ou os chefes de equipe que tinham de assumir uma posição na frente dos chefes?

A loja da China não foi inaugurada no prazo.

PENSE COMO UM FREAK

É fácil identificar-se com os chefes de equipe que deram luz verde ao projeto. Quando um chefe entra em modo "vai dar tudo certo", é preciso muita coragem para falar de possíveis problemas. A política institucional, o ego e o impulso tomado conspiram contra. E "vai dar tudo certo" pode ter consequências muito mais trágicas que o atraso na inauguração de uma primeira loja na China.

No dia 28 de janeiro de 1986, a Nasa pretendia lançar o ônibus espacial *Challenger* do Centro Espacial Kennedy em Cabo Canaveral, na Flórida. O lançamento já tinha sido adiado várias vezes. A missão despertara enorme interesse na opinião pública, em grande parte porque fazia parte da tripulação uma civil, a professora Christa McAuliffe, de New Hampshire.

Na noite anterior ao lançamento, a Nasa teve uma longa teleconferência com engenheiros da Morton Thiokol, a fornecedora que construíra os motores de combustível sólido do *Challenger*. Entre eles estava Allan McDonald, o principal representante da Morton Thiokol no posto de lançamento. Estava inusitadamente frio na Flórida — com a previsão de uma temperatura mínima de 7,7 graus negativos durante a noite —, e McDonald e outros engenheiros da Morton Thiokol recomendaram que o lançamento fosse mais uma vez adiado. O frio, explicavam, poderia danificar anéis de vedação que impediam o escapamento de gases quentes dos impulsionadores do ônibus espacial. Esses impulsionadores nunca tinham sido testados abaixo de 11 graus positivos, e as previsões para aquela manhã eram de temperaturas muito inferiores.

Mas a Nasa foi contrária à decisão de adiamento de McDonald. Ele ficou surpreso. "Pela primeira vez o pessoal da Nasa ia de encontro a uma recomendação de que *não seria seguro* proceder ao lançamento", escreveria ele mais tarde. "Por alguma estranha razão, fomos desafiados a provar quantitativamente que o lançamento seria sem dúvida um fracasso, o que não éramos capazes de fazer."

188

O LADO BOM DE DESISTIR

Como recordaria McDonald posteriormente, seu chefe na sede da Morton Thiokol em Utah ausentou-se durante cerca de trinta minutos para discutir a situação com outros executivos da empresa. "Quando Utah voltou à teleconferência", escreveu McDonald, "a decisão tinha sido revogada." O lançamento estava oficialmente autorizado de novo.

McDonald ficou furioso, mas tinha perdido a parada. A Nasa pediu que a Morton Thiokol aprovasse a decisão de lançar o ônibus espacial. McDonald recusou-se, e o seu chefe aprovou. Na manhã seguinte, o *Challenger* foi lançado, como previsto, e explodiu no ar 73 segundos depois, matando toda a tripulação. A causa, como ficaria estabelecido por uma comissão presidencial, foi a falha dos anéis de vedação causada pela temperatura baixa.

O que há de notável — e de trágico — nessa história é que as pessoas que estavam por dentro haviam previsto exatamente a causa do fracasso. Você pode pensar que é muito raro que um grupo de pessoas com poder de decisão saiba com tanta precisão qual será a falha fatal de determinado projeto. Mas será mesmo? E se houvesse um jeito de dar uma espiada em qualquer projeto para ver se está fadado ao fracasso — ou seja, e se fosse possível descobrir como poderia ocorrer um fracasso, sem de fato chegar a fracassar?

É a ideia por trás do "pré-mortem", segundo a expressão do psicólogo Gary Klein. A ideia é simples. Muitas instituições já procedem a um post-mortem de projetos fracassados, na esperança de descobrir exatamente o que matou o paciente. O pré-mortem tenta descobrir o que *poderia* dar errado antes que seja tarde demais. São reunidas todas as pessoas ligadas a um projeto, para que tentem imaginar que ele foi lançado e fracassou terrivelmente. Em seguida, cada uma delas analisa por escrito os motivos exatos do fracasso. Klein constatou que o pré-mortem contribui para revelar as falhas ou dúvidas sobre um projeto de que ninguém estava disposto a falar.

PENSE COMO UM FREAK

O que parece indicar uma boa maneira de tornar um pré-mortem ainda mais útil: garantir o anonimato.

Parece fora de dúvida que o fracasso não é necessariamente inimigo do sucesso, desde que tenha seu papel devidamente reconhecido. Mas que dizer da desistência em si mesma? Tudo bem tentar mostrar as vantagens de desistir, chamando a atenção para os custos de oportunidade e a falácia dos custos irrecuperáveis. Mas haveria alguma prova de que a desistência leva a melhores resultados?

Carsten Wrosch, professor de psicologia na Concordia University, participou de uma série de pequenos estudos para descobrir o que acontece quando as pessoas desistem de metas "inatingíveis". Claro que decidir se uma meta é inalcançável provavelmente representa 90% da batalha. "Sim", reconhece Wrosch, "eu diria que esta é a pergunta de 1 milhão de dólares: quando lutar e quando desistir."

De qualquer maneira, Wrosch constatou que as pessoas que desistiam de metas inatingíveis encontravam benefícios físicos e psicológicos. "Elas têm, por exemplo, menos sintomas depressivos, menos emoções negativas", diz ele. "Também apresentam níveis mais baixos de cortisol, assim como níveis mais baixos de inflamação sistêmica, que é um marcador de funcionamento imunológico. E desenvolvem menos problemas de saúde física com o tempo."

A pesquisa de Wrosch é interessante, mas, sejamos honestos, não representa a prova cabal que se poderia desejar. Saber se "vale a pena" desistir é o tipo de pergunta inevitavelmente difícil de responder, pelo menos empiricamente. Como reunir os dados para responder a uma pergunta assim?

O melhor a fazer seria encontrar milhares de pessoas à beira da desistência, mas que não conseguem decidir qual o bom caminho. E então, com um toque da varinha de condão, você mandaria uma parte dessas pessoas, escolhida aleatoriamente, pelo caminho da desistência, enquanto o resto prosseguiria — limitando-se em seguida a observar como se desenrolariam suas vidas.

Infelizmente, não existe essa varinha. (Não que saibamos, pelo menos. Talvez a Intellectual Ventures — ou a Agência Nacional de Segurança americana, a NSA — esteja trabalhando nesse sentido.) Optamos então pela segunda melhor alternativa. Criamos um site na internet, chamado Freakonomics Experiments, e pedimos às pessoas que entregassem seu destino em nossas mãos. Veja o que dizia a *home page*:

ESTÁ COM ALGUM PROBLEMA?

Às vezes você enfrenta decisões importantes na vida e não sabe o que fazer. Já estudou a questão sob todos os ângulos. Mas, qualquer que seja a perspectiva, nenhuma decisão parece acertada.

No fim, qualquer que seja a escolha feita, será basicamente como ter jogado uma moeda para o alto.

Ajude-nos a fazer com que o Freakonomics Experiments jogue essa moeda para você.

Exatamente: nós pedíamos que as pessoas nos deixassem decidir seu futuro jogando uma moeda para o alto. Davamos garantias de anonimato, pedíamos que nos contassem seu dilema e então jogávamos a moeda. (Tecnicamente, era uma jogada de moeda digital, efetuada por um gerador de números aleatórios, o que assegurava isenção.) Cara significava desistir e coroa, manter-se firme. Também convidávamos os interessados a dar notícias dois meses depois e mais uma vez passado um semestre, para que pudéssemos ver se a desistência os tinha deixado mais ou menos felizes. E pedíamos que alguém mais — em geral um amigo ou parente — verificasse se o interessado de fato cumpria o veredicto da moeda.

Por absurdo que possa parecer, em questão de poucos meses o nosso site tinha atraído quantidade suficiente de candidatos à desistência para jogar para o alto mais de 40 mil moedas. A relação entre homens e mulheres era de aproximadamente 60-40; a idade média era de pouco menos de trinta anos. Cerca de 30% dos participantes eram casados, e 73% moravam nos Estados Unidos; os demais estavam espalhados pelo resto do mundo.

Nós apresentávamos um cardápio de decisões em toda uma série de categorias: carreira, educação, família, saúde, vida doméstica, relacionamentos e "para se divertir". Eis algumas das perguntas que se revelaram mais populares:

Será que devo deixar o emprego?
Será que devo voltar a estudar?
Será que devo fazer dieta?
Será que devo abandonar esse mau hábito?
Será que devo romper com meu/minha namorado/namorada?

Nem todas as decisões podiam ser tecnicamente consideradas uma "desistência". Nós jogávamos uma moeda quando alguém não conseguia decidir se devia fazer uma tatuagem ou começar a trabalhar como voluntário ou experimentar namoros online. Também permitíamos que as pessoas propusessem suas perguntas (embora regulássemos o programa para bloquear perguntas contendo palavras como "assassinato", "roubar" ou "suicídio"). Só para dar uma ideia, aqui vão algumas das perguntas propostas pelos interessados:

Será que devo sair do exército?
Será que devo parar de usar drogas ilegais?
Será que devo namorar meu chefe?
Será que devo parar de assediar o objeto da minha paixão?
Será que devo largar a faculdade?
Será que devo ter o quarto filho desejado pelo meu marido?

O LADO BOM DE DESISTIR

Será que devo largar a religião mórmon?
Será que devo tornar-me cristão?
Será que devo implantar uma ponte de safena ou fazer uma angioplastia?
Será que devo trabalhar como banqueiro de investimentos em Londres ou como agente de private equity em Nova York?
Será que devo reorganizar minha carteira de aplicações ou deixar como está?
Será que devo reformar o banheiro ou acabar primeiro o porão?
Será que devo ir ao casamento da minha irmã mais nova na Carolina do Norte?
Será que devo sair do armário?
Será que devo desistir do meu sonho de ser músico?
Será que devo vender minha motocicleta?
Será que devo tornar-me vegano?
Será que devo deixar minha talentosa filha largar o piano?
Será que devo começar no Facebook uma campanha pelos direitos das mulheres libanesas?

Ficamos pasmos de ver o número de pessoas que se dispunha a entregar seu destino nas mãos de estranhos com uma moeda. Claro que elas não teriam chegado ao nosso site se já não estivessem inclinadas a promover alguma mudança. Nem poderíamos forçá-las a obedecer à moeda. Mas, de maneira geral, 60% das pessoas de fato seguiram a indicação da sorte — o que significa que milhares fizeram uma escolha que não teriam feito se a moeda pousasse em posição diferente.

Como se poderia esperar, a moeda não tinha o mesmo impacto em decisões realmente importantes, como deixar o emprego, mas ainda em tais casos exercia alguma influência. As pessoas mostravam-se particularmente dispostas a seguir a determinação da moeda nas seguintes questões:

Será que eu peço um aumento?
Será que abandono esse mau hábito?
Será que me dou ao luxo de algo divertido?

Será que me inscrevo em uma maratona?
Será que deixo crescer a barba ou o bigode?
Será que devo romper com meu/minha namorado/a?

Nessa última questão — o rompimento romântico — fomos responsáveis pela dissolução de cerca de cem casais. (Aos amantes rejeitados: perdão!) Por outro lado, dada a natureza da sorte pela moeda, também fomos responsáveis por manter juntos outros cem casais que talvez tivessem rompido se a moeda tivesse dado cara.

A experiência ainda está em curso e os resultados continuam a chegar, mas já dispomos de dados suficientes para tirar algumas conclusões preliminares.

Verifica-se que certas decisões aparentemente não afetam em nada a felicidade das pessoas. Um exemplo: deixar crescer pelos no rosto. (Não poderíamos dizer que foi uma grande surpresa.)

Certas decisões deixavam as pessoas consideravelmente *menos* felizes: pedir um aumento, dar-se ao luxo de algo divertido e se inscrever em uma maratona. Nossos dados não nos permitem dizer *por que* tais escolhas faziam as pessoas infelizes. Pode ser que, ao não obter um aumento solicitado, você fique ressentido. E talvez treinar para uma maratona seja muito mais interessante em teoria que na prática.

Certas mudanças, por outro lado, de fato deixavam as pessoas mais felizes, entre elas duas das desistências de maior peso: romper com o namorado/namorada e deixar um emprego.

Será que provamos definitivamente que, em média, as pessoas têm maior probabilidade de se sentirem melhores quando largam mais empregos, relacionamentos ou projetos? Nem de longe. Mas tampouco encontramos nos dados disponíveis qualquer indicação de que desistir cause infelicidade. De modo que esperamos que da próxima vez que você se deparar com uma decisão difícil, tenha isso em mente. Ou quem sabe apenas jogue

O LADO BOM DE DESISTIR

uma moeda para o alto. Claro que pode parecer estranho mudar sua vida com base em um acontecimento totalmente aleatório. E pode parecer ainda mais estranho abrir mão da responsabilidade por suas próprias decisões. Mas o fato de depositar sua confiança em uma moeda atirada para o alto — ainda que se trate de uma decisão das mais ínfimas — pode pelo menos imunizá-lo contra a crença de que desistir é necessariamente um tabu.

Como vimos antes, somos todos escravos das nossas tendências. Talvez seja por isso que nós dois encaramos a desistência com tanta naturalidade. Ambos sempre fomos capazes de desistências em série, e ficamos bem satisfeitos com o rumo que as coisas tomaram.

Um de nós — Levitt, o economista — tinha absoluta certeza desde os nove anos de idade de que seria jogador profissional de golfe. Quando não estava praticando, fantasiava que seria o próximo Jack Nicklaus. Seus progressos foram consideráveis. Aos dezessete, ele participou do campeonato amador estadual de Minnesota. Mas seu parceiro de jogo durante as eliminatórias — um garoto baixo e atarracado de catorze anos, sem nada de atlético — estava sempre à sua frente, derrotando-o invariavelmente. *Se eu não consigo derrotar esse garoto*, pensou ele, *como é que vou chegar a ser um profissional?* O sonho de uma vida inteira era sumariamente cancelado.*

Anos depois, ele se matriculou em um pós-doutorado em economia, não porque achasse que seria divertido seguir a carreira econômica, mas porque era um bom pretexto para deixar um emprego de consultoria em administração que detestava.

---

*Olhando em retrospecto, Levitt talvez tenha desistido muito facilmente. O garoto atarracado era Tim "Rechonchudo" Herron, que no momento em que escrevemos se aproxima do vigésimo ano como membro do PGA Tour, já tendo ganhado ao longo da carreira mais de 18 milhões de dólares.

PENSE COMO UM FREAK

Voltou-se para a economia política, e sob todos os aspectos a sua carreira ia bem. Apenas um problema: a economia política não era nada divertida. Sim, era um campo "importante", mas o trabalho em si mesmo não podia ser mais árido.

Havia, aparentemente, três alternativas:

1. Seguir em frente.
2. Deixar de lado a economia e se mudar para a casa de papai e mamãe.
3. Encontrar na economia uma especialidade que não fosse tão tediosa.

Número 1 era a escolha mais fácil. Mais algumas publicações e nosso herói provavelmente conquistaria o cargo de professor titular em um importante departamento de economia. Essa opção explorava o que os acadêmicos costumam chamar de *viés do status quo*, a preferência por manter as coisas tal como estão — e, com certeza, uma importante força contra desistir do que quer que seja. Número 2 tinha um certo apelo intrínseco, mas, depois de experimentá-la uma vez sem grande sucesso, ele a dispensou. Número 3 tinha ressonância. Mas havia alguma atividade de que gostasse que fosse capaz também de dar novo impulso à sua carreira acadêmica?

De fato havia: ver *Cops* na televisão. *Cops* foi um dos primeiros *reality shows* da era moderna.* Não tinha nada de classudo e provavelmente nem era "importante", mas era incrivelmente divertido. E até viciante. Toda semana, os espectadores seguiam as aventuras dos tiras em Baltimore, Tampa ou até Moscou, perseguindo bêbados, ladrões de carro e espancadores de mulheres. O programa não tinha absolutamente nada de científico, mas

---

*Curiosamente, a ideia de *Cops* já vinha circulando havia anos, mas só obteve luz verde quando da greve do Writers Guild, o sindicato de roteiristas de cinema, em 1988. De uma hora para outra, as redes ficaram mais interessadas em realismo. "Uma série sem narrador, sem apresentador, sem roteiro, sem reprise lhes parecia excelente na época", recordaria John Langley, um dos criadores do programa.

O LADO BOM DE DESISTIR

dava o que pensar. *Por que tantos criminosos e vítimas bêbados? O controle de armas realmente funciona? Quanto ganham os traficantes de drogas? Que é mais importante, o número de policiais ou a tática que empregam? O fato de se trancafiar um bando de criminosos diminui as taxas de criminalidade ou simplesmente estimula outros criminosos mais audaciosos a tomar seu lugar?*

Assistir a algumas dezenas de horas de *Cops* levantava questões suficientes para alimentar uma década de fascinantes investigações acadêmicas. (Talvez ficar sentado em um sofá comendo pipoca e vendo televisão *não seja* assim tão terrível!) E assim, sem mais nem menos, descortinava-se uma nova carreira: a economia da criminalidade. Era um mercado com pouca oferta de profissionais, e embora não fosse importante como a economia política, a macroeconomia ou a economia do trabalho, seria perfeitamente capaz de manter esse economista longe da casa dos pais. E foi assim que ele desistiu de ser um economista importante.

O outro autor deste livro desistiu de um sonho de infância e de um emprego dos sonhos. Tocava música desde pequeno, e na faculdade participou da fundação de uma banda de rock, The Right Profile, do título de uma canção do álbum *London Calling*, do Clash. No início meio irregular, ela melhorou com o tempo. Nos melhores momentos, parecia uma estranha mistura de Rolling Stones, Bruce Springsteen e uns punks do interior que não tinham nada muito melhor a oferecer. Depois de alguns anos, a banda assinou contrato com a Arista Records e começou a abrir caminho.

Fora incrivelmente divertido chegar até ali. O empresário Clive Davis, da Arista, tinha descoberto a banda no CBGB, o pulguento clube de Nova York onde bandas como Ramones e Talking Heads fizeram nome. Mais tarde, Davis convidou a Right Profile a seu pretensioso escritório no centro e botou Aretha Franklin para falar com os rapazes no telefone sobre as maravilhas da Arista. Nosso candidato a estrela do rock teve conversas

PENSE COMO UM FREAK

mais substanciais sobre carreira com o próprio Springsteen, o pessoal do R.E.M., então em franca ascensão, e outros heróis musicais. Era realmente embriagador estar tão próximo do seu sonho de infância. E então ele desistiu.

Em algum momento, havia percebido que, por mais empolgante que fosse subir em um palco com uma guitarra e sair pulando como um doido, o estilo de vida de uma estrela de rock não o atraía realmente. Visto de fora, perseguir fama e fortuna parecia fantástico. Mas quanto mais tempo ele passava com pessoas que tinham chegado lá, mais percebia que não era o que realmente queria. Significava viver na estrada, sem muito tempo para a solidão; significava levar uma vida no palco. Ele se deu conta de que preferiria estar em uma sala tranquila com uma bela janela, escrevendo, e à noite voltar para casa, ao encontro da mulher e dos filhos. Foi então o que passou a buscar.

Entrou, assim, para a faculdade, e passou alguns anos escrevendo o que quer que fosse para quaisquer publicações que o aceitassem. E então, como se fosse um chamado do céu, o *New York Times* lhe ofereceu um emprego dos sonhos. Para o filho de um jornalista do interior, parecia uma sorte absurda. Durante o primeiro ano de trabalho no *Times*, ele se beliscava todo dia. Ao primeiro ano sucederam-se mais cinco... e então ele desistiu de novo. Por mais empolgante e gratificante que fosse o jornalismo, ele se deu conta de que preferiria trabalhar por conta própria, escrevendo livros — como este.

Nós dois tivemos mais sorte e nos divertimos mais escrevendo livros juntos do que jamais teríamos imaginado.

O que, naturalmente, nos leva à pergunta: Será que deveríamos ouvir nossos próprios conselhos e pensar em desistir? Depois de três livros da série *Freakonomics*, será que ainda temos algo a dizer — e alguém ainda vai prestar atenção? Talvez tenha chegado o momento de entrarmos no site Experiments

O LADO BOM DE DESISTIR

para ver o que a moeda tem a dizer. Se você nunca mais ouvir falar de nós, vai saber que deu cara...

Agora que chegamos às últimas páginas, já ficou perfeitamente óbvio: a capacidade de desistir está no cerne da possibilidade de pensar como um Freak. Ou, se a palavra ainda o assusta, podemos falar de "desapegar". Desapegar-nos do senso comum que nos atormenta. Desapegar-nos dos limites artificiais que nos prendem — e do medo de reconhecer que não sabemos o que não sabemos. Desapegar-nos dos hábitos mentais que nos dizem para chutar no canto, embora tenhamos mais chances optando pelo meio.

Poderíamos acrescentar que Winston Churchill, apesar da famosa recomendação aos alunos de Harrow, foi na verdade um dos maiores protagonistas de grandes desistências da história. Pouco depois de entrar para a política, ele trocou de partido, e mais tarde abandonou o governo. Ao voltar, trocou novamente de partido. E quando não estava desistindo, ele era posto para correr. Passou anos no ostracismo político, denunciando a contemporização da Grã-Bretanha com os nazistas, e só foi chamado de volta a um cargo político quando o fracasso dessa política levou à guerra. Mesmo nos piores momentos, Churchill não recuou 1 centímetro frente a Hitler; tornou-se o "maior de todos os chefes guerreiros britânicos", no dizer do historiador John Keegan. Talvez tenha sido aquela longa série de desistências que ajudou Churchill a forjar a força e a coragem para o enfrentamento quando era realmente necessário. Àquela altura, ele já sabia o que valia a pena deixar para trás, e o que não.

Muito bem, então: demos o nosso recado. Como você viu, não existe mágica. Limitamo-nos a estimulá-lo a pensar um pouco diferente, com um pouco mais de persistência, de liberdade.

PENSE COMO UM FREAK

Agora é a sua vez! Naturalmente, esperamos que tenha gostado do livro. Mas nossa maior satisfação seria que ele o ajudasse, ainda que só um pouco, a tomar a iniciativa de corrigir algum equívoco, aliviar um peso ou mesmo — se for o seu caso — comer mais cachorros-quentes. Boa sorte, e não deixe de nos informar sobre o que acabou fazendo.* Tendo chegado a este ponto, você também já é um Freak. De modo que estamos todos juntos nesta.

---

*Mande algumas linhas para thinklikeafreak@freakonomics.com.

Agradecimentos

Nosso maior agradecimento, como sempre, vai para as pessoas incríveis que nos autorizaram a contar suas histórias neste livro e abriram suas portas, suas memórias e até seus livros contábeis.

Como sempre, Suzanne Gluck é nossa Estrela do Norte e Henry Ferris foi o homem certo na função certa. Um milhão de obrigados aos dois, e a todos na WME e na William Morris. E também a Alexis Kirschbaum e todas as outras pessoas maravilhosas na Penguin UK, no presente e no passado.

Jonathan Rosen contribuiu com mais um par de olhos — extraordinariamente perspicazes — quando eram extremamente necessários.

Bourree Lam mostrou-se incansável na pesquisa e na assistência de maneira geral; Laura L. Griffin foi uma excelente verificadora de informações.

Alô, Harry Walker Agency: vocês são os melhores!

Um agradecimento especial a Erin Robertson e a todo mundo no Becker Center e no Greatest Good; e também à talentosa equipe da Freakonomics Radio: Chris Bannon, Collin Campbell, Gretta Cohn, Andrew Gartrell, Ryan Hagen, David Herman, Diana Huynh, Suzie Lechtenberg, Jeff Mosenkis, Chris Neary, Greg Rosalsky, Molly Webster, Katherine Wells e todo mundo na WNYC.

De SDL: Às pessoas mais próximas de mim, obrigado por tudo; vocês são melhores do que eu mereço.

De SJD: A Anya Dubner e Solomon Dubner e Ellen Dubner: vocês me dão conforto e alegria, piruetas e noz-moscada, explosões de amor, em todos os dias da minha vida.

Notas

Você encontrará abaixo as fontes das histórias mencionadas neste livro. Somos gratos aos muitos estudiosos, autores e outros com os quais nos sentimos em dívida pelas pesquisas com que pudemos contar. Queremos também fazer um brinde à Wikipedia. Ela melhorou incomensuravelmente nos anos em que vimos escrevendo nossos livros; revela-se extraordinariamente valiosa como primeira parada para a descoberta de fontes primárias sobre praticamente qualquer tema. Nossos agradecimentos a todos que contribuíram para ela intelectual, financeiramente e de outras maneiras.

CAPÍTULO 1: QUE SIGNIFICA PENSAR COMO UM FREAK?

p. 11   **"AINDA 'VALE A PENA' TER DIPLOMA UNIVERSITÁRIO?":** Ver Stephen J. Dubner, "Freakonomics Goes to College, Parts 1 and 2", Freakonomics Radio, 30 de julho de 2012 e 16 de agosto de 2012. Quanto à importância da faculdade e do retorno do investimento, é um tema tratado amplamente e muito bem pelo economista David Card. Ver também Ronald G. Ehrenberg, "American Education in Transition", *Journal of Economic Perspectives* 26, nº 1 (inverno de 2012). / p. 11 **"É uma boa ideia legar um negócio de família à geração seguinte?":** Ver Stephen J. Dubner, "The Church of Scionology", Freakonomics Radio, 3 de agosto de 2011. Alguns dos estudos relevantes: Marianne Bertrand e Antoinette Schoar, "The Role of Family in Family Firms", *Journal of Economic Perspectives* 20, nº 2, primavera de 2006); Vikas Mehrotra, Randall Morck, Jungwook Shim e Yupana

Wiwattanakantang, "Adoptive Expectations: Rising Sons in Japanese Family Firms", *Journal of Financial Economics* 108, nº 3 (junho de 2013); e Francisco Perez-Gonzalez, "Inherited Control and Firm Performance", *American Economic Review* 96, nº 5 (2006). / p. 11 **"Por que não se ouviu mais falar da epidemia de síndrome do túnel do carpo?"**: Ver Stephen J. Dubner, "Whatever Happened to the Carpal Tunnel Epidemic?", Freakonomics Radio, 12 de setembro de 2013. Extraído de pesquisa de Bradley Evanoff, médico que se especializou em medicina ocupacional na Universidade de Washington; entre seus estudos relevantes: T. Armstrong, A. M. Dale, A. Franzblau e Evanoff, "Risk Factors for Carpal Tunnel Syndrome and Median Neuropathy in a Working Population", *Journal of Occupational and Environmental Medicine* 50, nº 12 (dezembro de 2008).

p. 12 IMAGINE QUE VOCÊ É UM JOGADOR DE FUTEBOL: As estatísticas nesta seção foram extraídas de: Pierre-Andre Chiappori, Steven D. Levitt, Timothy Groseclose, "Testing Mixed-Strategy Equilibria When Players Are Heterogeneous: The Case of Penalty Kicks in Soccer", *The American Economic Review* 92, nº 4 (setembro de 2002); ver também Stephen J. Dubner e Steven D. Levitt, "How to Take Penalties: Freakonomics Explains", *The (U.K.) Times*, 12 de junho de 2010. Sobre a velocidade da bola de futebol, ver Eleftherios Kellis e Athanasios Katis, "Biomechanical Characteristics and Determinants of Instep Soccer Kick", *Journal of Sports Science and Medicine* 6 (2007). Obrigado a Solomon Dubner por sua ajuda neste trecho e por seu grande interesse pelo futebol.

p. 17 "SE VOCÊ VIVE DE MAU HUMOR, QUEM VAI QUERER CASAR COM VOCÊ?": Dito pelo incontível e inimitável Justin Wolfers em Stephen J. Dubner, "Why Marry, Part 1", Freakonomics Radio, 13 de fevereiro de 2014. Ver: Betsey Stevenson e Wolfers, "Marriage and Divorce: Changes and Their Driving Forces", documento de trabalho NBER 12944 (março de 2007); Alois Stutzer e Bruno S. Frey, "Does Marriage Make People Happy, or Do Happy People Get Married?", documento de reflexão IZA (outubro de 2005).

NOTAS

p. 18 ATÉ AS PESSOAS MAIS INTELIGENTES TENDEM A BUSCAR COMPROVAÇÃO DAQUILO QUE JÁ PENSAM: Ver Stephen J. Dubner, "The Truth Is Out there... Isn't It?", Freakonomics Radio, 23 de novembro de 2011; extraído de pesquisas efetuadas, entre outros, pelo Cultural Cognition Project. / p. 19 **Também é tentador seguir o rebanho**: Ver Stephen J. Dubner, "Riding the Herd Mentality", Freakonomics Radio, 21 de junho de 2012.

p. 19 "POUCAS PESSOAS PENSAM MAIS DE DUAS OU TRÊS VEZES POR ANO": Como acontece com frequência com as citações históricas, é difícil verificar a autenticidade desta, mas no mínimo Shaw ficou famoso em sua época por ter dito isto. Em 1933, a *Reader's Digest* atribuiu a citação a ele, assim como muitas outras publicações. Nossos cumprimentos a Garson O'Toole, do QuoteInvestigator.com, que ajudou muito na identificação desta citação.

p. 19 O ASSENTO PARA BEBÊ NO CARRO É UMA PERDA DE TEMPO: Ver Joseph J. Doyle Jr. e Steven D. Levitt, "Evaluating the Effectiveness of Child Safety Seats and Seat Belts in Protecting Children From Injury", *Economic Inquiry* 48, nº 3 (julho de 2010); Stephen J. Dubner e Levitt, "The Seat-Belt Solution", *The New York Times Magazine*, 10 de julho de 2005; Levitt e Dubner, *SuperFreakonomics* (William Morrow, 2009). / p. 19-20 **O movimento de consumo de alimentos produzidos localmente pode na verdade prejudicar o meio ambiente**: Ver Christopher L. Weber e H. Scott Matthews, "Food-Miles and the Relative Climate Impacts of Food Choices in the United States", *Environmental Science & Technology* 42, nº 10 (abril de 2008); e Stephen J. Dubner, "You Eat What You Are, Part 2", Freakonomics Radio, 7 de junho de 2012.

p. 20 NOSSO DESASTROSO ENCONTRO COM DAVID CAMERON: Agradecemos a Rohan Silva pelo convite para este e outros encontros (embora nunca mais com o próprio sr. Cameron!) e a David Halpern e seu Behavioral Insights Team. / p. 22 **"O que os ingleses têm de mais parecido com uma religião"**: Ver Nigel Lawson, *The View from 11: Memoirs of a Tory Radical* (Bantam Press, 1992) / p. 22 **Custos de manutenção do sistema de assistência à saúde no Reino Unido**: Ver Adam Jurd, "Expenditure on Healthcare in the UK, 1997-2010", Office for National Statistics, 2 de maio de 2012. / p. 22 **Detalhes biográficos de David Cameron**: Baseamo-nos particularmente no livro de Francis Elliott e James Hanning, *Cameron: Practically a Conservative* (Fourth Estate, 2012), publicado originalmente como *Cameron: The Rise of the New Conservative, a thorough if somewhat tabloidy biography.* / p. 24 **Uma enorme parte dos custos recai nos meses finais**: Para um interessante debate sobre assistência médica no fim da vida, ver Ezekiel J. Emanuel, "Better, if Not Cheaper, Care", *New York Times*, 4 de janeiro de 2013.

CAPÍTULO 2: AS TRÊS PALAVRAS MAIS DIFÍCEIS DA LÍNGUA INGLESA

p. 27   UMA GAROTINHA CHAMADA MARY: Um agradecimento especial a Amanda Waterman, psicóloga do desenvolvimento na Universidade de Leeds. Existe uma literatura limitada mas interessante sobre a questão das perguntas impossíveis de responder, seja entre crianças ou adultos, com importante contribuição de Waterman. Ver Waterman e Mark Blades, "Helping Children Correctly Say 'I Don't Know' to Unanswerable Questions", *Journal of Experimental Psychology: Applied* 17, nº 4 (2011); Waterman, Blades e Christopher Spencer, "Interviewing Children and Adults: The Effect of Question Format on the Tendency to Speculate", *Applied Cognitive Psychology* 15 (2001); Waterman e Blades, "The Effect of Delay and Individual Differences on Children's Tendency to Guess", *Developmental Psychology* 49, nº 2 (fevereiro de 2013); Alan Scoboria, Giuliana Mazzoni e Irving Kirsch, "'Don't Know' Responding to Answerable and Unanswerable Questions During Misleading and Hypnotic Interviews", *Journal of Experimental Psychology: Applied* 14, nº 3 (setembro de 2008); Claudia M. Roebers e Olivia Fernandez, "The Effects of Accuracy Motivation and Children's and Adults' Event Recall, Suggestibility, and Their Answers to Unanswerable Questions", *Journal of Cognition and Development* 3, nº 4 (2002).

NOTAS

p. 28 **"TODO MUNDO TEM DIREITO A SUAS PRÓPRIAS OPINIÕES, MAS NÃO A SEUS PRÓPRIOS FATOS":** Moynihan fez esta afirmação em uma Conferência do Instituto de Economia Jerome Levy no National Press Club em Washington, D.C., a 26 de outubro de 1995. Segundo *The Dictionary of Modern Proverbs* (Yale University Press, 2012), de Charles Clay Doyle, Wolfgang Mieder e Fred R. Shapiro, a frase foi pronunciada originalmente por Bernard M. Baruch.

p. 28 **A CRENÇA NO DIABO E OS "EMPREENDEDORES DO ERRO":** Obrigado a Ed Glaeser por levantar a questão em conferência pronunciada em abril de 2006 na Universidade de Chicago, em homenagem a Gary Becker. Os dados de pesquisas sobre o diabo provêm de European Values Study 1990: Integrated Dataset (EVS, 2011), GESIS Data Archive, Colônia. Os dados sobre os atentados de setembro de 2001 provêm de pesquisa Gallup: "Blame for Sept. 11 Attacks Unclear for Many in Islamic World", 1º de março de 2002; ver também Matthew A. Gentzkow e Jesse M. Shapiro, "Media, Education and Anti-Americanism in the Muslim World", *Journal of Economic Perspectives* 18, nº 3 (verão de 2004).

p. 31 **A FALTA DE SENTIDO DAS PREVISÕES: "Previsão é muito difícil...":** Niels Bohr "gostava de citar" esta frase; ela está fortemente associada a um compatriota dinamarquês, o conhecido cartunista Storm P., sendo provável, no entanto, que tampouco ele seja o autor original. / p. 31 **Um dos estudos de mais repercussão**: Ver Philip E. Tetlock, *Expert Political Judgment: How Good Is It? How Can We Know?* (Princeton University Press, 2005); e Stephen J. Dubner, "The Folly of Prediction", Freakonomics Radio, 14 de setembro de 2011. Sobre as previsões econômicas, ver Jerker Denrell e Christina Fang, "Predicting the Next Big Thing: Success as a Signal of Poor Judgment", *Management Science* 56, nº 10 (2010); sobre as previsões para a National Football League, ver Christopher Avery e Judith Chevalier, "Identifying Investor Sentiment From Price Paths: The Case of Football Betting", *Journal of Business* 72, nº 4 (1999). / p. 32 **Um estudo semelhante promovido por uma empresa chamada CXO**

PENSE COMO UM FREAK

Advisory Group: Ver "Guru Grades", CXO Advisory Group. / p. 32 **Pessoas inteligentes gostam de fazer previsões que soem inteligentes**: Ver Paul Krugman, "Why Most Economists' Predictions Are Wrong", *Red Herring*, junho de 1998. (Obrigado à Internet Archive Wayback Machine.) / p. 33 **Valor superior ao PIB de qualquer país do mundo, à exceção de dezoito**: A capitalização de mercado de Google, Amazon, Facebook e Apple baseia-se no valor das ações a 11 de fevereiro de 2014; os dezoito países são: Austrália, Brasil, Canadá, China, França, Alemanha, Índia, Indonésia, Itália, Japão, México, Rússia, Coreia do Sul, Espanha, Holanda, Reino Unido, Estados Unidos e Turquia (ver CIA World Factbook).

p. 34   SEQUER NOS CONHECEMOS ASSIM TÃO BEM: Ver Clayton R. Critcher e David Dunning, "How Chronic Self-Views Influence (and Mislead) Self-Assessments of Task Performance: Self-Views Shape Bottom-Up Experiences with the Task", *Journal of Personality and Social Psychology* 97, nº 6 (2009). (Obrigado a Danny Kahneman e Tom Gilovich por nos dar conhecimento desse estudo.) Ver também: Dunning et al., "Why People Fail to Recognize Their Own Incompetence", *Current Directions in Psychological Science* 12, nº 3 (junho de 2003).

p. 34   CONVIDADOS A AVALIAR SUA HABILIDADE AO VOLANTE: Ver Iain A. McCormick, Frank H. Walkey e Dianne E. Green, "Comparative Perceptions of Driver Ability — A Confirmation and Expansion", *Accident Analysis & Prevention* 18, nº 3 (junho de 1986); e Ola Svenson, "Are We All Less Risky and More Skillful Than Our Fellow Drivers?", *Acta Psychologica* 47 (1981).

p. 35   "ULTRACREPIDANISMO": Somos gratos ao constante trabalho de pesquisa de Anders Ericsson e seus muitos colegas, boa parte do qual está reunido em Ericsson, Neil Charness, Paul J. Feltovich e Robert R. Hoffman, *The Cambridge Handbook of Expertise and Expert Performance* (Cambridge University Press, 2006); ver também Steven D. Levitt, John A. List e Sally E. Sadoff, "Checkmate: Exploring Backward Induction Among Chess Players", *American Economics Review* 101, nº 2 (abril de 2011); Chris Argyris,

NOTAS

"Teaching Smart People How to Learn", *Harvard Business Review*, maio de 1991. Nossa definição de "ultracrepidanismo" foi extraída do TheFreeDictionary.com.

p. 35 CUSTOS DA GUERRA DO IRAQUE: Ver Linda J. Bilmes, "The Financial Legacy of Iraq and Afghanistan: How Wartime Spending Decisions Will Constrain Future National Security Budgets", Harvard Kennedy School Faculty Research Working Paper Series RWP13-006 (março de 2013); Amy Belasco, "The Cost of Iraq, Afghanistan e Other Global War on Terror Operations Since 9/11", Congressional Research Service, 29 de março de 2011.

p. 36 UM VELHO PREGADOR RADIOFÔNICO CRISTÃO CHAMADO HAROLD CAMPING: Ver Robert D. McFadden, "Harold Camping, Dogged Forecaster of the End of the World, Dies at 92", *New York Times*, 17 de dezembro de 2013; Dan Amira, "A Conversation with Harold Camping, Prophesier of Judgment Day", blog Daily Intelligencer, *New York Magazine*, 11 de maio de 2011; Harold Camping, "We Are Almost There!", Familyradio.com. (Obrigado à Internet Archive Wayback Machine.)

p. 37 BRUXAS DA ROMÊNIA: Ver Stephen J. Dubner, "The Folly of Prediction", Freakonomics Radio, 14 de setembro de 2011; "Witches Threaten Romanian Taxman After New Labor Law", BBC, 6 de janeiro de 2011; Alison Mutler, "Romania's Witches May Be Fined If Predictions Don't Come True", Associated Press, 8 de fevereiro de 2011.

p. 38 BÚSSOLAS MARÍTIMAS E INTERFERÊNCIA METÁLICA: Ver A. R. T. Jonkers, *Earth's Magnetism in the Age of Sail* (Johns Hopkins University Press, 2003); T. A. Lyons, *A Treatise on Electromagnetic Phenomena and on the Compass and Its Deviations Aboard Ship, Vol. 2* (John Wiley & Sons, 1903). Obrigado a Jonathan Rosen por assinalar essa ideia.

p. 38 VEJAMOS POR EXEMPLO UM PROBLEMA COMO O SUICÍDIO: Para uma abordagem mais completa desse tema, ver Stephen J. Dubner, "The Suicide Paradox", Freakonomics Radio, 31 de agosto de 2011. Somos particularmente gratos pela ampla e profunda pesquisa de David Lester, assim como por várias entrevistas com ele. Também fizemos extenso uso de David M.

PENSE COMO UM FREAK

Cutler, Edward L. Glaeser e Karen E. Norberg, "Explaining the Rise in Youth Suicide", incluído em Jonathan Gruber (org.), *Risky Behavior Among Youths: An Economic Analysis* (University of Chicago Press, 2001). Vários relatórios dos Centers for Disease Control and Prevention e do National Vital Statistics System também foram de grande ajuda; ver ainda Robert E. McKeown, Steven P. Cuffe e Richard M. Schulz, "U.S. Suicide Rates by Age Group, 1970-2002: An Examination of Recent Trends", *American Journal of Public Health* 96, nº 10 (outubro de 2006). Sobre a questão do "paradoxo do suicídio" — i.e., a ligação ente suicídio e crescente bem-estar — ver Cutler et al., assim como: A. F. Henry e J. F. Short, *Suicide and Homicide* (Free Press, 1954); David Lester, "Suicide, Homicide, and the Quality of Life: An Archival Study", *Suicide and Life-Threatening Behavior*, 1693 (outono de 1986); Lester, "Suicide, Homicide, and the Quality of Life in Various Countries", *Acta Psychiatrica Scandinavica* 81 (1990); E. Hem et al., "Suicide Rates According to Education with a Particular Focus on Physicians in Norway 1960-2000", *Psychological Medicine* 35, nº 6 (junho de 2005); Mary C. Daly, Andrew J. Oswald, Daniel Wilson, Stephen Wu, "The Happiness-Suicide Paradox", documento de trabalho 2010-30 do Federal Reserve Bank of San Francisco; Daly, Wilson e Norman J. Johnson, "Relative Status and Well-Being: Evidence from U.S. Suicide Deaths", documento de trabalho 2012-16 do Federal Reserve Bank of San Francisco. / p. 39 **A taxa de homicídios nos EUA é a mais baixa em cinquenta anos**: Ver James Alan Fox e Marianne W. Zawitz, "Homicide Trends in the United States", Bureau of Justice Statistics; e "Crime in the United States 2012", Federal Bureau of Investigation's Uniform Crime Reports, tabela 16. / p. 39 **A taxa de mortes no trânsito desceu a níveis historicamente baixos**: Ver Stephen J. Dubner, "The Most Dangerous Machine", Freakonomics Radio, 5 de dezembro de 2013; Ian Savage, economista na Northwestern especializado em segurança dos transportes, foi de particular ajuda na compilação dessa pesquisa.

NOTAS

Ver também: "Traffic Safety Facts: 2012 Motor Vehicle Crashes: Overview", National Highway Traffic Safety Administration, novembro de 2013.

p. 45 PARA TENTAR AVALIAR OS EFEITOS INDIRETOS DO ENCARCERAMENTO DE MILHÕES DE PESSOAS: Ver Steven D. Levitt, "The Effect of Prison Population Size on Crime Rates: Evidence from Prison Overcrowding Litigation", *The Quarterly Journal of Economics* 111, nº 2 (maio de 1996). / p. 45 **Ao analisar a relação entre aborto e criminalidade...:** Ver John J. Donohue III e Levitt, "The Impact of Legalized Abortion on Crime", *The Quarterly Journal of Economics* 116, nº 2 (maio de 2001).

p. 46 UM JEITO MELHOR DE OBTER UM BOM FEEDBACK É FAZENDO UMA EXPERIÊN-CIA DE CAMPO: Um dos mestres das modernas experiências de campo é John List, com quem colaboramos bastante, e sobre quem escrevemos no capítulo 3 de *SuperFreakonomics*. Para um interessante apanhado do tema, ver Uri Gneezy e John A. List, *The Why Axis: Hidden Motives and the Undiscovered Economics of Everyday Life* (Public Affairs, 2013).

p. 47 OS VINHOS CAROS REALMENTE SÃO MELHORES?: Para uma abordagem mais completa do tema, ver Stephen J. Dubner, "Do More Expensive Wines Taste Better?", Freakonomics Radio, 16 de dezembro de 2010. Inclui o episódio da prova cega de Steve Levitt na Society of Fellows e das variadas experiências de prova cega promovidas por Robin Goldstein. Sobre as pesquisas a respeito das descobertas de Goldstein, ver Goldstein, Johan Almenberg, Anna Dreber, John W. Emerson, Alexis Herschkowitsch e Jacob Katz, "Do More Expensive Wines Taste Better? Evidence from a Large Sample of Blind Tastings", *Journal of Wine Economics* 3, nº 1 (primavera de 2008); ver também Steven D. Levitt, "Cheap Wine", Freak-onomics.com, 16 de julho de 2008. Embora a pesquisa de Goldstein pareça indicar que os especialistas em vinho são muito mais perceptivos que as pessoas comuns, outras pesquisas vão de encontro até mesmo a esta afirmação. Outro estudo publicado no *Journal of Wine Economics* cons-tatou que a avaliação dos especialistas... nada tinha de especializada. Um estudo sobre as competições de vinho

PENSE COMO UM FREAK

constatou, por exemplo, que a maioria dos vinhos premiados com medalha de ouro em determinada competição não recebia qualquer prêmio em outra. "Assim", escreveu o autor, "muitos vinhos considerados extraordinários em determinadas competições são considerados abaixo da média em outras." Ver Robert T. Hodgson, "An Analysis of the Concordance Among 13 U.S. Wine Competitions", *Journal of Wine Economics* 4, nº 1 (primavera de 2009). / p. 50 **A terrível carta de vinhos da Osteria L'Intrepido**: Foi na conferência anual da American Association of Wine Economists em 2008 que Goldstein revelou a peça pregada no Prêmio de Excelência da *Wine Spectator*. O incidente mereceu ampla cobertura nos meios de comunicação. A *Wine Spectator* defendeu enfaticamente seu sistema de premiação; o editor executivo declarou que a revista jamais havia alegado visitar todos os restaurantes candidatos, e que tentou contatar a Osteria L'Intrepido — visitando seu site e telefonando ao restaurante —, mas que se deparava sempre com uma secretária eletrônica. Ver também: Goldstein, "What Does It Take to Get a Wine Spectator Award of Excellence", Blindtaste. com, 15 de agosto de 2008.

p. 52 **LEMBRA-SE DAQUELES ESTUDANTES BRITÂNICOS:** Ver Amanda H. Waterman e Mark Blades, "Helping Children Correctly Say 'I Don't Know' to Unanswerable Questions", *Journal of Experimental Psychology: Applied* 17, nº 4 (2011).

CAPÍTULO 3: QUAL É O SEU PROBLEMA?

p. 55 **CAPACITAÇÃO DOS PROFESSORES:** Ver a dissertação em duas partes publicada através do National Bureau of Economic Research por Raj Chetty, John N. Friedman e Jonah E. Rockoff, "The Long-term Impacts of Teachers: Teach Value-added and Student Outcomes in Adulthood" (setembro de 2013). / p. 56 **As mulheres inteligentes (...) têm muito mais opções de emprego:** Ver Marigee P. Bacolod, "Do Alternative Opportunities Matter? The Role of Female Labor Markets in the Decline of Teacher Supply and Teacher Quality, 1940-1990", *Review*

NOTAS

of Economics and Statistics 89, nº 4 (novembro de 2007); e Harold O. Levy, "Why the Best Don't Teach", *The New York Times*, 9 de setembro de 2000. / p. 56 **Professores finlandeses versus professores norte-americanos**: Ver "Top Performing Countries", Center on International Education Benchmarking (2013), disponível em <http://www.ncee.org>; Byron Auguste, Paul Kihn e Matt Miller, "Closing the Talent Gap: Attracting and Retaining Top-Third Graduates to Careers in Teaching", McKinsey & Company (setembro de 2010). (O relatório McKinsey tem sido criticado por hierarquizar os tercis segundo os resultados do SAT [*scholastic aptitude test*, ou teste de avaliação de conhecimentos] / GPA [*grade point average*, ou média de notas], abrangendo apenas uma pequena parte do contingente de novos professores.) Obrigado a Eric Kumbier por levantar a questão em um e-mail que nos enviou. / p. 56 **Influência dos pais na educação das crianças**: Ver, inter alia, Marianne Bertrand e Jessica Pan, "The Trouble with Boys: Social Influences and the Gender Gap in Disruptive Behavior", *American Economic Journal: Applied Economics* 5, nº 1 (2013); Shannon M. Pruden, Susan C. Levine e Janellen Huttenlocher, "Children's Spatial Thinking: Does Talk About the Spatial World Matter?", *Developmental Science* 14 (novembro de 2011); Bruce Sacerdote, "How Large Are the Effects from Changes in Family Environment? A Study of Korean American Adoptees", *The Quarterly Journal of Economics* 122, nº 1 (2007); Roland G. Fryer Jr. e Steven D. Levitt, "Understanding the Black-White Test Score Gap in the First Two Years of School", *The Review of Economics and Statistics* 86, nº 2 (maio de 2004); Huttenlocher, Marina Vasilyeva, Elina Cymerman e Susan Levine, "Language Input and Child Syntax", *Cognitive Psychology* 45, nº 3 (2002). / p. 57 **"Por que as crianças americanas sabem menos...?"**: Ver o relatório de 2012 do Program for International Student Assessment (PISA) / p. 57 **Entregar essa criança (...) de modo que os professores façam sua mágica**: Para um raro exemplo de argumentação inteligente nessa mesma linha, ver "The Depressing Data on Early Childhood Investment", entrevista

PENSE COMO UM FREAK

com Jerome Kagan, por Paul Solman, PBS.org (7 de março de 2013).

p. 57 **A LENDA DE TAKERU KOBAYASHI:** Somos gratos a Kobi pelas muitas horas de conversa fascinante que afinal se prolongaram por vários anos, e a todos que contribuíram para facilitar essas conversas, entre eles Maggie James, Noriko Okubo, Akiko Funatsu, Anna Berry, Kumi e outros. Kobi tem tanta convicção de que a comilança competitiva é algo que se pode aprender que afirma ser capaz de treinar um de nós para comer cinquenta cachorros-quentes em apenas seis meses. Ainda não aceitamos a oferta. Mas Dubner chegou a ter uma aula com Kobi no Gray's Papaya, em Nova York. Queremos agradecer aos muitos jornalistas que escreveram sobre Kobi e as competições de comida, especialmente Jason Fagone, autor de *Horsemen of the Esophagus: Competitive Eating and the Big Fat American Dream* (Crown, 2006). Fagone nos impulsionou na direção certa desde o início. Também fizemos uso de: Fagone, "Dog Bites Man", Slate.com, 8 de julho de 2010; Bill Belew, "Takeru 'Tsunami' Kobayashi Training & Techniques to Defeat Joey Chestnut", site The Knowledge Biz, 29 de junho de 2007; "How Do You Speed Eat?", BBC News Magazine, 4 de julho de 2006; Sarah Goldstein, "The Gagging and the Glory", Salon.com, 19 de abril de 2006; Josh Ozersky, "On Your Mark. Get Set. Pig Out", *New York*, 26 de junho de 2005; Chris Ballard, "That Is Going to Make You Money Someday", *The New York Times*, 31 de agosto de 2003; Associated Press, "Kobayashi's Speedy Gluttony Rattles Foes", ESPN.com, 4 de julho de 2001. / p. 59 **Os organizadores reconhecem que inventaram essa história:** Ver Sam Roberts, "No, He Did Not Invent the Publicity Stunt", *New York Times*, 18 de agosto de 2010. / p. 61 **Um estudante morreu sufocado tentando imitar seus heróis:** Ver Tama Miyake, "Fast Food", *Metropolis*, 17 de novembro de 2006. / p. 61 **O adversário era um urso de meia tonelada:** Ver Larry Getlen, "The Miracle That Is Kobayashi", site The Black Table, 19 de maio de 2005. / p. 63 **O desafio do pão de cachorro-quente:** Obrigado à equipe da Freakonomics

NOTAS

Radio por tentar (sem êxito). Como diz o produtor Greg Rosalsky: "O primeiro pão sorve a saliva como uma esponja, e parece praticamente impossível comer o segundo." / p. 66 **"Seria bom que houvesse cachorros-quentes na prisão"**: Ver "Kobayashi Freed, Pleads Not Guilty", ESPN.com News Services (com apuração da Associated Press), ESPN Nova York, 5 de julho de 2010. / p. 68 **É possível induzir até atletas de elite**: Ver M. R. Stone, K. Thomas, M. Wilkinson, A. M. Jones, A. St. Clair Gibson e K. G. Thompson, "Effects of Deception on Exercise Performance: Implications for Determinants of Fatigue in Humans", *Medicine & Science in Sports & Exercise* 44, nº 3 (março de 2012); Gina Kolata, "A Little Deception Helps Push Athletes to the Limit", *New York Times*, 19 de setembro de 2011. Obrigado a Kolata também pela citação de Roger Bannister de que nos apropriamos. / p. 69 **"Poderia continuar"**: Obrigado de novo a Jason Fagone por esta citação; foi publicada na edição de maio de 2006 de *The Atlantic*, como parte de um excerto de seu livro *Horsemen of the Esophagus*.

CAPÍTULO 4: COMO NA PINTURA DOS CABELOS, A VERDADE ESTÁ NA RAIZ

p. 72 "A FOME É O QUE CARACTERIZA...": Ver Amartya Sen, *Poverty and Famines: An Essay on Entitlement and Deprivation* (Oxford University Press, 1981). / p. 72 **Jogamos fora nada menos que 40% dos alimentos**: Ver "USDA and EPA Launch U.S. Food Waste Challenge", noticiário USDA, 4 de junho de 2013.

p. 73 ASCENSÃO E QUEDA DA CRIMINALIDADE: Ver Steven D. Levitt e Stephen J. Dubner, *Freakonomics* (William Morrow, 2005); e Levitt, "Understanding Why Crime Fell in the 1990s: Four Factors That Explain the Decline and Six That Do Not", *Journal of Economic Perspectives* 18, nº 1 (inverno de 2004), pp. 163-190. / p. 74 **As taxas de homicídio são hoje mais baixas que em 1960**: Ver Erica L. Smith e Alexia Cooper, "Homicide in the U.S. Known to Law Enforcement, 2011", Bureau of Justice Statistics (dezembro de 2013); U.S. Department of Justice, Federal Bureau of Inves-

PENSE COMO UM FREAK

tigation, "Crime in the United States, 2011", tabela 1; Barry Krisberg, Carolina Guzman, Linh Vuong, "Crime and Economic Hard Times", National Council on Crime and Delinquency (fevereiro de 2009); e James Alan Fox e Marianne W. Zawitz, "Homicide Trends in the United States", Bureau of Justice Statistics (2007). / p. 74 **O vínculo entre aborto e criminalidade**: Ver Levitt e Dubner, *Freakonomics* (William Morrow, 2005); e John J. Donohue III e Levitt, "The Impact of Legalized Abortion on Crime", *The Quarterly Journal of Economics* 116, nº 2 (maio de 2001).

p. 75   VAMOS IMAGINAR QUE VOCÊ SEJA UM OPERÁRIO DE FÁBRICA ALEMÃO: Ver Jörg Spenkuch, "The Protestant Ethic and Work: Micro Evidence From Contemporary Germany", documento de trabalho da Universidade de Chicago. Baseado também em entrevistas dos autores com Spenkuch, e agradecemos a Spenkuch por seus comentários sobre o manuscrito. Sobre outras manifestações recentes da ética protestante do trabalho, ver Andre van Hoorn, Robbert Maseland, "Does a Protestant Work Ethic Exist? Evidence from the Well-Being Effect of Unemployment", *Journal of Economic Behavior & Organization* 91 (julho de 2013). Por outro lado, Davide Cantoni sustenta que a ética protestante não melhorou os resultados econômicos na Alemanha; ver Cantoni, "The Economic Effects of the Protestant Reformation: Testing the Weber Hypothesis in the German Lands", documento do mercado de trabalho, 10 de novembro de 2009. / p. 78 **Em defesa do catolicismo germânico... (nota de rodapé)**: Ver Spenkuch e Philipp Tillmann, "Elite Influence? Religion, Economics e the Rise of the Nazis", documento de trabalho, 2013.

p. 78   POR QUE, POR EXEMPLO, CERTAS CIDADES ITALIANAS...: Ver Luigi Guiso, Paola Sapienza e Luigi Zingales, "Long-Term Persistence", documento de trabalho de julho de 2013; ver também versões anteriores dos mesmos autores: "Long-Term Cultural Persistence", documento de trabalho de setembro 2012; e "Long-Term Persistence", documento de trabalho do European University Institute, 2008. Agradecimentos

NOTAS

especiais a Hans-Joachim Voth e Nico Voigtlander, "Hatred Transformed: How Germans Changed Their Minds About Jews, 1890-2006", *Vox*, 1º de maio de 2012.

p. 78   VIOLÊNCIA ÉTNICA NA ÁFRICA: Ver Stelios Michalopoulos e Elias Papaioannou, "The Long-Run Effects of the Scramble for Africa", documento de trabalho NBER, novembro de 2011; e Elliott Green, "On the Size and Shape of African States", *International Studies Quarterly* 56, nº 2 (junho de 2012).

p. 79   AS FERIDAS DO COLONIALISMO TAMBÉM CONTINUAM ASSOMBRANDO A AMÉRICA DO SUL: Ver Melissa Dell, "The Persistent Effects of Peru's Mining Mita", documento de trabalho MIT, janeiro de 2010; e Daron Acemoglu, Camilo Garcia-Jimeno e James A. Robinson, "Finding Eldorado: Slavery and Long-Run Development in Colombia", documento de trabalho NBER, junho de 2012.

p. 80   A TEORIA DA SENSIBILIDADE AO SAL NOS ESTUDOS SOBRE A HIPERTENSÃO EM AFRO-AMERICANOS: Esta seção baseia-se em entrevista dos autores com Roland Fryer, tal como utilizada em Stephen J. Dubner, "Toward a Unified Theory of Black America", *New York Times Magazine*, 20 de março de 2005. Também somos gratos pelo excelente artigo de Mark Warren na *Esquire*, "Roland Fryer's Big Ideas" (dezembro de 2005). Ver também: David M. Cutler, Roland G. Fryer Jr. e Edward L. Glaeser, "Racial Differences in Life Expectancy: The Impact of Salt, Slavery e Selection", manuscrito inédito, Harvard University e NBER, 1º de março de 2005; e Katherine M. Barghaus, David M. Cutler, Roland G. Fryer Jr. e Edward L. Glaeser, "An Empirical Examination of Racial Differences in Health", manuscrito inédito, Harvard University, University of Pennsylvania e NBER, novembro de 2008. Para aprofundar o contexto, ver: Gary Taubes, "Salt, We Misjudged You", *The New York Times*, 3 de junho de 2012; Nicholas Bakalar, "Patterns: Less Salt Isn't Always Better for the Heart", *The New York Times*, 29 de novembro de 2011; Martin J. O'Donnell et al., "Urinary Sodium and Potassium Excretion and Risk of Cardiovascular Events", *The Journal of the American Medical Association* 306, nº

20 (23/30 de novembro de 2011); Michael H. Alderman, "Evidence Relating Dietary Sodium to Cardiovascular Disease", *Journal of the American College of Nutrition* 25, nº 3 (2006); Jay Kaufman, "The Anatomy of a Medical Myth", *Is Race "Real"?*, SSRC Web Forum de 7 de junho de 2006; Joseph E. Inikori e Stanley L. Engerman, *The Atlantic Slave Trade: Effects on Economies, Societies and Peoples in Africa, the Americas and Europe* (Duke University Press, 1998); e F. C. Luft et al., "Salt Sensitivity and Resistance of Blood Pressure. Age and Race as Factors in Physiological Responses", *Hypertension* 17 (1991). / p. 80 **"Um inglês prova o suor de um africano"**: Cortesia da John Carter Brown Library, Brown University. Fonte original: M. Chambon, *Le Commerce de l'Amerique par Marseille* (Avignon, 1764), vol. 2, lâmina XI, frente à p. 400.

p. 82   "VIVEMOS EM UMA ÉPOCA CIENTÍFICA...": Ver Roy Porter, *The Greatest Benefit to Mankind: A Medical History of Humanity from Antiquity to the Present* (HarperCollins, 1997).

p. 82   VEJAMOS O CASO DA ÚLCERA: A história de Barry Marshall (e Robin Warren) é fascinante e heroica do início ao fim. Estimulamos o leitor enfaticamente a ler mais a respeito, em qualquer das obras seguintes, ou em todas elas, que também contêm informações mais genéricas sobre úlceras e a indústria farmacêutica. Quanto à história do próprio Marshall, contamos mais com uma longa e maravilhosa entrevista realizada pelo estimado Norman Swan, físico australiano que trabalha como jornalista. Ver Norman Swan, "Interviews with Australian Scientists: Professor Barry Marshall", *Australian Academy of Science*, 2008. Obrigado ao próprio dr. Marshall por seus úteis comentários sobre o que escrevemos a seu respeito aqui e no capítulo 5. Também somos gratos a: Kathryn Schulz, "Stress Doesn't Cause Ulcers! Or, How to Win a Nobel Prize in One Easy Lesson: Barry Marshall on Being... Right", Slate.com, 9 de setembro de 2010; Pamela Weintraub, "The Dr. Who Drank Infectious Broth, Gave Himself an Ulcer e Solved a Medical Mystery", *Discover*, março de 2010; e

NOTAS

"Barry J. Marshall, Autobiography", The Nobel Prize in Physiology or Medicine 2005, Nobelprize.org, 2005. / p. 83 **Os primeiros autênticos medicamentos arrasa-quarteirão**: Ver Melody Petersen, *Our Daily Meds: How the Pharmaceutical Companies Transformed Themselves into Slick Marketing Machines and Hooked the Nation on Prescription Drugs* (Sarah Crichton Books, 2008); e Shannon Brownlee, "Big Pharma's Golden Eggs", *Washington Post*, 6 de abril de 2008; "Having an Ulcer Is Getting a Lot Cheaper", *BusinessWeek*, 8 de maio de 1994. / p. 83 **No passado, algum pesquisador médico podia sustentar...**: Pensamos em particular no dr. A. Stone Freedberg, de Harvard, que publicou em 1940 um estudo "identificando bactérias semelhantes em 40% dos pacientes com úlceras e câncer de estômago"; ver Lawrence K. Altman, "Two Win Nobel Prize for Discovering Bacterium Tied to Stomach Ailments", *The New York Times*, 4 de outubro de 2005; e Lawrence K. Altman, "A Scientist, Gazing Toward Stockholm, Ponders 'What If?'", *New York Times*, 6 de dezembro de 2005. / p. 86 **Ainda hoje, muitas pessoas acreditam que as úlceras são causadas pelo estresse...**: Talvez ainda se deixem influenciar pelo mal-humorado prefeito de Nova York, Ed Koch. "Sou o tipo da pessoa que nunca terá uma úlcera", disse ele certa vez. "Por quê? Porque digo exatamente o que penso. Sou o tipo da pessoa que pode causar úlcera em outros." Ver Maurice Carroll, "How's He Doing? How's He Doing?", *New York Times*, 24 de dezembro de 1978.

p. 88   **A IMPORTÂNCIA DO COCÔ**: Esta seção baseia-se essencialmente em entrevistas dos autores com os gastrenterologistas Thomas Borody, Alexander Khoruts e Michael Levitt (pai de Steve Levitt), tal como utilizadas em Stephen J. Dubner, "The Power of Poop", Freakonomics Radio, 4 de março de 2011. Também somos gratos a Borody por seus úteis comentários sobre esta seção. Ver também: Borody, Sudarshan Paramsothy e Gaurav Agrawal, "Fecal Microbiota Transplantation: Indications, Methods, Evidence and Future Directions", *Current Gastroenterology Reports* 15, n°

337 (julho de 2013); W. H. Wilson Tang et al., "Intestinal Microbial Metabolism of Phosphatidylcholine and Cardiovascular Risk", *New England Journal of Medicine* 368, nº 17 (abril de 2013); Olga C. Aroniadis e Lawrence J. Brandt, "Fecal Microbiota Transplantation: Past, Present and Future", *Current Opinion in Gastroenterology* 29, nº 1 (janeiro de 2013); "Jonathan Eisen: Meet Your Microbes", TEDMED Talk, Washington, D.C., abril de 2012; Borody e Khoruts, "Fecal Microbiota Transplantation and Emerging Applications", *Nature Reviews Gastroenterology & Hepatology* 9, nº 2 (2011); Khoruts et al., "Changes in the Composition of the Human Fecal Microbiome After Bacteriotherapy for Recurrent Clostridium Difficile-Associated Diarrhea", *Journal of Clinical Gastroenterology* 44, nº 5 (maio/junho de 2010); Borody et al., "Bacteriotherapy Using Fecal Flora: Toying with Human Motions", *Journal of Clinical Gastroenterology* 38, nº 6 (julho de 2004). / p. 88 **Parece leite achocolatado**: Segundo Josbert Keller, gastrenterologista no Hospital HagaZiekenhuis de Haia, autor de "Duodenal Infusion of Donor Feces for Recurrent *Clostridium difficile*", *New England Journal of Medicine* 368 (2013):407-415; ver também Denise Grady, "When Pills Fail, This, er, Option Provides a Cure", *New York Times*, 16 de janeiro de 2013. / p. 88 **Colite, "até então uma doença incurável"**: Ver Borody e Jordana Campbell, "Fecal Microbiota Transplantation: Techniques, Applications e Issues", *Gastroenterology Clinics of North America* 41 (2012); e Borody, Eloise F. Warren, Sharyn Leis, Rosa Surace e Ori Ashman, "Treatment of Ulcerative Colitis Using Fecal Bacteriotherapy", *Journal of Clinical Gastroenterology* 37, nº 1 (julho de 2003).

CAPÍTULO 5: PENSAR COMO UMA CRIANÇA

p. 91   A "SOFISTICAÇÃO" E OS SOFISTAS (NOTA DE RODAPÉ): Extraído do verbete "Sophisticated" em worldwidewords.org, escrito pelo excelente etimologista britânico Michael Quinion.

p. 93   "EXPLICAR COMPLETAMENTE A NATUREZA É UMA TAREFA DIFÍCIL DEMAIS...": Ver Isaac Newton e J. E. McGuire, "Newton's

NOTAS

'Principles of Philosophy': An Intended Preface for the 1704 'Opticks' and a Related Draft Fragment", *The British Journal for the History of Science* 5, nº 2 (dezembro de 1970); agradecimentos à produtora da Freakonomics Radio Katherine Wells, que fez a redação para Stephen J. Dubner, "The Truth Is Out there... Isn't It?", Freakonomics Radio, 23 de novembro de 2011.

p. 94   PEDESTRES BÊBADOS: Ver Steven D. Levitt e Stephen J. Dubner, *SuperFreakonomics* (William Morrow, 2009). / p. 94 **Pequena empresa de entrega de rosquinhas**: Levitt e Dubner, *Freakonomics* (William Morrow, 2005). / p. 94 **Armas de fogo versus piscinas**: Levitt e Dubner, *Freakonomics*.

p. 94   VISÃO RUIM E DESEMPENHO ESCOLAR: Ver Stephen J. Dubner, "Smarter Kids at 10 Bucks a Pop", Freakonomics Radio, 8 de abril de 2011. Este relato baseia-se essencialmente em entrevistas dos autores com Glewwe e Albert Park, extraindo elementos de sua dissertação "Visualizing Development: Eyeglasses and Academic Performance in Rural Primary Schools in China", University of Minnesota Center for International Food and Agricultural Policy, documento de trabalho WP12-2 (2012), coescrito por Meng Zhao. Ver também: Douglas Heingartner, "Better Vision for the World, on a Budget", *New York Times*, 2 de janeiro de 2010; e "Comprehensive Eye Exams Particularly Important for Classroom Success", American Optometric Association (2008). Sobre o estigma do "quatro-olhos" e dos óculos sem grau (nota de rodapé), ver Dubner, "Playing the Nerd Card", Freakonomics Radio, 31 de maio de 2012.

p. 96   COMO GOSTAVA DE DIZER ALBERT EINSTEIN...: Obrigado mais uma vez a Garson O'Toole do QuoteInvestigator.com.

p. 96   **Voltemos brevemente a Barry Marshall**: Também aqui, recorremos abundantemente à excelente entrevista de Norman Swan com Marshall, "Interviews with Australian Scientists: Professor Barry Marshall", Australian Academy of Science, 2008.

p. 99   EXÍMIO DESEMPENHO: Ver, para começar, Stephen J. Dubner e Steven D. Levitt, "A Star Is Made", *The New York Times Ma-*

PENSE COMO UM FREAK

gazine, 7 de maio de 2006. Nossa eterna gratidão a K. Anders Ericsson; seu trabalho e o de seus muitos fascinantes colegas está bem representado em Ericsson, Neil Charness, Paul J. Feltovich e Robert R. Hoffman, *The Cambridge Handbook of Expertise and Expert Performance* (Cambridge University Press, 2006). Para livros correlatos sobre o tema, ver Daniel Coyle, *The Talent Code* (Bantam, 2009); Geoff Colvin, *Talent Is Overrated* (Portfolio, 2008); e Malcolm Gladwell, *Outliers* (Little, Brown & Co., 2008).

p. 100 CONTA DE POUPANÇA VINCULADA A UM PRÊMIO: Para uma abordagem mais completa do tema, ver Stephen J. Dubner, "Could a Lottery Be the Answer to America's Poor Savings Rate?", Freakonomics Radio, 18 de novembro de 2010; e Dubner, "Who Could Say No to a 'No-Lose Lottery?'", Freakonomics Radio, 2 de dezembro de 2010. Esses episódios continham entrevistas, entre muitos outros, com Melissa S. Kearney e Peter Tufano, ambos profundos conhecedores da questão. Ver, por exemplo, Kearney, Tufano, Jonathan Guryan e Erik Hurst, "Making Savers Winners: An Overview of Prize-Linked Saving Products", em Olivia S. Mitchell e Annamaria Lusardi (orgs.), *Financial Literacy: Implications for Retirement Security and the Financial Marketplace* (Oxford University Press, 2011).

p. 103-104 É MAIS DIFÍCIL ENGANAR AS CRIANÇAS COM MÁGICAS: A seção sobre Alex Stone baseou-se essencialmente em entrevistas conduzidas pelos autores. Ver também *Fooling Houdini: Magicians, Mentalists, Math Geeks, and the Hidden Powers of the Mind* (HarperCollins, 2012); e Steven D. Levitt, "Fooling Houdini Author Alex Stone Answers Your Questions", Freakonomics.com, 23 de julho de 2012. Sobre a questão de "prestar atenção", Stone reconhece a contribuição do psiocólogo do desenvolvimento Alison Gopnik, autor de *The Philosophical Baby: What Children's Minds Tell Us About Truth, Love, and the Meaning of Life* (Farrar, Straus and Giroux, 2009). Para aprofundar leituras sobre a questão da ilusão entre as crianças, ver Bruce Bower, "Adults Fooled by Visual Illusion, But Not Kids", *ScienceNews* via

NOTAS

Wired.com, 23 de novembro de 2009; e Vincent H. Gaddis, "The Art of Honest Deception", StrangeMag.com.

p. 105 ISAAC BASHEVIS SINGER ESCREVENDO PARA CRIANÇAS: Ver Singer, "Why I Write for Children", redigido como discurso de recebimento de um prêmio em 1970, reutilizado em seu discurso de aceitação do Prêmio Nobel em 1978 e reproduzido em Singer, *Nobel Lecture* (Farrar, Straus & Giroux, 1979). Obrigado a Jonathan Rosen por chamar nossa atenção para o fato (e também para muitas outras coisas boas).

CAPÍTULO 6: DANDO DOCES A UM BEBÊ

p. 107 AMANDA E O M&M'S: Uma adorável versão animada dessa história consta em *Freakonomics: The Movie*. Chad Troutwine foi o principal produtor do filme; o diretor Seth Gordon liderou a equipe que criou a seção sobre Amanda.

p. 108 O PESO MÉDIO DE UM ADULTO NOS ESTADOS UNIDOS HOJE É CERCA DE 11 QUILOS A MAIS QUE HÁ ALGUMAS DÉCADAS: Ver Centers for Disease Control, "Mean Body Weight, Height and Body Mass Index, United States 1960-2002"; USDA, "Profiling Food Consumption in America", capítulo 2, em *Agriculture Factbook 2001-2002*; USDA, "Percent of Household Final Consumption Expenditures Spent on Food, Alcoholic Beverages, and Tobacco That Were Consumed at Home, by Selected Countries, 2012", ERS Food Expenditure Series. / p. 109 **Por que engordamos tanto?**: Existe uma vasta e às vezes confusa literatura sobre a relação entre alimentos e preços, com considerável grau de discordância quanto à metodologia do cálculo dos custos dos alimentos. Certos pesquisadores, por exemplo, não aceitam o método do custo por caloria. Dois deles: Fred Kuchler e Hayden Stewart, "Price Trends Are Similar for Fruits, Vegetables e Snack Foods", Report ERR-55, USDA Economic Research Service; e Andrea Carlson e Elizabeth Frazão, "Are Healthy Foods Really More Expensive? It Depends on How You Measure the Price", *USDA Economic Information Bulletin* 96 (maio de 2012). Dentre os pesquisadores que

PENSE COMO UM FREAK

melhor representam o que escrevemos neste capítulo, ver: Michael Grossman, Erdal Tekin e Roy Wada, "Food Prices and Body Fatness Among Youths", documento de trabalho NBER, junho de 2013; Stephen J. Dubner, "100 Ways to Fight Obesity", Freakonomics Radio, 27 de março de 2013; Pablo Monsivais e Adam Drewnowski, "The Rising Cost of Low-Energy-Density Foods", *Journal of the American Dietetic Association* 107, n° 12 (dezembro de 2007); Tara Parker-Pope, "A High Price for Healthy Food", *The New York Times* (blog Well), 5 de dezembro de 2007; Cynthia L. Ogden, Cheryl D. Fryar, Margaret D. Carroll e Katherine M. Flegal, "Mean Body Weight, Height, and Body Mass Index, United States 1960-2002", *Advance Data from Vital and Health Statistics* 347 (National Center for Health Statistics, 2004); David M. Cutler, Edward L. Glaeser e Jesse M. Shapiro, "Why Have Americans Become More Obese?", *Journal of Economic Perspectives* 17, n° 3 (verão de 2003).

p. 109   VEJAMOS O CASO DE UM ACIDENTE DE TRÂNSITO EM 2011: Ver Josh Tapper, "Did Chinese Laws Keep Strangers from Helping Toddler Hit by Truck", *The (Toronto) Star*, 18 de outubro de 2011; Li Wen-fang, "Hospital Offers Little Hope for Girl's Survival", *China Daily*, 17 de outubro de 2011; Michael Wines, "Bystanders' Neglect of Injured Toddler Sets Off Soul-Searching on Web Sites in China", *New York Times*, 11 de outubro de 2011. Obrigado a Robert Alan Greevy por chamar nossa atenção para essa história.

p. 111   DINHEIRO COMO RECOMPENSA PARA NOTAS: Ver Steven D. Levitt, John A. List, Susanne Neckermann e Sally Sadoff, "The Impact of Short-Term Incentives on Student Performance", documento de trabalho da Universidade de Chicago, setembro de 2011; e Roland G. Fryer Jr., "Financial Incentives and Student Achievement: Evidence from Randomized Trials", *The Quarterly Journal of Economics* 126, n° 4 (2011).

p. 113   A EXPERIÊNCIA DE ROBERT CIALDINI COM CONSUMO DE ENERGIA E ROUBO DE MADEIRA PETRIFICADA: Extraído de entrevistas dos autores com Cialdini, tal como utilizadas in Stephen J. Dubner, "Riding the Herd Mentality", Freakonomics Radio, 21 de

NOTAS

junho de 2012. O livro *Influence*, de Cialdini, é uma fantástica introdução a essa maneira de pensar. Ver também: Jessica M. Nolan, P. Wesley Schultz, Robert B. Cialdini, Noah J. Goldstein e Vladas Griskevicius, "Normative Social Influence Is Underdetected", *Personality and Social Psychology Bulletin* 34, nº 913 (2008); Goldstein, Cialdini e Steve Martin, *Yes!: 50 Secrets from the Science of Persuasion* (Free Press, 2008); Schultz, Nolan, Cialdini, Goldstein e Griskevicius, "The Constructive, Destructive e Reconstructive Power of Social Norms", *Psychological Science* 18, nº 5 (2007); Cialdini, Linda J. Demaine, Brad J. Sagarin, Daniel W. Barrett, Kelton Rhoads e Patricia L. Winter, "Managing Social Norms for Persuasive Impact", *Social Influence* 1, nº 1 (2006); Cialdini, "Crafting Normative Messages to Protect the Environment", *Current Directions in Psychological Science* 12 (2003). No estudo sobre madeira petrificada, havia outros avisos alternativos, entre eles um que mostrava um visitante do parque roubando madeira, com a mensagem "Favor não retirar madeira petrificada do parque". Este cartaz de fato foi escolhido com mais frequência que a alternativa de nenhum aviso.

p. 117   **BRIAN MULLANEY, O TREM DO SORRISO E O MÉTODO "ONCE-AND-DONE" (resolver de uma vez por todas):** Esta seção foi extraída basicamente de entrevistas dos autores com Mullaney, de um relato inédito de Mullaney e das pesquisas usadas em Amee Kamdar, Steven D. Levitt, John A. List e Chad Syverson, "Once and Done: Leveraging Behavioral Economics to Increase Charitable Contributions", documento de trabalho da Universidade de Chicago, 2013. Ver também: Stephen J. Dubner e Levitt, "Bottom-Line Philanthropy", *New York Times Magazine*, 9 de março de 2008; e James Andreoni, "Impure Altruism and Donations to Public Goods: A Theory of Warm-Glow Giving", *The Economic Journal* 100, nº 401 (junho de 1990). Para outra versão da história "resolver de uma vez por todas", ver Uri Gneezy e List, *The Why Axis: Hidden Motives and the Undiscovered Economics of Everyday Life* (Public Affairs, 2013). / p. 119 **Peter Buffett e a "lavagem de**

PENSE COMO UM FREAK

consciência": Ver Peter Buffett, "The Charitable-Industrial Complex", *New York Times*, 26 de julho de 2013. Para uma conversa correlata com Buffett sobre o fato de ter ganhado a "loteria ovariana" — ele é filho de Warren Buffett —, ver Dubner, "Growing Up Buffett", 13 de maio de 2011.

p. 126   ATÉ QUE ENTRARAM EM CENA AS EQUIPES DE PINGUE-PONGUE: Ver Henry A. Kissinger, *On China* (Penguin, 2011); "Ping-Pong Diplomacy (April 6-17, 1971)", *AmericanExperience.com*; David A. DeVoss, "Ping-Pong Diplomacy", *Smithsonian*, abril de 2002; "The Ping Heard Round the World", *Time*, 26 de abril de 1971.

p. 127   ZAPPOS: Esta seção baseia-se parcialmente em entrevistas dos autores com Tony Hsieh e em uma visita à sede da Zappos. Ver também: Hsieh, *Delivering Happiness: A Path to Profits, Passion and Purpose* (Business Plus, 2010); Hsieh, "How I Did It: Zappos's CEO on Going to Extremes for Customers", *Harvard Business Review*, julho de 2010; Robin Wauters, "Amazon Closes Zappos Deal, Ends Up Paying $ 1.2 Billion", *TechCrunch*, 2 de novembro de 2009; Hsieh, "Amazon Closing", Zappos.com, 2 de novembro de 2009; Alexandra Jacobs, "Happy Feet", *The New Yorker*, 14 de setembro de 2009. Depoimento "You guys are just the best" de Jodi M. em Zappos.com, 21 de fevereiro de 2006.

p. 129   HÁ MUITO TEMPO A CIDADE DO MÉXICO ENFRENTA APAVORANTES ENGARRAFAMENTOS: Ver Lucas W. Davis, "The Effect of Driving Restrictions on Air Quality in Mexico City", *Journal of Political Economy* 116, nº 1 (2008); e Gunnar S. Eskeland e Tarhan Feyzioglu, "Rationing Can Backfire: The Day Without a Car in Mexico City", World Bank Policy Research Dept., dezembro de 1995.

p. 130   O HFC-23 E A REMUNERAÇÃO PARA POLUIR: "Phasing Out of HFC-23 Projects", Verified Carbon Standard, 1º de janeiro de 2014; "Explosion of HFC-23 Super Greenhouse Gases Is Expected", comunicado de imprensa da Environmental Investigation Agency, 24 de junho de 2013; EIA, "Two Billion Tonne Climate Bomb: How to Defuse the HFC-23 Problem", junho de 2013; "U.N. CDM Acts to Halt Flow of Millions of Suspect

NOTAS

HFC-23 Carbon Credits"; Elisabeth Rosenthal e Andrew W. Lehren, "Profits on Carbon Credits Drive Output of a Harmful Gas", *New York Times*, 8 de agosto de 2012.

p. 131 **O "EFEITO COBRA":** Ver Stephen J. Dubner, "The Cobra Effect", Freakonomics Radio, 11 de outubro de 2012; Horst Siebert, *Der Kobra-Effekt: Wie man Irrwege der Wirtschaftspolitik vermeidet* (Deutsche Verlags-Anstalt, 2001); Sipho Kings, "Catch 60 Rats, Win a Phone", *Mail & Guardian* (África do Sul), 26 de outubro de 2012. / **p. 132 Como escreveu certa vez Mark Twain:** Ver Mark Twain, *Mark Twain's Own Autobiography: The Chapters from the North American Review*, org. Michael Kiskis (University of Wisconsin Press, 1990). Somos gratos a Jared Morton por nos remeter a essa citação.

CAPÍTULO 7: O QUE TÊM EM COMUM O REI SALOMÃO E DAVID LEE ROTH?

p. 135 **REI SALOMÃO:** As citações bíblicas foram extraídas de *The Tanakh* (Jewish Publication Societies, 1917). A história de Salomão e a disputa de maternidade começam em 1 Reis 3:16. Também consultamos o rabino Joseph Telushkin, *Biblical Literacy* (William Morrow, 1997). Existe muita literatura em torno dessa história, como de tantos relatos bíblicos. Para um resumo moderno acompanhado de comentários antigos, ver Mordecai Kornfeld, "King Solomon's Wisdom", *Rabbi Mordecai Kornfeld's Weekly Parasha-Page*; e Baruch C. Cohen, "The Brilliant Wisdom of King Solomon", *Jewish Law Commentary*, 10 de julho de 1998. Ambas as interpretações enfatizam o incentivo representado pelo *yibbum*, "rito observado quando um homem que tenha um irmão vivo morre sem deixar filhos". A história de Salomão também foi dissecada por estudiosos não especializados na Bíblia, entre os quais os economistas Avinash K. Dixit e Barry J. Nalebuff, em *The Art of Strategy* (Norton, 2008). Dixit e Nalebuff abordam a história como um enigma da teoria dos jogos, concluindo que a segunda mulher errou ao concordar que o rei Salomão partisse a criança ao meio. De fato, por que haveria ela de raptar o bebê para em seguida concordar tão facilmente que este fosse morto? Por outro lado, tendo a primeira mulher desistido de ficar com a criança, por que a segunda simplesmente não ficou calada e aceitou o bebê? Nessa avaliação, Salomão "foi mais sortudo que sábio", escrevem Dixit e Nalebuff. "Sua estratégia só funcionou por causa do erro da segunda mulher." A interpretação dos economistas, cabe notar, escora-se em uma literalidade que muitos estudiosos bíblicos evitam, preferindo voltar-se para a busca de um insight menos utilitarista.

p. 135-136 **DAVID LEE ROTH:** Ver Jane Rocca, "What I Know About Women", *Brisbane Times*, 7 de abril de 2013; David Lee Roth, "Brown M&Ms", videoclipe on-line no canal Vimeo do Van Halen, 2012; Scott R. Benarde, *Stars of David: Rock 'n' Roll's Jewish Stories* (Brandeis University Press, 2003); David Lee Roth, *Crazy from the Heat* (Hyperion, 1997); Mikal Gilmore, "The Endless Party", *Rolling Stone*, 4 de setembro de 1980. Trechos do anexo do Van Halen constam em TheSmokingGun.com; um agradecimento especial a Mike Peden pela verificação dos detalhes sobre o anexo do Van Halen, graças aos arquivos de Jack Belle.

p. 144 **SUPLÍCIOS MEDIEVAIS:** Ver Peter T. Leeson, "Ordeals", *Journal of Law and Economics* 55 (agosto de 2012). Para aprofundar leituras sobre Leeson, ver "Gypsy Law", *Public Choice* 155 (junho de 2013); *The Invisible Hook: The Hidden Economics of Pirates* (Princeton Univ. Press, 2009); "An-*arrgh*-chy: The Law and Economics of Pirate Organization", *Journal of Political Economy* 115, n° 6 (2007); e "Trading with Bandits", *Journal of Law and Economics* 50 (maio de 2007). Somos gratos a Leeson por seus úteis comentários sobre nosso manuscrito.

p. 144 **ALTO GRAU DA ROTATIVIDADE DOS TRABALHADORES:** Ver Mercer e National Retail Federation, "U.S. Retail Compensation and Benefits Survey", outubro de 2013; Jordan Melnick, "Hiring's New Frontier", QSRmagazine.com, setembro

NOTAS

de 2012; e Melnick, "More Than Minimum Wage", QSR-magazine.com, novembro de 2011.

p. 145 UM TRABALHADOR COM QUATRO ANOS DE ESTUDOS UNIVERSITÁRIOS GANHA CERCA DE 75% MAIS: Ver "Education at a Glance 2013: OECD Indicators" (OECD, 2013).

p. 146 A ZAPPOS E "A OFERTA": Ver Stephen J. Dubner, "The Upside of Quitting", 30 de setembro de 2011; Stacey Vanek-Smith realizou a entrevista com Tony Hsieh e outros empregados da Zappos. Agradecemos a vários empregados da Zappos por entrevistas posteriores. / p. 147 **Substituir um empregado custa em média cerca de 4 mil dólares:** Ver Arindrajit Dube, Eric Freeman e Michael Reich, "Employee Replacement Costs", documento de trabalho U.C.-Berkeley, 2010. / p. 147 **Uma única contratação errada pode custar...:** Extraído de levantamento CareerBuilder da Harris Interactive.

p. 149 O ALARME DE CERVEJA QUENTE DA FÁBRICA CLANDESTINA DE PROJÉTEIS: Baseado essencialmente em uma visita dos autores ao site, com subsequente correspondência com Yehudit Ayalon. Ver também: Eli Sa'adi, *The Ayalon Institute: Kibbutzim Hill — Rehovot* (panfleto, disponível on-site).

p. 151 POR QUE OS VIGARISTAS NIGERIANOS DIZEM QUE SÃO DA NIGÉRIA?: Esta seção deriva de entrevistas dos autores com Cormac Herley e do fascinante estudo de Herley, "Why Do Nigerian Scammers Say They Are from Nigeria?", Workshop on Economics of Information Security, Berlim, junho de 2012. Obrigado a Nathan Myhrvold por nos direcionar para o estudo de Herley. / p. 149-150 **Prezado(a) Sr./Sra., CONFIDENCIAL:** Esta carta foi montada com vários *scam e-mails*, podendo um catálogo destes ser encontrado em 419eater.com, comunidade de provocadores da internet. Nossa carta baseia-se em grande medida em uma carta encontrada em 419eater.com sob o título "A Convent Schoolgirl Goes Missing in Africa". / p. 151 **É difícil encontrar números exatos:** Sobre o total das fraudes, ver Ross Anderson et al., "Measuring the Cost of Cybercrime", dissertação apresentada no Workshop on the Economics of Information Security,

PENSE COMO UM FREAK

Berlim, Alemanha, 26 de junho de 2012; e Internet Crime Complaint Center, "2012 internet Crime Report", 2013. / p. 151 **Uma vítima na Califórnia perdeu 5 milhões de dólares**: Ver Onell R. Soto, "Fight to Get Money Back a Loss", *San Diego Union-Tribune*, 14 de agosto de 2004. / p. 152 **Cerca de 95% dos alarmes de roubo (...) são falsos**: Ver Stephen J. Dubner, "The Hidden Cost of False Alarms", Freakonomics Radio, 5 de abril de 2012; Rana Sampson, *Problem-Oriented Guides for Police: False Burglar Alarms*, 2. ed., 2011; e Erwin A. Blackstone, Andrew J. Buck, Simon Hakim, "Evaluation of Alternative Policies to Combat False Emergency Calls", *Evaluation and Program Planning* 28 (2005). / p. 152-153 **Falsos positivos na detecção de câncer**: National Cancer Institute, "Prostate, Lung, Colorectal e Ovarian (PLCO) Cancer Screening Trial"; Virginia A. Moyer, em nome da U.S. Preventive Services Task Force, "Screening for Ovarian Cancer: U.S. Preventive Services Task Force Reaffirmation Recommendation Statement", *Annals of Internal Medicine* 157, nº 12 (18 de dezembro de 2012); Denise Grady, "Ovarian Cancer Screenings Are Not Effective, Panel Says", *New York Times*, 10 de setembro de 2012; J. M. Croswell, B. S. Kramer, A. R. Kreimer et al., "Cumulative Incidence of False-Positive Results in Repeated, Multimodal Cancer Screening", *Annals of Family Medicine* 7 (2009). / p. 153 **"Milhões de computadores a serem reinicializados constantemente sem sucesso"**: Ver Declan McCullagh, "Buggy McAfee Update Whacks Windows XP PCs", CNET, 21 de abril de 2010; Gregg Keizer, "Flawed McAfee Update Paralyzes Corporate PCs", *Computerworld*, 21 de abril de 2010; e "McAfee delivers a false-positive detection of the W32/wecorl.a virus when version 5958 of the DAT file is used", suporte Microsoft on-line. Mais informações podem ser encontradas na dissertação de Cormac Herley. / p. 155 **"Existe um** chatbot **psicoterapeuta"**: Ver <http://nlp-addiction.com/eliza>.

p. 157   **POR QUE OS TERRORISTAS NÃO DEVEM COMPRAR SEGURO DE VIDA**: Ver Steven D. Levitt, "Identifying Terrorists Using Banking

NOTAS

Data", *The B.E. Journal of Economic Analysis & Policy* 12, nº 3 (novembro de 2012); Levitt e Stephen J. Dubner, *Super-Freakonomics*, capítulo 2, "Why Should Suicide Bombers Buy Life Insurance?" (William Morrow, 2009); e Dubner, "Freakonomics: What Went Right?", Freakonomics.com, 20 de março de 2012. / p. 158 **"Não entendi muito bem por que estamos contando este segredo aos terroristas":** Ver Sean O'Grady, "Super Freakonomics", *The Independent on Sunday*, 18 de outubro de 2009. / p. 158 **Estimular a culpa de "emboscar apenas a si mesmos":** Provérbios 1:18, *New International Version.*

CAPÍTULO 8: COMO CONVENCER PESSOAS QUE NÃO QUEREM SER CONVENCIDAS

p. 161 **PRIMEIRO, TRATE DE ENTENDER COMO SERÁ DIFÍCIL:** Boa parte desta seção foi extraída do trabalho do Cultural Cognition Project e de entrevistas dos autores com Dan Kahan e Ellen Peters, tal como reproduzidas em Stephen J. Dubner, "The Truth Is Out There... Isn't It?", Freakonomics Radio, 30 de novembro de 2011. O site do CCP é uma excelente fonte sobre seu trabalho. Sobre a questão da mudança climática, ver Kahan, Peters, Maggie Wittlin, Paul Slovic, Lisa Larrimore Ouellette, Donald Braman e Gregory Mandel, "The Polarizing Impact of Science Literacy and Numeracy on Perceived Climate Change Risks?", *Nature Climate Change* 2 (2012). (Para uma versão anterior do estudo, ver Kahan et al., "The Tragedy of the Risk-Perception Commons: Culture Conflict, Rationality Conflict, and Climate Change", documento de trabalho nº 89 do Cultural Cognition Project. Mais informações sobre questões de habilidade matemática e científica podem ser encontradas nesses estudos e em Joshua A. Weller et al., "Development and Testing of an Abbreviated Numeracy Scale: A Rasch Analysis Approach", *Journal of Behavioral Decision Making* 26 (2012). / p. 161-162 **A vasta maioria dos cientistas do clima acredita que o mundo está ficando mais quente:** Ver, por exemplo, Chris D. Thomas

PENSE COMO UM FREAK

et al., "Extinction Risk from Climate Change", *Nature* 427 (janeiro de 2004); Camille Parmesan e Gary Yohe, "A Globally Coherent Fingerprint of Climate Change Impacts Across Natural Systems", *Nature* 421 (janeiro de 2003); Gian-Reto Walther et al., "Ecological Responses to Recent Climate Change", *Nature* 416 (março de 2002); e Peter M. Cox et al., "Acceleration of Global Warming Due to Carbon-Cycle Feedbacks in a Coupled Climate Model", *Nature* 408 (novembro de 2000). / p. 162 **Mas a opinião pública americana parece muito menos preocupada:** Ver John Cook et al., "Quantifying the Consensus on Anthropogenic Global Warming in the Scientific Literature", *Environmental Research Letters* 8, nº 2 (maio de 2013). / p. 162 **Pesquisas de opinião da Pew e atitudes sobre os cientistas:** Ver Pew Research Center for the People & the Press, "Public Praises Science; Scientists Fault Public, Media" (2009, Pew Research Center). / p. 164 **Os terroristas, por exemplo, tendem a ser muito mais bem-educados que os não terroristas:** Ver Alan B. Krueger, *What Makes a Terrorist* (Princeton University Press, 2007); Claude Berrebi, "Evidence About the Link Between Education, Poverty and Terrorism Among Palestinians", documento de trabalho da Princeton University Industrial Relations Section, 2003; e Krueger e Jita Maleckova, "Education, Poverty and Terrorism: Is There a Causal Connection?", *Journal of Economic Perspectives* 17, nº 4 (outono de 2003). / p. 165 **Como manter limpo um banheiro masculino público:** Ver Richard H. Thaler e Cass R. Sunstein, *Nudge* (Yale University Press, 2008). / p. 165 **"...e também para a nossa cegueira":** Ver Daniel Kahneman, *Thinking, Fast and Slow* (2011, Farrar, Straus and Giroux). / p. 166 **"É mais fácil pular de um avião":** Kareem Abdul-Jabbar, "20 Things Boys Can Do to Become Men", Esquire.com, outubro de 2013.

p. 166   ATÉ QUE PONTO A CAMPANHA CONTRA AS DROGAS DIMINUIU SEU USO?: Ver Robert Hornik, Lela Jacobsohn, Robert Orwin, Andrea Piesse, Graham Kalton, "Effects of the National Youth

NOTAS

Anti-Drug Media Campaign on Youths", *American Journal of Public Health* 98, nº 12 (dezembro de 2008).

p. 167 **CARROS SEM MOTORISTA:** Dentre as muitas pessoas que informaram nossas ideias sobre um futuro de carros sem motorista, somos particularmente gratos a Raj Rajkumar e seus colegas na Carnegie Mellon, que nos permitiram andar em seu veículo sem motorista e responderam a todas as perguntas. / p. 167 **A Google já testou sua frota de carros sem motorista:** Ver Angela Greiling Keane, "Google's Self-Driving Cars Get Boost from U.S. Agency", Bloomberg.com, 30 de maio de 2013; "The Self-Driving Car Logs More Miles on New Wheels", blog oficial da Google, 7 de agosto de 2012. (Nosso texto contém dados atualizados sobre quilometragem fornecidos por um porta-voz da Google em outubro de 2013.) / p. 167 **90% das mortes no trânsito causadas por erro do motorista:** Segundo Bob Joop Goos, presidente da International Organization for Road Accident Prevention; também segundo estatísticas da National Highway Traffic Safety Administration (NHTSA). / p. 167 **Mortes no trânsito em todo o mundo:** A maior parte das estatísticas nesta seção foi extraída de relatórios da Organização Mundial da Saúde e da NHTSA. / p. 168 **Em muitas cidades americanas, 30% a 40% da superfície do centro são ocupados por estacionamentos:** Ver Stephen J. Dubner, "Parking Is Hell", Freakonomics Radio, 13 de março de 2013; Donald Shoup, *The High Cost of Free Parking* (American Planning Association, 2011); Eran Ben-Joseph, *ReThinking a Lot: The Design and Culture of Parking* (Massachusetts Institute of Technology, 2012); Catherine Miller, *Carscape: A Parking Handbook* (Washington Street Press, 1988); John A. Jakle e Keith A. Sculle, *Lots of Parking: Land Use in a Car Culture* (University of Virginia, 2004). / p. 168 **Quase 3% da força de trabalho americana (...) dão de comer à família dirigindo:** De um relatório do Bureau of Labor Statistics, maio de 2012. A maior categoria é a dos caminhões pesados e carretas, com mais de 1,5 milhão de motoristas. / p. 170 **Nos países ricos, esta é de longe a principal causa de morte de crianças:** Segundo

PENSE COMO UM FREAK

a Organização Mundial da Saúde, o percentual de mortes no trânsito é mais baixo em países menos desenvolvidos, onde muitas crianças morrem de pneumonia, diarreia e semelhantes. / p. 171 **Nesse período sem mortes em acidentes aéreos, mais de 140 mil americanos morreram em acidentes de trânsito:** Ver Stephen J. Dubner, "One Thought About the Two Deaths in Asiana Airlines Flight 214", Freakonomics.com, 8 de julho de 2013. A respeito da diferença entre viagem de carro e aérea tratada na nota de rodapé, usamos estatísticas da Federal Highway Administration (dados sobre carros) e do Bureau of Transportation Statistics (dados sobre aviões). / p. 172 **Já dissemos que xingar é uma ideia muito ruim quando se trata de tentar convencer alguém?:** Um dos mais consumados xingadores da era moderna é o colunista Paul Krugman, do *New York Times*. Politicamente liberal, ele chamou os conservadores de "guerreiros de classe perversos" que "se equivocam em tudo" e "literalmente não têm a menor ideia do que estão fazendo", tendo "deixado de ser o partido estúpido para se transformar no partido maluco" — tudo isto em apenas três semanas de coluna. / p. 172 **Informações negativas "pesam mais no cérebro":** Ver Tiffany A. Ito, Jeff T. Larsen, N. Kyle Smith e John T Cacioppi, "Negative Information Weighs More Heavily on the Brain: The Negativity Bias in Evaluative Categorizations", *Journal of Personality and Social Psychology* 75, nº 4 (1998). / p. 172 **"O mau é mais forte que o bom":** Ver Roy F. Baumeister, Ellen Bratslavsky, Catrin Finke-nauer, Kathleen D. Vohs, "Bad Is Stronger Than Good", *Review of General Psychology* 5, nº 4 (2001). Para mais comentários de Vohs a respeito, ver Stephen J. Dubner, "Legacy of a Jerk", Freakonomics Radio, 19 de julho de 2012. / p. 172 **Os acontecimentos negativos (...) deixam impressão desproporcional em nossa memória:** Como escreveu a grande historiadora Barbara Tuchman, já falecida, em *A Distant Mirror: The Calamitous 14th Century* (Knopf, 1978): "As catástrofes raramente têm o alcance que parecem ter pelos registros. O fato de terem ficado registradas faz com que pareçam contínuas e onipresentes, embora seja mais

NOTAS

provável que tenham sido esporádicas no tempo e no espaço. Além disso, a persistência da normalidade geralmente é maior que o efeito dos distúrbios, como sabemos por nossa própria época. Depois de absorver o noticiário do dia, qualquer um espera enfrentar um mundo exclusivamente feito de greves, crimes, falta de energia, canalizações rompidas, trens paralisados, escolas fechadas, assaltantes, viciados em drogas, neonazistas e estupradores. Mas o fato é que se pode voltar para casa à noite — em um dia de sorte — sem se deparar com mais de um ou dois desses fenômenos. O que me levou a formular a Lei de Tuchman da seguinte maneira: 'O fato de ter sido relatado multiplica o aparente alcance de qualquer acontecimento deplorável por cinco a dez' (ou qualquer cifra que o leitor queira inserir)" / p. 172 **Vejamos este recente estudo sobre os professores alemães:** Ver Thomas Unterbrink et al., "Parameters Influencing Health Variables in a Sample of 949 German Teachers", *International Archives of Occupational and Environmental Health*, maio de 2008.

p. 174   **SE *SER* GORDO É RUIM, *COMER* GORDURA TAMBÉM DEVE SER:** Ver, entre muitos outros, Robert H. Lustig, *Fat Chance: Beating the Odds Against Sugar, Processed Food, Obesity and Disease* (Hudson Street Press, 2012); e a pesquisa do dr. Peter Attia, da Nutrition Science Initiative, tal como discutida em Stephen J. Dubner, "100 Ways to Fight Obesity", Freakonomics Radio, 27 de março de 2013.

p. 175   **ENCICLOPÉDIA DO FRACASSO ÉTICO:** Entrevistas dos autores com Steve Epstein e Jeff Green, tal como aparecem em Stephen J. Dubner, "Government Employees Gone Wild", Freakonomics Radio, 18 de julho de 2013. Ver *Encyclopedia of Ethical Failure*, Dept. of Defense, Office of General Counsel, Standards of Conduct Office (julho de 2012); *Encyclopedia of Ethical Failure: 2013 Updates*, mesmo editor; e Jonathan Karp, "At the Pentagon, an 'Encyclopedia of Ethical Failure'", *Wall Street Journal*, 14 de maio de 2007.

p. 177   **OS DEZ MANDAMENTOS:** Esta versão dos Dez Mandamentos foi extraída da tradução inglesa do Tanakh publicada em

PENSE COMO UM FREAK

1917 pela Jewish Publication Society, com ajuda da versão contida em Joseph Telushkin, *Jewish Literacy* (William Morrow, 1991). Ao longo da história e entre diferentes grupos religiosos, os Dez Mandamentos têm sido reproduzidos de diferentes maneiras, em decorrência de divergências de tradução, interpretação, extensão e do fato de que aparecem duas vezes na Torá, primeiro no Êxodo e depois no Deuteronômio. É importante notar também que o primeiro mandamento não é de fato um mandamento, mas uma declaração. Desse modo, a lista é conhecida em hebraico como *Aseret ha-Dibrot*, as Dez Afirmações, e não *Aseret ha-Mitzvot*, os dez Mandamentos. / p. 177 **Os Dez Mandamentos versus o Big Mac versus a *Família Sol-Lá-Si-Dó***: Extraído de um relatório da Kelton Research, "Motive Marketing: Ten Commandments Survey" (setembro de 2007); e Reuters Wire, "Americans Know Big Macs Better Than Ten Commandments", Reuters.com, 12 de outubro de 2007.

p. 178 VEJAMOS O EXEMPLO DE UMA OUTRA HISTÓRIA DA BÍBLIA: Encontrado em 2 Samuel: 12. Somos gratos a Jonathan Rosen por nos chamar a atenção para a perfeita ilustração da nossa tese nessa história. Certas frases aqui empregadas são dele, pois não podiam ser melhores.

p. 179 ANTON TCHEKHOV E ONDE "INTERFERIR" EM UMA HISTÓRIA: Devemos a percepção desse ângulo a um seminário sobre escrita dado há muito tempo pelo grande Richard Locke.

CAPÍTULO 9: O LADO BOM DE DESISTIR

p. 181 CHURCHILL E "NUNCA DESISTA": Transcrição fornecida pelo Churchill Centre em <www.winstonchurchill.org>.

p. 181-182 "QUEM DESISTE NUNCA VENCE, E QUEM VENCE NUNCA DESISTE": Em 1937, um guru da autoajuda chamado Napoleon Hill incluiu a frase em seu popularíssimo livro *Think and Grow Rich*. Hill inspirou-se em parte no industrial Andrew Carnegie, que veio da pobreza. Hoje em dia a frase muitas vezes é atribuída a Vince Lombardi, o treinador de futebol de lendário rigor. Para uma outra discussão da ideia exposta neste capítulo, com histórias de várias pessoas que desis-

NOTAS

tiram, ver Stephen J. Dubner, "The Upside of Quitting", Freakonomics Radio, 30 de setembro de 2011.

p. 182   A FALÁCIA DO CONCORDE: Ver Richard Dawkins e H. Jane Brockmann, "Do Digger Wasps Commit the Concorde Fallacy?", *Animal Behavior* 28, 3 (1980); Dawkins e T. R. Carlisle, "Parental Investment, Mate Desertion and a Fallacy", *Nature* 262, nº 131 (8 de julho de 1976).

p. 183   O CUSTO DE UMA OPORTUNIDADE É MAIS ALTO: Para um adorável e perceptivo ensaio que toca no conceito de custo da oportunidade, ver Frederic Bastiat, "What Is Seen and What Is Not Seen", *Selected Essays on Political Economy*, edição original, 1848; editado em 1995 pela Foundation for Economic Education, Inc.

p. 184   MICHAEL BLOOMBERG E O FRACASSO: Ver James Bennet, "The Bloomberg Way", *The Atlantic*, novembro de 2012.

p. 185   A INTELLECTUAL VENTURES E A SUPERFÍCIE AUTOESTERILIZANTE: Baseado em entrevistas dos autores com Geoff Deane e outros cientistas ligados à Intellectual Ventures. Ver também Katie Miller, "Q&A: Five Good Questions", blog do Intellectual Ventures Lab, 9 de agosto de 2012; Nathan Myhrvold, TEDMED 2010; e Nick Vu, "Self-Sterilizing Surfaces", blog do Intellectual Ventures Lab, 18 de novembro de 2010. As patentes da superfície UV autoesterilizante são os números 8,029,727, 8,029,740, 8,114,346 e 8,343,434.

p. 189   A EXPLOSÃO DO *CHALLENGER*: Ver Allan J. McDonald e James R. Hansen, *Truth, Lies and O-Rings: Inside the Space Shuttle Challenger Disaster* (University Press of Florida, 2009); ver também Joe Atkinson, "Engineer Who Opposed Challenger Launch Offers Personal Look at Tragedy", *Researcher News* (NASA), 5 de outubro de 2012; e "Report of the Presidential Commission on the Space Shuttle Challenger Accident", 6 de junho de 1986.

p. 189   O "PRÉ-MORTEM": Ver Gary Klein, "Performing a Project Premortem", *Harvard Business Review*, setembro de 2007; Beth Veinott, Klein e Sterling Wiggins, "Evaluating the Effectiveness of the PreMortem Technique on Plan Confidence", atas da 7th International ISCRAM Conference

PENSE COMO UM FREAK

(maio de 2010); Deborah J. Mitchell, J. Edward Russo, Nancy Pennington, "Back to the Future: Temporal Perspective in the Explanation of Events", *Journal of Behavioral Decision Making* 2, nº 1 (1989). Obrigado a Danny Kahneman por chamar nossa atenção para a ideia.

p. 190   CARSTEN WROSCH E O PREÇO DE NÃO DESISTIR: Ver Carsten Wrosch, Gregory E. Miller, Michael F. Scheier, Stephanie Brim de Pontet, "Giving Up on Unattainable Goals: Benefits for Health?", *Personality and Social Psychology Bulletin* 33, nº 2 (fevereiro de 2007). Para uma abordagem mais completa, ver Stephen J. Dubner, "The Upside of Quitting", Freakonomics Radio, 30 de junho de 2011.

p. 191   FREAKONOMICS EXPERIMENTS: O site Freakonomics Experiments. com continua ativo quando escrevemos e pode ajudá-lo a tomar uma decisão, mas o estudo de acompanhamento de longo prazo não funciona mais. Para a análise mais aprofundada de Steve Levitt sobre a questão, ver Stephen J. Dubner, "Would You Let a Coin Toss Decide Your Future?", Freakonomics Radio, 31 de janeiro de 2013. Aquela que terá sido talvez a mais comovente pergunta que recebemos no site: "Devo deixar meu filho com minha mulher até ela morrer de câncer (aprox. oito meses) para ir trabalhar na África e sustentar minha família ou recusar o trabalho na África e ficar nos Estados Unidos para estar perto do meu filho, apesar de falido?"

p. 196   COPS E A GREVE DOS ROTEIRISTAS: Ver Associated Press, "Strike May Test Reality TV's Staying Power", 27 de novembro de 2007.

p. 199   WINSTON CHURCHILL, O "MAIOR DE TODOS OS CHEFES GUERREIROS BRITÂNICOS": Ver John Keegan, "Winston Churchill", *Time*, 24 de junho de 2001. Obrigado a Jonathan Rosen pelas conversas sobre o tema, assim como ao escritor Barry Singer, especialista em Churchill, pela constante orientação neste tema.

Se tiver alguma pergunta a que não tenhamos respondido nestas notas ou quiser compartilhar algo, entre em contato conosco em ThinkLikeAFreak@Freakonomics.com.

Índice

Abdul-Jabbar, Kareem, 166
abordagem econômica,18
aborto, legalização, 45-46, 74, 96
Abraão, 177
acidentes de piscina, 94
acidentes de trânsito, 170-171
Adão e Eva, 177
adoções, no Japão, 11n
adultos:
  emburrecimento, 104
  mágica, 103-104
África:
  conflitos étnicos, 79
  corrupção, 79
  independência, 79
afro-americanos, doenças cardíacas, 80, 81
Agência de Investigação Ambiental (EIA — Environmental Investigation Agency), 130
alarmes contra roubo, 152
Alemanha:
  partido nazista, 78n
  professores, 172-173
  religião, 75-78
algoritmo de extrapolação, 32
Ally Bank, 33-34

Al-Qaeda, 35
altruísmo, 120, 129
Amazon, 128
ambiente, e criminalidade, 75
América do Sul:
  colonialismo, 79
  escravidão, 79-81
anedotas, 173
apostas, online, 101-102
aprendizado, e feedback, 40-44
aquecimento global, 161-164
Arai, Kazutoyo "Coelho", 60
Arista Records, 197
Asiana Airlines, 171
assistência à saúde:
  causas de doenças, 86, 88
  na Grã-Bretanha, 22-24
  folclore, 82, 84
  pobreza, 80
  úlceras, 82-89
atenção, 104, 175
atentados de 11 de setembro de 2001, 29, 155-156
autoavaliação, 34
avaliação,17
avatares, 68
Ayalon Institute, The, 148

bactérias:
  corpo humano, 87
  disseminação, 35
  galinhas, 84
  Helicobacter pylori, 83-87
  hereditárias, 87
  intestinais saudáveis, 87-88
  transplante, 87-89
  transplantes fecais, 87-89
  úlceras, 83-89, 98
banda de rock, 197-198
barba, 194
bem comum, versus lucros privados, 16, 36
Betsebá, 178
Bertoletti, Patrick "Prato Fundo", 65-66
Bíblia, histórias, 176-179
Bloomberg, Michael, 184
Bohr, Niels, 31
Bolívia, escravidão, 79
Bolt, Usain, 60
Borody, Thomas, 88-89
brainstorming (livre debate criativo), 185
Brigada Judaica, 148
bruxas, na Romênia, 37
Buffett, Peter, 119
bússola:
  leitura magnética, 38
  dos preceitos morais, 37-40
Byrds, 136

Caim e Abel, 177
Califórnia, uso da eletricidade, 112-115
Cameron, David, 19-24
Cameron, Ivan, 22-23

caminho do meio, escolher o, 16
Camping, Harold, 36-37
Campylobacter, 83-84
câncer, falsos positivos, 152
candidaturas à faculdade, 145
caridade, 117-125
  filantropia italiana, 78
  lavagem de consciência, 120
  levantamento de fundos, 101-102
  "once-and-done" (resolver de uma vez por todas), 120-124, 129
  Operação Sorriso, 118-119
  pressão social, 120
  relação com doadores, 124-133
  sites de apostas, 102
  sucesso no levantamento de fundos, 122
  Trem do Sorriso, 119-124, 128-129
carro sem motorista, 167-170
casamento e felicidade, 17-18
causa e efeito:
  causa óbvia, 71
  causas essenciais, 72-75, 85-87, 88
  na economia, 33-34
  mensuração, 33-34, 41, 44-45
  na publicidade, 42-44
causalidade e correlação, 17-18
cérebro, determinante nos esportes, 68
certo versus errado, 38-39
Challenger, 188-189
chatbots (programas informáticos de conversa), 154-155
Chestnut, Joey "Mandíbulas", 65

ÍNDICE

China:
relações diplomáticas com, 125-126
poluição, 131
abertura de filial, 187-188
Chiyonofuji, "o Lobo", 58
Chu En-Lai, 126
Churchill, Winston, 181-182, 199
Cialdini, Robert:
estudo sobre energia na Califórnia, 113, 114
estudo sobre a Floresta Petrificada, 115-116
Cidade do México, poluição, 129
Clash, The, 197
clientes, incentivos, 127-129
cobrança de pênalti, 12-16, 36
colar de leite, peso, 109
colite ulcerativa, 88
Colômbia, escravidão, 79
complexidade, sedução da, 96
comportamento à mesa no Japão, 62
comportamento de risco, 94-95
Concorde, falácia do, 182
concurso de ingestão de cachorros-quentes, 59-66
concursos de comilança, 59-66
conhecimento:
aprendido com os pais, 56
dogmático, 32
e feedback, 40-44
fingido, 29-33, 35-36, 51
"Não sei", 28, 35, 36, 51-53
opinião versus, 28
conta de poupança vinculada a um prêmio (PLS, ou prize-linked savings), 100-101
contar histórias, 173-179

anedotas versus, 173-174
na Bíblia, 176-179
contexto temporal, 174
dados nelas contidos, 174
narcisismo, 175
para ensinar, 175
verdade versus mentira, 174-175
contas bancárias:
taxa de poupança, 99-101
poupança vinculada a um prêmio (prize-linked savings, PLS), 100-101
seguros de vida, 157-159
terroristas, 155-159
contexto temporal, 174
Copa do Mundo, 12-16, 36
Cops, 196
corpo humano:
como máquina, 98
complexidade, 82, 97-98
correlação e causalidade, 17-18
"Corrida à África", 78
corrupção, 72-73
na África pós-colonial, 79
créditos de carbono, 129-131
credulidade, 104, 153-155
crença no diabo, 29
crenças, 29
crianças:
acidentes de trânsito, 170
ausência de ideias preconcebidas, 91-92
cirurgia plástica, 117-225
difíceis de enganar, 103-104
divertimento, 98, 102
escrever para, 105
fazem perguntas, 91
geração de ideias, 92
livros, 105, 111

PENSE COMO UM FREAK

mágica, 103-105
pagar para tirarem boas notas, 111
pensar como, 91, 95, 98, 102
problemas de visão, 94-95
respondem a perguntas, 27-28
suborno, 107-108, 129
criminalidade:
  aborto, 74, 96
  economia, 73, 197
  fatores do "presente", 73-74
  leis de controle de armas, 73
  meio ambiente, 74
  causas essenciais, 73-75
culpa, teste de, 140-145
Cultural Cognition Project (CCP), 162-164
curiosidade, 91
custo de oportunidade, 183-184, 189
custos concretos, atenção prioritária a, 183
Cutler, David, 80
CXO Advisory Group, 32

dados, uso de, 18
Davi, rei, 136, 178-179
Davis, Clive, 197
Dawkins, Richard, 182
Deane, Geoff, 184-187
decisões, tomada de:
  abordagem econômica, 17
  com base na tradição, 44, 82
  cobrança de pênalti, 12-16
  Freakonomics Experiments, 191-203
  jogar moedas para o alto, 41, 199-203
defasagem de renda, 77-78

degustação de vinhos, 47-52
desapego, 199
desistência, 181-199
  custos de oportunidade versus, 183-184
  custos irrecuperáveis versus, 183, 184
  desapego, 210
  e felicidade, 191, 194-195
  Freakonomics Experiments, 190-195
  metas inatingíveis, 189-190
  prevenção contra, 183, 184, 195
  vantagens, 190
Dez Mandamentos, Os 176-177
diferenças raciais genéticas, 81
dinheiro:
  gasto, 100-101
  como incentivo, 108-112, 113-114, 131
  jogar fora, 182
  poupança, 99-101
diplomacia, 125-126
direitos civis, processos, 45
dirigentes políticos, 99
divertimento, 97-100
  crianças, 98-99, 102
  escrever livros, 198
  Freaks, 98
  na música, 197-198
  trabalho como, 99, 110, 127-128, 195-197
  trapaça como, 147
DNA, sequenciamento, 86
doenças cardíacas, em negros, 80, 81
dogmatismo, 32, 103-104, 164
Dubner, Stephen J., desistência, 197-198

ÍNDICE

economia (ciência econômica):
  causa e efeito, 33-34
  "free disposal", 92
  Prêmio Nobel, 33n
  previsões, 32-34
economia:
  e criminalidade, 73-74, 196
  e religião, 77-78
educação:
  e pobreza, 80
  e terroristas, 164
educação, reforma da, 55-58, 94-95
efeito cobra, 131
efeito de campo evanescente, 186
Einstein, Albert, 96
Eisen, Jonathan, 87
"empreendedores do erro", 30
emprego, processo de candidatura, 144-148
empresas de *private equity*, 76
Encyclopedia of Ethical Failure, The (Epstein), 175-176
energia, economia de, 112-115
Ensine seu jardim a se capinar, 140, 142, 145, 149
Epstein, Steve, 175-176
equilíbrio agregador, 140
equilíbrio separador, 140, 149
erro, empreendedores do, 30
Escritório de Padrões de Conduta, 175
escravidão:
  América do Sul, 79-81
  negros do Caribe, 81
  sensibilidade ao sal, 80-81
especialistas:
  chimpanzés arremessadores de dardos versus, 31

em experiências científicas, 44
  fora de seu campo de conhecimento, 34-35
  praticar para tornar-se, 98
  previsão do futuro, 30
  seriedade, 98
especulação, 93
esportes:
  cérebro como órgão decisivo, 68
  concursos de comilança, 67-69
  expectativas, 68-69
  induzir atletas a se aperfeiçoarem, 68
  treinamento, 67
ética, falhas na, 175-176
ética protestante do trabalho, 77-78
Europa, capitalismo, 78
exames de visão, 94-95
excelência, alcançada pela prática, 98
expectativas, 17, 68-69, 73, 104
experiências:
  algoritmo de extrapolação, 32
  e *brainstorming*, 184-185
  de campo, 47
  de causa e efeito, 41-43, 45
  conhecimento especializado nas, 45
  efeito de campo evanescente, 186
  feedback, 43-52, 184-185
  Freakonomics, 190-195
  na Intellectual Ventures, 184-185
  de laboratório, 45-46
  com micróbios, 87-89
  natureza artificial das, 45-46
  naturais, 45

sobre possíveis invenções, 184-187

sobre qualidades de vinho, 47-52

sobre questões sociais, 45-46

em seres humanos, 85-86

testes randomizados e controlados, 43, 45

fábrica de projéteis em Israel, 147-149

falácia dos custos irrecuperáveis, 182, 183, 190

falsos positivos, 152-153, 155, 156

fatos, versus opinião, 28

feedback:

e aprendizado, 40-44

coleta de, 41-44, 67

cozimento de pão, 40-41

em eleições, 41

em experiências, 43-52

felicidade:

e casamento, 17-18

e desistência, 191, 194-195

filantropia, 78

fingimento, 105

flexões, 68-69

foco, 103-104

folclore, 82, 83-84

fome, causas, 72-73

fracasso:

anéis de vedação, 188, 189

comemorar, 184, 186-187

ético, 175-176

feedback, 183-184

pré-mortem, 189

prever, 188-189

como vitória, 185

Franklin, Aretha, 197

fraude da taxa antecipada, 151

fraude nas empresas, 93

Freakonomics, 73, 74

Freakonomics Experiments, 190-195

Freak:

tornar-se, 200

divertir-se, 98

"free disposal", 92

Fryer, Roland, 79-81

fundos de *hedge*, e impostos, 76

futebol, cobrança de pênalti, 12-16, 36

galinhas e bactérias, 83-84

gás residual (HFC-23), 128-132

gases do efeito estufa, 128-132

Glaeser, Edward, 30

Glewwe, Paul, 94

Goldstein, Robin, 49-52

golfe, 195-196

golpe nigeriano, 149-155, 156

golpes, 149-155

Google, e carro sem motorista, 167-169

gordura, ingestão de, 174-175

Grande Recessão, 74

grandes pensadores, 93

greve do sindicato de roteiristas (1988), 196n

guerra às drogas, 166

Guerra do Iraque, 35

Guerra Fria, 125

habilitação, 56

hacking, 169

Haganah, 147

HCFC-22, 130

Helicobacter pylori, 84-87

Herley, Cormac, 151-152, 153-155

Herron, Tim "Rechonchudo", 195n

ÍNDICE

Hitler, Adolf, 181, 199
homicídio, queda das taxas de, 72-75
honestidade, tratar os outros com, 132
Hsieh, Tony, 146-147
Hussein, Saddam, 35

ideias:
encontradas na lixeira, 97
geração, 91-92
período de esfriamento, 92
separar as boas das más, 92
ideias centrais, 17-18
ideologia, 165
ignorância, 162-163
incentivos, 107-133
caridade, 117-125
de clientes, 127-129
compreensão, 17
comunitários, 16, 36
concepção, 115, 133
em dinheiro, 108-112, 113-114, 131
como manipulação, 132
mentalidade de rebanho, 112-115, 165
e mentiras e trapaças, 139-140
morais, 112-116, 133
prêmios em dinheiro, 131
para prever o futuro, 36-37
quando dão errado, 129-133
suborno, 107-108
sociais, 113, 114
no trabalho, 109-110
verdadeiros, 112-115
incentivo comunitário, 16, 36
incentivos morais, 112-116, 133

Índia:
efeito cobra, 131
poluição, 132
indulgências, venda, 75
inovação, riscos, 184
instituições cívicas, confiança nas, 78
insultos, 172-173
Intellectual Ventures, 184-185
interesse próprio, 16
internet:
golpes na, 150-152
previsões sobre a, 33
invenções, 184-186
investigação, impulso para a, 51
Israel, fábrica de balas, 147-149
Itália, filantropia, 78

Janus, Tim "Comilão X", 66
Japão:
adotados, 11n
concursos de ingestão de comida, 61-62
maneiras, 62
"Jump" (Van Halen), 136

Kahneman, Daniel, 165
Keegan, John, 199
Kissinger, Henry A., 126
Klein, Gary, 189
Kobayashi, Takeru "Kobi", 57-69, 137n
Kobayashi Shake, 64
Krugman, Paul, 32-33

Langley, John, 196n
Leeson, Peter, 142-143
lei de Metcalfe, 33
leis de controle de armas, 74

PENSE COMO UM FREAK

leis do bom samaritano, 109
lembranças negativas, 172
Lester, David, 39-40
Levitt, Steven D., e a desistência, 195-197
limites:
    aceitar ou rejeitar, 67, 68-69
    artificiais, 68, 69
loteria:
    monopólio estatal, 101
    sem perda, 100-101
lucros privados versus bem comum, 16, 36
ludificação, 98
Lutero, Martinho, 75-77

M&M's:
    em cláusula contratual, 138-139
    subornar crianças com, 107-108
mágica:
    adultos, 103-104
    crianças, 103-105
    double lift, 103-104
    percepção, 101
    ver de baixo, 104-105
manipulação, 132
manipular o sistema, 133
Mao Tsé-tung, 126
maratonas, 194-195
Marshall, Barry, 83-87, 88, 96-98
"martelos", 104
MBA, custo, 183
McAfee, programa antivírus, 153
McAuliffe, Christa, 188
McDonald, Allan, 188-189
medicamentos:
    arrasa-quarteirão, 83
    causas de doenças, 86

doenças cardíacas, 79, 81
folclore, 82, 83
tradição, 85
úlceras, 82-89, 96-98
medicamentos arrasa-quarteirão, 83
Meng Zhao, 94
mentalidade de rebanho:
    incentivos, 113-115, 165
    senso comum, 18
mercado de ações, previsões, 31-32, 36-37
metas inatingíveis, 189-190
modo "vai dar tudo certo", 188
monopólios, loterias como, 101
mortes em acidentes aéreos, 171, 172
Moisés, 177
Morton Thiokol, 188-189
movimento "cutucada", 165
mudanças, provocar, 93
mudanças climáticas, 161-165
Mullaney, Brian, 117-125, 129
Myhrvold, Nathan, 186

Nações Unidas, e a poluição, 129-131
"Não sei":
    algoritmo de extrapolação, 31
    custo de dizer, 36
    empreendedores do erro, 30
    e impulso para investigar, 52-53
    para prevenir guerras, 35
    relutância em dizer, 28, 35, 44
Nasa, 188-189
Nathan (profeta), 178-179
Nathan's Famous Fourth of July International Hot Dog Eating Contest, 59-66

ÍNDICE

negros caribenhos, 81
Newton, Isaac, 93
New York Times, 198
Nicklaus, Jack, 195
ninguém para culpar, 39-40
Nixon, Richard M., 126
nuvem microbiana, 86

obesidade, 109-110, 174-175
óbvio, 71, 95-96, 102
óculos, 95n
óculos sem grau, 95n
Operação Sorriso, 118-119
opinião, 18, 28, 164-166

pais:
  acidentes de trânsito, 170
  aprender com os, 56
  prevenção da criminalidade, 75
Palestina, e a fábrica de balas, 147-149
pão, cozimento, 40-41
Parque Nacional da Floresta Petrificada, Arizona, 115-116
patentes, 184
Paz de Augsburgo, 76
pedestres bêbados, 94-95
pensamento negativo, 68
pensar:
  com diferentes músculos, 17
  como um Freak, 17, 19-50, 91
  como uma criança, 91, 95, 98, 102
  grande, 93
  pequeno, 92-95
  tempo gasto em, 19-20
pensar demais, 104
Pequeno Jogador, 119
percepção, 103

perguntas:
  causa e efeito, 30
  complexas, 29, 30, 51-52
  de crianças, 91
  erradas, 55-56, 67
  incômodas, 161
  de leitores, 11-12
  responder "não sei", 28, 29-30, 31-32, 35, 36, 44-45, 51-52
  na tomada de decisões, 192-194
peritonite, 82
perspectiva, 105
persuasão:
  contar histórias, 172-179
  dificuldade, 161-166
  força do adversário, 169-171
  movimento "cutucada", 165
  não é comigo, 166
  novas tecnologias, 167-170
  solução perfeita, 166-167
  xingamento, 172-173
Peru, escravidão, 79
pingue-pongue, 126
pobreza:
  causas, 72
  saúde e educação, 80
políticas públicas, 99-100
poluição, 129-132, 168-169
pontos cegos, 165
Porter, Roy, 82
post-mortem, 189
poupança:
  taxas, 99-101
  vinculada a um prêmio (*prize-linked savings*, PLS), 100-101
"Poupar para Ganhar", 101
prática, importância, 98

preços de alimentos, 108-109
preferências, declaradas ou reveladas, 112
Prêmio Nobel, 33n, 86
prêmios em dinheiro, 131
pré-mortem, anônimo, 189
presos, libertação, 45
previsão do futuro, 38
previsões:
  pelas bruxas, 37-38
  dificuldade, 31, 169
  dogmatismo, 32
  econômicas, 32-34
  fim do mundo, 36-37
  imprecisas, punição por, 37-38
  de inauguração de uma filial, 187-188
  incentivos para, 36-37
  no mercado de ações, 31-32, 36-37
  na política, 31-32, 164
  precisão, 31
previsões políticas, 31-32, 164
princípios morais, 37-40
  e suicídio, 38-40
Prisioneiro Espanhol, 150
professores, aposentadoria precoce, 172-173
professores, qualidade dos, 55-56
publicidade:
  eficácia, 42-44
  programas de premiação, 51-52
punição, 37-38

questões sociais:
  corrupção, 72-73
  experiências, 45-46
  incentivos, 113, 114
  solução de problemas, 72-73

Red Herring, revista, 32
reflexão interna total, 186
Reforma Protestante, 76
relacionamentos:
  cooperativos, 124, 129, 132
  decisões sobre, 192-195
  diplomáticos, 125-126
  figuras de autoridade, 124
  financeiros, 124-125, 128
  mudar, 124-129, 133
  nós versus eles, 124
  ser amado, 124-125
relações de cooperação, 124, 128, 132
relações nós versus eles, 124
religião:
  e a economia, 77-78
  na Alemanha, 75-78
  e defasagem de renda, 77
R.E.M., 197
Revolução Industrial, 21
Right Profile, The, 197-198
risco como parte do trabalho, 185
Roe versus Wade, 96
Rolling Stone, 137
Roth, David Lee, 147, 149
  cláusula M&M, 138-139
  rei Salomão, 135-136, 139-140
  teoria dos jogos, 139-140
  e Van Halen, 135, 136, 137-139
roupas novas do imperador, as 92

Salomão, rei, 147, 158-159
  e David Lee Roth, 135-136, 139-140
  Método Salomão, 63, 137n
  Primeiro Templo construído por, 135
  e a teoria dos jogos, 139-140

ÍNDICE

disputa entre mães, 65, 136-138, 149, 178
sapatos, venda, 127-129
Sargent, Thomas, 33-35
Seeger, Pete, 136
seguir o rebanho, 19, 112-115, 165
Segunda Guerra Mundial, 181-182
seguro de vida e terrorismo, 157-159
Sen, Amartya, 72
sensibilidade ao sal, 80-81
senso comum:
  aceitação cega, 17
  na reforma educacional, 94
  seguir o rebanho, 18, 112-115, 165
seriedade, 98
Serviço Nacional de Saúde (National Health Service — NHS), 22-24
Shaw, George Bernard, 19
Silva, Rohan, 20
simplicidade, 96
síndrome de Ohtahara, 22-23
Singer, Isaac Bashevis, "Por que escrevo para crianças", 105
site "social" de apostas, 102
Smile Pinki, 120
Smith, Adam, 63
Smith, Billie June, 101
Society of Fellows, Harvard, 47
sofisticação, 91n
solução de problemas:
  abordagem econômica, 18
  atacar a parte mais flagrante, 56
  barreiras, 68-69
  causa óbvia, 71, 95-96

compreensão dos incentivos, 17
nos concursos de comilança, 59-66
dificuldade, 12
experiências na, *ver* experiências
fazer perguntas erradas, 55-56, 67
geração de ideias, 91-92
maneira "certa" ou "errada", 16-17
pensamento negativo, 68
pensar pequeno, 92-95
e princípios morais, 37-40
em questões complexas, 31, 41, 71-73, 93-94
redefinir o problema, 58, 66-67
na reforma educacional, 55-58
solução "perfeita", 166-167
Spenkuch, Jorg, 76-77
SpinForGood.com, 102
Springsteen, Bruce, 197
status quo, 19
status-quo, viés do, 196
Stone, Alex, 103-105
sua vez, 200
suco gástrico, 82, 83-84, 97-98
suicídio, 38-40
  impulso, 40
  pedir ajuda, 40
  teoria do "não posso botar a culpa em ninguém", 39-40
Sunstein, Cass, 165
suborno, 107-108
superfície autoesterilizante, invenção da, 185-186
SuperFreakonomics, 19-20, 155, 157-158
suplícios medievais, 140-145, 149

talento:
  autoavaliação, 34
  superestimado, 99
Tchekhov, Anton, 179
tendências, 195
  ausentes nas crianças, 91-92
  certo ou errado, 38-39
  opiniões, 19, 165
  status quo, 196
teoria dos jogos, 139-140
terroristas:
  bancos, 155-159
  educação, 164
  seguros de vida, 157-159
testes randomizados e controlados, 43
Tetlock, Philip, 31-32, 164
Thaler, Richard, 165
Thomas, Sonya, 66
trabalho:
  comportando riscos, 185
  contratação de empregados, 144-148
  como divertimento, 99-100, 110, 120, 195-197
  ética do, 77-78
  incentivos, 109-110
  largar o, 198
tradição, 44, 82, 85
"transcocosão", 91
transplantes fecais, 88-89
trapaça clerical, 142-143, 144-145, 147, 149

Trem do Sorriso, 119-124, 128-129
truques:
  divertimento, 147
  para treinar atletas, 68
"Turn! Turn! Turn!", 136
Twain, Mark, 132

úlcera, 82-89, 97-98
  bactérias, 83-89, 98
  causas, 82, 83, 86-87, 88
  experiências com seres humanos, 85-86
  fatais, 83
  peritonite, 83
  sangramento, 82
  suco gástrico, 82, 83-84, 98
  tratamentos, 77-78, 88-89
ultracrepidanismo, 35

vacinação, 79
Van Halen, 135, 136, 137-140
vergonha, medo da, 15

Warren, Robin, 83-85
Weber, Max, 77
Wine Spectator, 50-51
Wrosch, Carsten, 190

xingamento, 171-172

Zappos, 127-128, 145-148, 149

Este livro foi composto na tipologia Times
Europa LT Std, em corpo 10,5/15, e impresso
em papel off-white no Sistema Cameron da
Divisão Gráfica da Distribuidora Record.